愿作津梁渡重洋

WILLING TO BE A BRIDGE OF COMMUNICATION

《愿作津梁渡重洋》编辑委员会 编

国家图书馆出版社

图书在版编目（CIP）数据

愿作津梁渡重洋 /《愿作津梁渡重洋》编辑委员会编 .— 北京：国家图书馆出版社，2022.5

ISBN 978-7-5013-7133-4

Ⅰ . ①愿…　Ⅱ . ①愿…　Ⅲ . ①图书馆学—文化交流—中国、美国—文集　Ⅳ . ① G250.1-53

中国版本图书馆 CIP 数据核字（2020）第 234080 号

书　　名　愿作津梁渡重洋
著　　者　《愿作津梁渡重洋》编辑委员会
责任编辑　程鲁洁
封面设计　翁　涌

出版发行　国家图书馆出版社（北京市西城区文津街 7 号　100034）
（原书目文献出版社　北京图书馆出版社）
010-66114536　63802249　nlcpress@nlc.cn（邮购）
网　　址　http://www.nlcpress.com
排　　版　九章文化
印　　装　北京科信印刷有限公司
版次印次　2022 年 5 月第 1 版　2022 年 5 月第 1 次印刷

开　　本　710 × 1000（毫米）　1/16
印　　张　22.75
字　　数　314 千字
书　　号　ISBN 978-7-5013-7133-4
定　　价　98.00 元

哈佛燕京图书馆（王晓阳摄）

哈佛燕京图书馆阅览室（刘波摄）

郑炯文先生与北京大学图书馆历年访问馆员合影（摄于 2018 年 1 月 5 日。前排左起：朱强、郑炯文、杨丽瑄；后排左起：邹新明、喻爽爽、朱玲、张岩、王燕、张丽娟、张晓琳、姚伯岳、吕淑贤、王亚林）

郑炯文先生在“海外古籍文献的收藏研究及整理出版国际学术论坛”上作主题发言

（2019年11月17日，广西师范大学出版社供图）

国家图书馆出版社与哈佛燕京图书馆合作出版的部分出版物

出版说明

《愿作津梁渡重洋》由本书编委会约稿、整理，收录与哈佛大学哈佛燕京图书馆有合作和交流的图书馆员、学者与出版界人士撰写的35篇文章。这些文章，从内容来看，大致可以划分为介绍或研究馆藏文献、回忆在哈佛燕京图书馆的经历及忆念郑炯文馆长这三类。为方便读者阅读，我们将收录的文章分类编排，内容相近的同类文章，则大致按照作者赴哈佛燕京图书馆的时间先后排序。

哈佛燕京图书馆是北美首屈一指的东亚研究图书馆。二十多年来，中美图书馆界建立了频繁的交流合作，美国数十家东亚图书馆在这方面扮演着重要角色，哈佛燕京图书馆是其中与中国图书馆界交往最密切、合作最富成效的机构之一。哈佛燕京图书馆第三任馆长郑炯文先生，不仅领导该馆为哈佛大学及来自全世界的东亚研究学者提供了极佳的学术研究服务，更创设访问馆员项目，搭建中美图书馆界交流的桥梁，为中国图书馆界栽培了一大批人才，同时集合多方力量完成了哈佛燕京图书馆中文善本古籍数字化、“哈佛燕京图书馆文献丛刊”“书目丛刊”“学术丛刊”三大系列出版物等大型工作项目，为推动中美文化交流做出了重要贡献。

我们组编出版本书，希望通过回顾中美图书馆界、学界、出版界的紧密联系与交往，展现过去一个时期中美文化交往的一个侧面，即互相促进、共同发展的过程，并期待这座远跨重洋的文化津梁在未来变得更加宽广、更加顺畅，取得更多实实在在的成果。交流有助于增进了解，互信才能达成共赢，合作则能走向更光明的未来。我们愿以这本小书助力于大洋两岸的文化交流，为深化跨越大洋的互信与合作贡献绵薄之力。

国家图书馆出版社

2021年11月

目　录

哈佛燕京图书馆藏稀见文献经眼录……杨光辉 / 001
哈佛燕京图书馆藏中国旧方志概述……李　丹 / 021
哈佛燕京的中国新方志……龙向洋 / 035
哈佛燕京图书馆特藏中国方志研究
——基于截至2014年编目数据的分析……张耀蕾 / 058
哈佛大学馆藏中国古旧地图的整理与研究……陈　熙 / 076
《哈佛燕京图书馆藏拓片图录》序……姚伯岳 / 089
从哈佛燕京学社相关档案看民国时期中国教会大学图书馆发展
……王　蕾、张　琦、谢小燕、薛　玉 / 097
网络环境下哈佛大学图书馆信息资源建设初期概况……张　岩 / 123
亲历哈佛燕京参考服务……汪　雁 / 129
哈佛燕京图书馆的馈赠……杜远东 / 141
哈佛燕京图书馆资源获取与公共服务……张晓琳 / 150
哈佛燕京图书馆访问工作中的感悟和思考……朱　玲 / 163
浅谈哈佛燕京图书馆人文服务……俞德凤 / 172
桃李不言，下自成蹊
——我对哈佛燕京图书馆的记忆……王建平 / 180
哈佛燕京图书馆：我学术生涯的加油站……陈红民 / 188
哈佛燕京图书馆“闭关”三十天……段怀清 / 199

步入21世纪的哈佛燕京图书馆见闻……谷辉之 / 215
哈佛燕京图书馆访学忆往……宋灏琳 / 230
我的哈佛燕京工作经历……姚伯岳 / 237
在哈佛燕京穿越时空之门……乐　怡 / 241
难忘哈佛燕京……胡钺芳 / 245
哈佛燕京图书馆一年琐忆……邹新明 / 248
哈佛燕京读志记……刘　波 / 254
哈佛燕京访学记忆……吕淑贤 / 273
哈佛燕京图书馆工作小记……荣方超 / 276
岁月不居，时节如流
——忆念哈佛燕京图书馆……王晓阳 / 281
云中谁携锦书来
——忆哈佛燕京点滴……李　洁 / 287
海外琅嬛忆书香……郭　晶 / 291
哈佛燕京访学感言……眭　骏 / 297
愿作津梁渡重洋
——国家图书馆出版社与哈佛燕京图书馆的交流与合作……殷梦霞 / 299
广西师大出版社的海外中国研究文献出版及“哈佛燕京图书馆模式”
……汤文辉、鲁朝阳 / 310
海外最热心助人的馆长
——我与哈佛燕京郑炯文馆长的一段情谊……傅德华 / 319
记郑炯文馆长……李　坚 / 323
有情怀的图书馆学家
——郑炯文先生印象记略……张徐芳 / 330
难忘的哈佛朋友……吴松弟 / 336

后记……刘　波 / 351

哈佛燕京图书馆藏稀见文献经眼录[①]

杨光辉（复旦大学图书馆）

自 2003 年 10 月至 2004 年 9 月，本人应哈佛大学燕京图书馆郑炯文馆长之邀，到哈佛燕京图书馆 / 哈佛燕京学社作访问学者（后改博士后）一年，主要从事燕京图书馆馆藏未编文献编目工作。期间经眼文献包括：从地下室（basement）到保险箱（safe），从敦煌写经（《金刚般若波罗蜜经》残片）到现代新善本（郭沫若签名本等），从明清传统书画到现代作家手稿，从尼泊尔花体梵文到纳西东巴文，从“红军长征记”到“日军暴行录”，从晚清报刊到文革宣传画，从韩南教授的小说、宝卷到基督教会的专藏文献，从地签纸币到遗嘱讣告，从印刷雕版（有朝鲜《竹泉集》雕版及汉文、蒙古文、梵文雕版）到宗教牌符（景教铜质信符），从大学聘书（北京大学校长胡适聘包尔格先生）到个人护照，量逾千件，绝大多数未经编目，一般读者也无缘接触，故择要介绍，以就教于学界。

① 本文最初刊载于美中文化研究所剑桥中国文化中心编《美中社会和文化》（2005 年第 8 卷第 1 期，第 87—106 页），其中《林则徐佚文两则》部分已发表于《宁波大学学报》（人文社科版 2007 年 2 期，题作《林则徐佚文考述》），《朱舜水遗墨（真迹）》部分已发表于《天一阁文丛》第 4 辑（2006 年 11 月，题作《哈佛大学燕京图书馆藏朱舜水遗墨考述》），《陈序经与〈美国文化观〉（遗稿）》部分发表于《上海高校图书情报工作研究》（内刊，2005 年 1 期），俱不再收入。感谢陈俊儒同学校核全文。

一、西夏文《大方广佛华严经》

此西夏文《大方广佛华严经》残卷，据燕京图书馆复旦校友马小鹤先生解读，此残卷属第四十一卷。存 15 页，每半叶 6 行 17 字，高 33 厘米。经折装（哈佛燕京图书馆索书号：T1820/4002［in safe］，原藏保险柜）。

西夏是中国宋代西北地区的封建王朝，自称大夏国（1038—1227），首都兴庆府（今银川市），主要为党项族。西夏初期，即创制记录党项族语言的文字，时称“蕃文”，后世称“西夏文”。西夏文随西夏亡国而日渐消亡，成为“死文字”。

近代西夏文献研究始于上世纪初。1909 年，俄国人科兹洛夫（1863—1935）受沙皇派遣，到中国黑水城遗址（今属内蒙古自治区额济纳旗）盗掘，获西夏文刊本和写本 8000 余种（另有大量汉、藏、回鹘、蒙古、波斯文等经卷、书籍，以及陶器、铁器、织品、雕塑品和绘画等珍贵文物）。科兹洛夫以 40 头骆驼，将这批“无价之宝”盗运至圣彼得堡，公开展出，震惊世人，揭开现代西夏研究序幕。此批文献已由上海古籍出版社以《俄藏黑水城文献》之名陆续出版。1914 年，英籍匈牙利人斯坦因闻名来到黑水城，在城墙西北角尖塔内，盗掘出大量西夏文献。现知英藏黑水城文献达 4000 多件，藏英国国家图书馆。

中国学术机构收藏西夏文献始于 1917 年，宁夏灵武县修城时，出土两箱西夏文文献，辗转传藏，1929 年大部分归北平图书馆（今中国国家图书馆），计百余册（少部分现藏甘肃、宁夏，部分流落日本）。30 年代，经周叔迦先生整理，编成《馆藏西夏文经典目录》。

西夏文《大方广佛华严经》国家图书馆亦有藏。据史金波先生统计，尚存卷 11—12、14—16、21—23、27—35、37、39—46、48、51、54、57、59—75，79—80，其中卷 33、35、45、66、67、69—71、80 有复本，共 58 卷。史先生考证国图所藏几十卷西夏文《大方广佛华严经》都是活字印本。[1] 但是，中国古籍版本专家艾思仁（Soren Edgren）先生则认为，那些所谓的“活字本”可能是套印本。

《大方广佛华严经》卷四十一，国图除藏有“活字本”外，尚有民国时期石印本，真伪较为复杂。据艾思仁先生告知，此卷民国时期有两种石印本，他收藏其中之一，以哈佛藏本书影与之比对，两者不同，不知与另一石印本是否相同？沈津先生认为哈佛燕京图书馆藏残卷系“旧物”，不可能是民国时期石印本。2004 年 4 月，笔者赴普林斯顿大学东亚图书馆查核该馆所藏《大方广佛华严经》（活字本），两者版刻风格相差甚大，并非同版。叶恭绰先生《历代藏经考略》所收“河西字大藏经”书影，亦与哈佛藏本不同。

现暂定哈佛藏本为元代刻本，可能为西夏文大藏经零种。西夏文大藏经系从汉文大藏经转译，宋景祐元年（1034），《开宝藏》传入西夏，赵元昊召集回鹘僧人，以西夏文翻译。历经 53 年，完成 362 帙 812 部 3579 卷。元代曾两度刊刻，一为元世祖至元三十一年（1294）杭州大万寿寺刻本，一为元成宗大德六年（1302）松江僧录管主八主持刊刻。

哈佛燕京图书馆藏西夏文《大方广佛华严经》得自哈佛大学原东亚系主任克利夫（Francis W. Cleaves，1911—1995）。克利夫教授系著名蒙古史研究专家，曾翻译《蒙古秘史》（*the Secret History of the Mongols*），是美国汉、蒙研究的奠基者。克利夫教授生于波士顿，早期受哈佛燕京学社资助，赴中国学习汉语及蒙古文。第二次世界大战后，在中国北方接收日军被迫放弃的文献，携回哈佛大学，并在哈佛任教，最后将藏书捐给哈佛燕京图书馆。

---

① 史金波:《国图藏西夏文文献的价值》,《中国文物报》2002 年 3 月 27 日。

二、关于韩南教授所藏小说、宝卷（Hanan Collection）①

韩南教授专藏总计312种963册，其中小说169种、宝卷75种、鼓词38种。关于韩南教授生平及其小说宝卷的情况，哈佛燕京图书馆善本部沈津先生的《韩南教授及其所藏清末民初小说宝卷》（收录于《书城风弦录》）已作介绍，兹不赘述。本文从出版史角度对韩南教授的专藏作些统计分析，并介绍国民图书出版社版《北平俗曲百种摘韵》一书。

韩南先生所赠312种线装书中，含明刻本2种（残本，皆万历刻本）、清代版本93种（含康熙刻本、乾隆刻本各1种）、民国版本179种、清末民国间印本32种、和刻本（日本刻本）5种、朝鲜刻本1种（汉城普文社铅印本《南明纲目》五卷，1907年后）。其中197种为石印本，占63%；59种为铅印本，占19%；刻本46种，占15%（见表一）。

表一　韩南教授专藏版本分析表

版刻时代	数量	附　　注
明刻本	2	皆万历刻本
清版本	93	其中光绪本68种，康熙刻本、乾隆刻本各1种
清末民国间本	32	
民国本	179	
和刻本	5	
朝鲜本	1	

据韩南教授介绍，20世纪50年代他作为新西兰籍英国伦敦大学留学

① 因为编目关系，笔者在哈佛燕京工作时专门访问过韩南教授，希望了解他的藏书经历，从此与韩南先生有了交往，并在何锐钰博士介绍下，翻译了韩南教授的《创造李渔》（*The Invention of Li Yu*），由上海教育出版社2010年出版。参拙文《韩南先生关于〈创造李渔〉的通信》，《史料与阐释》第三期《韩南纪念专辑》，复旦大学出版社，2015年。

生，从事中国明代著名小说《金瓶梅》研究，幸运地获得了赴北京留学的机会。在北京留学其间，他十分注重购买图书资料。当初之所以购买上述各书，主因是担心回新西兰后没有研究资料。因而在北京图书馆看书期间，利用午休时间，乘机逛东安市场（当年主要购书地点，其它尚有隆福寺等）购买感兴趣的小说、宝卷，这些资料大都是当时不受重视的“地摊”文献。而且，中国政府当时禁止携带清光绪以前的古籍版本出国，因而他主要购买光绪以后的本子。作为留学生，也没有很多钱买珍本秘籍，因而所购以晚清民国版本为主。那些光绪以前的本子主要在 20 世纪 60 年代从日本购得。

从版本类型看，有刻本、铅印本、石印本、影印本、抄本、活字本等，列表如下：

表二　韩南教授专藏版本类型

版本类型	种类	百分比
刻本	46	15%
铅印本	59	19%
石印本	197	63%
影印本	3	1%
抄本	1	0.3%
活字本	1	0.3%
其它	4	1.3%

从表二可以看出，光绪以后，传统的木版刻印业日趋衰落，在所收专藏中只占 15%，随着近代西方印刷技术的传入，石印、铅印逐步成为主要的印刷手段，尤其是石印技术的运用更加普及，通俗读物大量使用石印方法印制，占所收专藏的 63%，从一个侧面反映了晚清印刷技术的革新情况。

现主要介绍《北平俗曲百种摘韵》一书。

《北平俗曲百种摘韵》，罗常培著，国民图书出版社民国三十一年（1942）1 月初版。80 页。

罗常培（1899—1958），字莘田，号恬庵。笔名贾尹耕，斋名未济斋。满族，北京人，语言学家、语言教育家。北京大学毕业。历任西北大学、厦门大学、中山大学、北京大学教授，历史语言研究所研究员，北京大学文科研究所所长。1949 年后，筹建中国科学院语言研究所，任第一任所长，兼任中国文字改革委员会委员。罗常培在少数民族语言研究、方言调查、音韵学研究多个方面进行了开拓性工作。

此书目录前印：敬以此书纪念 / 亡友刘半农先生 / 著者。

目录：舒（老舍）序；一、引言；二、十三辙的沿革；三、北平俗曲百种提要；四、从北平俗曲百种的押韵法；五、十三辙字汇。

卷末题：中华民国二十七年（1938）十一月三日脱稿于昆明柿花阁，三十年（1941）四月重订于青园。

版权页题：

总经售：中国文化服务社；

总社：重庆磁器街四十七号；

分支社：全国各县市及南洋等地。

国民图书出版社，又称国民出版社，创建于 1940 年 7 月，公私集股，负责人胡健中，主编赵建新，直属国民党中宣部。出书约百余种，出版刊物 2 种，在浙江、江西设立分支机构。

老舍《序》指出：

> 这部小书可以算作罗莘田先生的“通俗”著作，因为：一、从材料上说，这里的材料都是从北方民间“俗曲”百种中摘提出来的；二、从旨趣上说，罗先生以前的许多著作，都是音韵学上的专门研究，而此书虽然还是以学术研究为出发点，可是它可以直接应用到通俗文艺的写作上去。所以，我说，它可以算作“通俗”著作……老舍。卅，九，一〇，昆明龙泉镇宝台山。

封底有佚名朱笔题：中华民国三十四年（1945）十月二十日购自万州。中国书店标价签：册数 1，定价 1.00。封面墨印：P. D. HANAN。1998 年，韩南教授将此书赠予哈佛燕京图书馆。

此书以灰色草纸印成（为何发明造纸、印刷术的中国，到 20 世纪 40 年代却出版那么粗糙的印刷品？战争带给中国社会的深重灾难可见一斑），同时出版的尚有朱自清《经典常谈》（1942 年 8 月）等[①]，可以看出当时知识精英以及文化出版机构的挣扎与不屈。

尽管该书外形略显粗糙，如果结合当时的历史情况，这种文献显得非常珍贵。抗战国难当头，文明之延续，需要特别的勇气。就如老舍在该书序中提到："抗战以来，文艺写家和有志于文艺习作的，鉴于文艺之须入伍下乡，颇注意于固有的民间文艺作品，而加以研究。同时，在作品上，有的以旧瓶新酒的方法，改造旧有的民间戏剧诗歌，有的取精去粕的另制新瓶新酒，供给军民以可以接受的读物。方法虽殊，而求作品之通俗，期使新文艺深入民间，则一也。"从中可以看到，战时知识分子努力从事启蒙工作，希望开启民智、富国强兵，因而具有重要的历史意义。正如 John Israel 在论述西南联大时所说："1938 至 1946 年，北大、清华和南开在昆明组成战时联合大学。联大象征着中国学院知识分子的决心：保护中国珍贵的学术资源免受战争破坏、保持自由教育之明灯在日本侵略的黑暗岁月里燃烧不息、为战后的领导阶层培养后进。"[②]

因而，这种独特的出版物，可以作为特定时代中国文化延绵不绝的见证。而且，该书从 1938 年作者在昆明完稿，到 1941 年重订，1942 年于重庆出版，3 年后售于万州，1950 年代被来自新西兰的英国伦敦大学留学生韩南购得，1998 年收藏于美国哈佛大学燕京图书馆，从图书流通史来看，亦值得研究。

---

① 龚明德：《写于成都的〈经典常谈〉》，《博览群书》2000 年第 8 期。

② 约翰·伊斯雷尔著，郭晓东译：《联大模式对公共知识分子的影响》（*The Lianda Model for Public Intellectuals*），《二十一世纪》2003 年 10 月号，第 44—52 页。

韩南教授作为杰出的学者，其专藏具有较高学术价值。此批文献的加盟，使哈佛燕京图书馆的小说、宝卷的收藏形成一定规模，尤其是后者，更是形成特色专藏。在中国古籍线装书资源日益枯竭的情况下，学者捐赠成为重要的文献来源，值得充分重视。

三、关于基督教文献

哈佛燕京图书馆所藏基督教文献包括中文文献133种、日文文献24种、其它语种文献（西文、阿拉伯文等）20多种，本人负责全部中文文献以及部分日文文献的编目工作。

这批文献主要为宣扬基督教教义以及圣经、赞美诗、圣经故事等内容的宗教读物，如临清基督教公理会编《临清基督教公理会五十周年纪念小史》一卷（1936年临清汶卫印刷公司铅印本）、彭锦章著《基督徒宗教生活小丛书》五卷（1950年北京灯市口公理会铅印本）等。其它主要是关于医疗、教育等慈善事业的，前者有英国人秀耀春[①]著《救人良方》一卷（1891年上海美华书馆铅印本）、《保福山圣教医馆略述十八编》一卷（1893年福州美华书局铅印本）、卫氏博济医院编纂《山东德县卫氏博济医院报告书》一卷（1930年德县卫氏博济医院石印本）等；后者有《葆灵女书院章程》（1908年南昌葆灵女书院铅印本）、北平育英中学校编《北平育英中学校一九三四年度周年概况》一卷（1934年北平育英中学校油印本）、《私立铭义中学校概览》（《山西铭义中学校一览》，1937年铅印本），其它尚有试图融合基督教文化与中国传统文化之间的鸿沟的书籍。现对基督教书价及有关教育、文化的文献作介绍。

① 秀耀春（Francis Huberty James，1851—1900），英国内地会和大英浸礼会传教士。

1. 基督教读物书价——1 分 8 厘 1 册之《喻道传》与 1000 金币 1 册之《新约全书》

《喻道传》一卷，丁韪良[①]著。上海美华书馆 1869 年铅印本，1 册。扉页题：是道则进，非道则退。右题：耶苏降世一千八百六十九年。左题：上海美华书馆重刊。下题：*100 copies $1.80*（善书，发送）。

“*100 copies $1.80*（善书，发送）”即 100 册 1.8 元，每册 1 分 8 厘。此类善书主要为宣扬教义，价格低廉，以便普及。另一种则价格高昂，如 1894 年出版的号称“君王版”的《新约全书》，其标价为 1000 金币。

君王版《新约全书》，光绪二十年（1894）上海美华书馆铅印本。该书为慈禧太后 60 岁生日时，一些基督教女信徒为普及《圣经》而印送。考虑到慈禧年纪太大，该书特地放大字体，封面镶上铜面金字体，又称“君王版”。

哈佛燕京图书馆藏有 1 部，系大美圣书公会托印本。封面自右到左题：大清光绪二十年岁次甲午 / 大美圣书公会托印 /《新约全书》/ 西历一千八百九十四年 / 上海美华书馆活板。下端有“IMPERIAL EDITON：Printed from the same type as the Presentation Copy to the Empress-Dowager”。

据哈佛燕京图书馆藏本注，该书原来有手工做成的套红木的银盒子（embossed silver carket in the whole inclosed in a silk flushlined box of teakwood，handsomely carved），价格为 1000 金币（1,000 goldin 1894）。

耶鲁大学东亚图书馆亦藏 1 部，与哈佛燕京图书馆不同之处在于，该书系大英圣书公会托印。耶鲁藏本与哈佛燕京藏本属同版，应是美华书馆与英华书馆联合印制。

君王版《新约全书》中国大陆现存 3 部，2003 年曾于香港拍卖 1 部，

① 丁韪良（Martin William Alexander Parsons，1827—1916），字冠西。美国基督教长老会传教士。

标价 3 万港元，后以 85 万元成交，所得善款捐给香港中文大学医学院，用作研究对抗沙士（SARS）的经费①。沈津先生认为该书是哈佛燕京图书馆藏基督教文献中单价最高之书。

2. 关于学校教育——李佳白《创设学校议》与《私立福建协和大学一览》

（1）李佳白《创设学校议》一卷，清光绪二十一年（1895）尚贤会刻本。

书分四端（部分），分别论学校之大致（旨）、各种之学问、各等学问之章法及考取各等之学问。论学校之大致云："中国之学问，专在书籍。虽四书五经以及子史等类，亦足增人之记性，开人之心思，而要不能长人之见识，周知天下之事而遍格万物之理，是徒有学问之虚名，而无学问之实用。"第二端论各种之学问，谈论事与理。第三端论各等学问之章法，分别论述蒙学、中学与大学。第四端论考取各等之学问。

书中批判中国学问"专在书籍"，"徒有虚名"而缺少"实用"，实在切中要害，值得深思。当时西学东渐，人们对传统中国学问、教学体制提出批判。《创设学校议》正反映此种思潮，从教育史角度看值得关注。

（2）《私立福建协和大学一览（民国十七年至十八年）》，1929 年铅印本。

私立福建协和大学（后并入福建师范大学），民国五年（1916）由基督教青年会创立，民国七年（1918）纽约州立大学即承认其学历。民国十八年（1929）林景润任校长。林景润（1897—1946），字琴雨，福建莆田人，福建协和大学政治系毕业，先后留学阿柏林大学（芝加哥大学硕士）、哈佛大学（硕士）、哥伦比亚大学（研究生）、耶鲁大学（研究生）。后又赴哈佛大学攻读教学法行政学，被该校授予荣誉博士学位。1946 年病故于美国。

书中记录当时全校教职工共 37 名。其中 17 名为外籍教授（美国 15

① 相关报道刊载于 2003 年 7 月 27 日《文汇报》。

名、英国2名)，中国教师中10名为留学生，在国内接受教育的有10位。在国内接受教育的10位中，8位毕业于国内教会学校（包括3位福建协和毕业生），其它2位来自江苏师范学院（教授中国史）、福建国学教习所（教诗学与小说）。从民国十六年（1927）起，国民政府收回教育权，私立福建协和大学向国民政府立案。

表三　私立福建协和大学教师来源表

教师来源	数量	比例	备　　注
中国留学生	10	27%	
中国教会学校	8	22%	3位为福建协和大学留校生
中国学校	2	5%	
外国籍	17	46%	其中美国籍15位，英国籍2位
总计	37	100%	

从基督教青年会创立协和大学，到教职员工的组成，可以看出协和大学受美国教会影响很深，对于研究中国教育史、近代史具有一定意义。

3. 关于中国文化的《扫墓论》等

《扫墓论》一卷，英国人秀耀春著，1885年上海美华书馆铅印本。作者假设三人——“华连洋”“齐尚文”“常守朴”于中国传统的寒食节相遇。华连洋设香楮纸锞店，百姓齐尚文来购祭品、躲雨，与洋友常守朴（卖药者）讨论中国传统的清明扫墓问题。对于东方的供奉——烧香楮（烧纸钱）表示孝进行质疑，认为：“孝欲自彰，实已处于不孝；诚欲自表，实以见其不诚。吾人非不追远，实不敢作伪耳！”西方人表示纪念，通过“设医院以追念其德，修教堂以追记其功，立义学以追记其怀，刻书籍以追志其行”。这部书通过虚拟人物之口，对中国传统的纪念先人的方式作批判，体现了中西文化异同。

四、民国时期旧书销售记录

哈佛燕京图书馆藏有一批20世纪20、30年代的古籍书店售书目录，共87种186册，除去日本文求堂书目8种、山本书店书目2种，共77种。另外《蔚林图书公司寄售中文图书目录》（油印本）、《开明书店图书目录》，则为现代出版书目。

关于近代旧书目，《中国近代古籍出版发行史料丛刊》（北京图书馆出版社，2003年）28册收录152种，有肖东发序，对"近代古籍出版发行史料"作评价。经过比对，哈佛燕京图书馆所藏有25种系《中国近代古籍出版发行史料丛刊》未收（如果核对不同卷数，则当能补充更多）。

表四 哈佛燕京图书馆所藏《中国近代古籍出版发行史料丛刊》未收古籍书店售书目录

书　　名	哈佛馆藏册次
古本书籍目录	v. 35
有正书局出版碑帖目录提要	v. 41
金佳石好楼碑帖目录	v. 45
宝铭堂书目（1936年1期）	v. 55
文殿阁新旧书目（1936年3期）	v. 56
崇文斋书目（1935年1期）	v. 81
会文堂新记书局	v. 82—83
医学书局目录（1930）	v. 88
二酉书店旧书目录（6期）	v. 91
文芸阁书目（1—3期）	v. 98—100
保文堂书局书目（5—6期，1931—1932）	v. 101—102
秀州书社书目（1期）	v. 105
开明书店简明目录（1935）	v. 106
文奎堂书庄目录（1925上/下，1931上/下，1933上/下）	v. 107—112

续表

书　　名	哈佛馆藏册次
文奎堂书目（1934 上 / 下，1935，1936）	v. 113—116
博古斋书目（10、13、14、16 期）	v. 117—120
群玉斋书目（1 期，1936）	v. 126
稽古堂书目（1 期，1936）	v. 127
粹雅堂书目（3 期，1937）	v. 128
德友堂书籍目（1936）	v. 139
青云斋书目（1936）	v. 140
文禄堂书籍目（1935）	v. 143
古杭郑健盦氏书目	v. 146
周氏书目（抄本）	v. 147

此类民国销售旧书目录具有以下特点：

（一）著录详尽。如《博古斋书目》（10、13、14、16 期）著录项有序号、书名卷次、作者、版本（部分）、纸张册数、价格等，附《外埠函购书籍简章》《外埠函购新书简章》。封面题：莫厘柳氏影印丛书价目表（津逮秘书等）。下题：第十期照码五折划一。

（二）编排合理。如 1936 年的《德友堂书籍目》与《群玉斋书目》（第 1 期，铅印本）俱按“经史子集丛”分类编排，外加“新收部”（后者题作“补遗”，都指新收书）。

（三）重视广告效应。如借用名人题签，扩大影响。1933 年《保文堂书局书目》第六期（石印本，封面题：保文堂书局书新旧书目录）即请当时著名的文献学家董康题签，1935 年《文奎堂书目》第 10 期由著名文字学家容庚题签，1937 年《粹雅堂书目》第 3 期（铅印本）请著名历史学家顾颉刚署端。

（四）列英文名，以促进海外贸易。如 1935 年的《文禄堂书籍目》（王搢青编，收书 4652 种，189 页）封底题有英文书名：A List of New & Secondhand Books Offered for Sale，239 Liu 1i Chang，Peiping，China。1936

年《保萃斋书目》第三期封底题英文书名：Catalouge of Secondhand Chinese Books, Third volume。这些措施，对于古籍远销海外具有实际意义。

当然，这些目录也存在一些问题，如为了扩大影响，同一内容的书用不同的书名，引起误会。如 1936 年《稽古堂书目》第一期（附手抄方志丛书目，铅印本，115 页，收书 3044 种，胡适题签，该书有哈佛大学汉和图书馆英文椭圆印，铅笔题：1936/4/29）与同年出版的《青云斋书目》第一期（铅印本，115 页，收书 3044 种，俞陛云题签）内容基本一样。前者依次著录：

外埠通信购书简章、例言、[类目]（经史子集丛，满蒙回藏文书籍部附，附录燕京引得编纂处出版书）、燕京大学国学研究所出版书、各家出版书、国立北平故宫博物院出版书。出版地：北平福龙寺街路南。

《青云斋书目》依次著录：

外埠通信购书简章、例言、[类目]（经史子集丛，满蒙回藏文书籍部附，附录燕京引得编纂处出版书）、燕京大学国学研究所出版书。出版地：北平福龙寺街路大沟巷门牌十一号。

两者比较，后者只缺少“各家出版书、国立北平故宫博物院出版书”目录，应属于同一个目录，却分成两书，有误导读者之嫌疑，显示商业目录的不足。

晚清到民国时期的销售书目，目前流传已经不多，而且这些目录对于了解和研究当时古籍的留存、流通情况，是第一手资料，值得深入研究。

五、中国科学社北美分社档案资料

中国科学社（Science Society）是中国最早的综合性科学团体。1914 年康乃尔大学留学生胡明复、任鸿隽、杨杏佛等共同发起成立科学社，目的为弘扬科学与民主，寻找国家富强道路，体现“科学救国”精神。第二年元月，创办以“传播世界最新科学知识为职志”的《科学》杂志，发刊于上海。同年 10 月，中国科学社正式成立，由胡明复主持。

胡明复（1891—1927），江苏无锡人，1910 年考取第二批庚款留美生，入康乃尔大学文理学院。1916 年入哈佛大学研究院，翌年获博士学位，为该校中国留学生中的第一位博士。1917 年回上海，协助其兄胡敦复主持私立大同大学校务，并在上海主持《科学》杂志编务和中国科学社社务。他经常说："我们不幸生在现在的中国，只可做点提倡和鼓吹科学研究的劳动。现在科学社的职员、社员不过是开路的小工，哪配称科学家。中国的科学将来能与西方并驾齐驱、造福人类，便是今日努力科学社的一班无名小工的报酬。"明复先生不幸于 1927 年 6 月去世，中国科学社为他举行"社葬"，埋骨杭州烟霞洞山后。

胡氏三兄弟：兄敦复（人谈则谈——康奈尔大学留学生，1907 年与妹胡彬夏、宋庆龄一起留学），明复（择人而谈——哈佛数学博士），弟刚复（逢人则谈——哈佛物理学博士）。其堂妹胡宪生亦考取庚子赔款，留学美国。"胡氏五兄妹，哈佛双博士"可能空前绝后。

"中国科学社北美分社档案资料"主要为 1929—1933 年间中国科学社北美分社活动情况的记录，系哈佛燕京学社裘开明先生任北美分社主席时所收集。资料涉及北美分会研讨会文件、选举记录（如通讯选举主席的明信片）、社员联络（缴纳会费——有赵元任、杨步伟伉俪缴款单等）、与国内总社联系情况，以及社务一般情况资料，如介绍入社表（如复旦大学著名生物学家谈家桢先生的入社表格）等，对于了解中国科学社北美分社的历史具有重要意义。

六、红军相关资料——长征及陕北相关文献

哈佛大学藏有美国记者埃德加・斯诺（Edgar Snow，1905—1972）捐赠的大量中国抗战时期文献，此外哈佛燕京图书馆还藏有其它一些红军相关资料，本人编目碰到的有：

1. 中国共产党中央给中国国民党三中全会电

1 页，中国共产党中央委员会编，1937 年油印本[①]。

1937 年 1 月 13 日，中共中央和中央军委进驻延安。2 月 9 日，中共中央政治局常委召开会议，经毛泽东、张闻天等酝酿和起草，会议讨论和通过《中国共产党中央给中国国民党三中全会电》，提出五项要求（国策）、四项保证。

五项要求是：

（一）停止一切内战，集中国力，一致对外；

（二）言论、集会、结社之自由，释放一切政治犯；

（三）召集各党、各派、各界、各军的代表会议，集中全国人才，共同救国；

（四）迅速完成对日抗战之一切准备工作；

（五）改善人民的生活。

电文明确表示，如果国民党三中全会将这五项要求定为国策，中国共产党为了达到全国团结一致抗日之目的，愿意作出如下四项保证：

（一）在全国范围内停止推翻国民政府之武装暴动方针；

（二）苏维埃政府改名为中华民国特区政府，红军改名为国民革命军，直接受南京中央政府与军事委员会之指导；

（三）在特区政府区域内实行普选的彻底的民主制度；

（四）停止没收地主土地之政策，坚决执行抗日民族统一战线之共同纲领。

---

① 此文献来自美国斯坦福大学胡佛图书馆（Hoover Library）。

电报稿实际成为第二次国共合作谈判的纲领性文件，具有重要历史价值。电报稿与后来正式出版的文献字句略有不同。

2. 王友与林迈可书信及文稿

打印稿。内含：

（一）王友致林迈可信；（二）林迈可英文信（1949 年 8 月 22 日）；（三）林迈可致冀朝鼎信（英文，1954 年 8 月 10 日）；（四）林迈可致冀朝鼎信（英文，1954 年 8 月 23 日）；（五）林迈可英文文稿（又复印件 2 份）。

林迈可（Michael Lindsay），英国学者，1937 年任教于燕京大学，太平洋战争爆发后携中国妻子李效黎逃离北京，奔赴延安，与共产党部队一起从事抗日活动。撰有《关于中国共产党教育问题的笔记（1941—1947）》（*Notes on Educational Problems in Communist China*, *1941—1947*）、《1937—1945 华北鲜为人知的战争》（*The Unknown War*：*North China 1937—1945*）等，是著名的中国问题专家。他曾保护过从事地下活动的钟子云（王友）。

钟子云（1911 或 1913—1999），原名苏宗泉，曾用名王友，出生于河北省东光县。1931 年参加抗日活动。1935 年赴莫斯科向中共中央代表团汇报工作并留在莫斯科东方大学学习。1938 年回国任中共中央晋察冀分局社会部平西联络站站长、中共冀热辽区委员会社会部部长。1957 年任煤炭工业部副部长、党组成员、党组（党委）副书记。“文化大革命”中受迫害。1975 年恢复工作后任煤炭工业部党组副书记、副部长。1981 年任煤炭工业部顾问。

林迈可与王友有交往。王友致林迈可信叙述两人的交往以及不同思想，对于了解当时的情势有一定意义。

冀朝鼎（1903—1963），山西汾阳县人，1924 年赴美国留学，先后在芝加哥大学、纽约哥伦比亚大学、纽约大学华尔街银行分校攻读过政治、历史、法律、经济、贸易、金融等专业，1926 年获哲学学士，1927 年获法学博士，1935 年获经济学博士等学位。1928 年，美共中央主席福斯特请冀朝鼎回美国去办报。经周恩来批准，冀朝鼎于 1929 年回到纽约，任美共《工人日报》国际版编辑，并在美共中国局工作，创办《今日中国》和《美亚杂志》。40 年代初回国，在国民政府内从事秘密工作。1947 年，以中国代表团专家身份出任联合国亚洲及远东经济委员会秘书长。中华人民共和国成立之初，成为党内的三通专家（美国通、国民党通、英文通），蜚声国内外。他是代表新中国去英国剑桥大学讲学的第一位学者，曾为李约瑟博士的巨著《中国科学技术史》作序。

林迈可致冀朝鼎信反映出当时两人不同的思想状况，对于理解 1949 年以后的中国与外国知识分子的关系，具有较高的史料价值。

3. 从陕北归来

丽亚著。手稿本。题名为编者所加。内有六部分：（一）丁玲印象；（二）陕北外交大楼记事；（三）记延安党校；（四）陕西特区的行政机关；（五）苏区的教育宣传工作；（六）红军长征记。哈佛燕京图书馆另藏有《红军长征记》朱德签名本等，沈津先生《〈红军长征记〉显露美国》已做介绍，此不赘述。这些作品对于研究中国近代史、现代文学尤其是解放区文学有一定的意义。

4. 抗日宣传单

中国抗日红军镇西政治部编印。中国抗日红军镇西政治部油印本。3 张（其中两张重复）。这些抗战时期的印刷品，尽管印制质量一般，甚至比较粗劣，但是能够反映战争年代造纸、印刷技术以及时代风貌，具有历史价值。

七、台湾作家手稿

哈佛燕京图书馆收藏有几十位台湾作家的手稿，多数系哈佛燕京图书馆张凤女史多年努力所得，主要为20世纪60年代至当代作家的小说、诗歌手稿，其中包括盲诗人莫那能的手稿，对于研究当代台湾文学具有一定意义。现将目录简列如下：

1. 龚则韫《龚则韫手稿》。手稿本。内容包括:（一）迤逦而来;（二）春尽;（三）花情;（四）童心乐融融;（五）胭脂泪;（六）白色康乃馨;（七）草莓的约会;（八）离情;（九）小说是人生写照吗;（十）选贤与能;（十一）发言稿两份;（十二）水晶帘卷近秋河（复印件）。

2. 陈若曦《告别千字文》。手稿本。1995年。附“延边四日，二胡”手稿复印件3页。

3. 於梨华《赠给想来美国的祖国青年》。手稿本。1980年。18页。於梨华方格稿纸（已经破损）。

4. 王克难《王克难手稿》。手稿本。包括:（一）生日礼物;（二）诺言树;（三）雾里的女人。

5. 纪刚（1920—）《滚滚辽河》（《脱哨记》）。手稿本。附:纪刚（赵岳山）致吴文津信/照片以及《滚滚辽河手稿哈佛珍藏记》（复印件）等。

6. 哈佛燕京图书馆藏台湾作家手稿，23家，手稿本，23册。作家包括:王昶雄、叶石涛、阿盛、焦桐、李敏勇、许悔之、钟肇政、向阳、郑炯明、莫那能、沉花末、方瑜、胡台丽、方梓、吴永华、刘克襄、曾贵海、吴锦发、廖鸿基、雷骧、钟铁民、李黎、洪素丽。

这些手稿正面临如何长久保藏的问题。由于绝大多数手稿所用纸张系机器制造，混有化学酸性物质，纸质容易脆化，部分手稿已严重破损，如作家纪纲的《滚滚辽河》手稿，於梨华《赠给想来美国的祖国青年》手稿等，已发黄变脆。这些手稿好不容易搜集到，却由于书写载体问题，难以长久保存，实在可惜。建议在征集之时，向有关作家提出请求，希望用中国传统手工纸作稿纸，以便长久保存。

参考文献：

[1] 王国维：《元刊本西夏文华严经残卷跋》，《观堂集林》，北京；中华书局，1959 年，第 1050—1052 页。

[2] 史金波、雅森·吾守尔：《中国活字印刷术的发明和早期传播》，北京：社会科学文献出版社，1999 年。

[3] Martin Heijdra，Cao Shuwen："The World's Earliest Extant Book Printed from Wooden Movable Type？ Ch ü an Seventy-seven of the Tangut Translation of the Garland Sutra". *The Gest Library Journal.* Vol.V，No.1，Spring 1992.

[4] 捷连提耶夫·卡坦斯基著，王克孝、景永时译：《西夏书籍业》，银川：宁夏人民出版社，2000 年。

[5] 李世瑜编：《宝卷综录》，北京：中华书局，1961 年。

[6] 车锡伦编：《中国宝卷总目》，北京：燕山出版社，2000 年。

[7] 车锡伦：《中国宝卷研究论集》，台北：学海出版社，1997 年。

[8] 曾子良：《宝卷之研究》，1975 年。

[9] 张希舜等主编：《宝卷（初集）》，太原：山西人民出版社，1994 年。

[10] 陈建明：《近代基督教在华出版物的传播状况》，《出版史研究》第 4 辑，第 127—146 页。

[11] 冒荣：《科学的播火者——中国科学社述评》，南京：南京大学出版社，2002 年。

[12] 中国国家图书馆编：《中文善本古籍保存保护国际研讨会论文集》，北京：北京图书馆出版社，2002 年。

哈佛燕京图书馆藏中国旧方志概述

李丹（南京大学图书馆）

一、引言

2011年，我作为南京大学图书馆的交换馆员，来到哈佛燕京图书馆，进行为期一年的工作交流。对于初出国门的我来说，一切都是新鲜而有趣的。哈佛燕京一直是学界有口皆碑的圣地，更是我心中朝思暮想的殿堂。

初到美国，正值圣诞假期，哈佛大学还是休息状态，我控制不住内心的激动，迫不及待地怀着一颗朝圣的心，独自一人在雪地中步行了三个多小时，从贝尔蒙特走到剑桥。时至今日，我依然清楚地记得那日的场景，走过空寂的Harvard Square，穿过白雪覆盖的Harvard Yard，路过高耸的Memorial Hall，来到哈佛燕京图书馆大门旁边两个标志性的白色狮子前。那栋红色的建筑，曾经只在书中看到的，在师长口中听到的，终于，真的出现在我的眼前。

我的这一徒步壮举，后来被燕京的同事们知道了，他们都为我感到后怕。回忆起来，那天正是假期，路上几乎没有遇到行人，只有广场的几个流浪汉向我乞讨。而我无知无畏，全都视而不见。

在哈佛燕京的工作是紧张而充实的。馆长郑炯文先生非常专业、敬业，他像导师指导学生做课题一般，给我安排了各种学习机会，让我在开始的两个月里，充分全面地了解哈佛。那一段时间，我对图书馆各个工作流程都进行了体验，包括前台的流通借还、中文的采访咨询、院系的课程参与、古籍善本的数字化等诸多方面。于是每天都是全新的一天，或是见到了传说中的各种名人，或是接收了很多好看的新书，或是遇到了有趣的课题咨询，或是参观了哈佛其他图书馆的珍善之本，这样的新鲜，每每都令我应接不暇，同时也调动起我的好奇与斗志，让我充满激情。

在对工作全面熟悉之后，我有幸获得郑先生的信任，承担起编纂哈佛燕京图书馆藏的中国旧方志总目的工作。

方志是中国特有的文化遗产，是中华文化的重要载体。它以一地一志为基本单位，纵则成历时的年鉴式累积，横则成共时的区域式联合，构成一幅幅广阔的历史画卷，弥补了国史记载时间与空间之所不足。在“体国经野”的中国传统社会中，方志以其繁多的种类、丰富的数量构成了古代文献不可或缺的组成部分。在现代学术中，方志则是诸多学科的重要参考资料，具有很高的研究价值。

中国方志的流传十分广泛，在世界上许多国家都有不同程度的收藏。作为海外最重要的中国文献收藏机构之一，哈佛燕京图书馆所藏的中国地方志一直让人称道不已。但是，这些方志从何而来，现存究竟有多少，一直没有一个确数。机缘巧合，这些答案都将由我来寻找。这个任务对我来说，是光荣而又艰巨的，一年之后，我完成了《美国哈佛大学哈佛燕京图书馆藏中国旧方志目录》一书的编纂，这是我一年哈佛燕京工作的主要总结。① 在此，不揣简陋，对哈佛燕京图书馆的方志收藏再略作介绍。

二、哈佛燕京图书馆藏旧方志概述

① 本文曾作为前言收入《哈佛大学哈佛燕京图书馆藏中国旧方志目录》一书，此次收入文集，略作修改。

哈佛燕京图书馆的方志收藏一直为人所称道，目前可以查到的各种数据，其资料主要来源于第二任馆长吴文津先生发表在《汉学研究》上的《哈佛燕京图书馆中国方志及其他有关资料存藏现况》一文，文中对哈佛燕京所藏的方志进行了全面的分析与对比。[①] 吴先生的统计数据是3858种，最早的[正德]《姑苏志》，1506年刊本，最新的《台南市志》，1978年出版。数量在欧美地区排名第二位，仅次于美国国会图书馆。吴文具体数据如下：

表一　吴文津先生1985年统计数据

时代	总量	原本	复印	胶卷
宋代	38	0	34	4
元代	19	0	12	7
明代	579	61	107	411
清代	2483	2473	0	10
民国	739	737	0	2
总计	3858	3271	153	434

吴先生的数据统计时间是在1985年，是对馆藏全部方志的统计[②]，其中包括了1949年之后的影印本、整理本古旧方志与新修的方志。为了更清晰地展示原貌，我们这次的整理，在时间与形式上都有所限制，仅收录1949年以前出版的旧方志，按照旧方志的存在形式分为三种：原本方志、缩微方志、影印方志。

---

① 吴文详见《汉学研究》第3卷第2期（总第6期），方志学国际研讨会论文专号第1册，1985年12月，第369—378页。

② 按：时代久远，吴先生当年所做统计的依据是卡片目录还是核对原书今已不可考证，由于历史原因，今天实际馆藏已略有变化。

表二 2011 年哈佛燕京图书馆的方志收藏

<table>
<tr><th>存在形式</th><th>定 义</th><th colspan="2">种 数</th></tr>
<tr><td rowspan="4">原本方志</td><td rowspan="4">馆藏原书，1949 年之前出版</td><td colspan="2">2922 种（善本 764 种）</td></tr>
<tr><td>明代</td><td>32 种</td></tr>
<tr><td>清代</td><td>2305 种（顺治至乾隆 732 种）</td></tr>
<tr><td>民国</td><td>585 种</td></tr>
<tr><td rowspan="6">缩微方志</td><td rowspan="6">无纸本，仅以胶卷形式存在（不包括以馆藏纸本方志拍摄的胶卷）</td><td colspan="2">441 种</td></tr>
<tr><td>宋代</td><td>5 种</td></tr>
<tr><td>元代</td><td>3 种</td></tr>
<tr><td>明代</td><td>376 种</td></tr>
<tr><td>清代</td><td>45 种</td></tr>
<tr><td>民国</td><td>12 种</td></tr>
<tr><td>大型影印方志丛书</td><td>1949 年以来影印出版的大型方志丛书</td><td colspan="2">此数字在不断增加中，因是现代出版的影印本，故本文不做讨论。</td></tr>
</table>

表三 原本方志数量表（以行政区划统计）

省份	总量	省志	府（州、厅）志	县志	乡镇志	其他
一统志	4					
河北省	279	9	44	218	8	0
山东省	275	5	44	208	17	1
山西省	239	5	39	192	1	2
河南省	224	8	33	182	0	1
江苏省	210	3	43	120	40	4
四川省	209	5	34	166	4	0
浙江省	208	4	37	151	16	0
陕西省	177	5	43	119	9	1
江西省	126	4	25	97	0	0
湖北省	122	5	28	87	1	1
广东省	113	4	24	79	6	0
湖南省	99	4	19	72	4	0

续表

省份	总量	省志	府（州、厅）志	县志	乡镇志	其他
安徽省	94	6	19	68	1	0
福建省	75	6	16	51	2	0
云南省	53	8	19	24	0	2
广西壮族自治区	50	3	19	28	0	0
甘肃省	49	2	14	33	0	0
上海市	47	0	8	27	11	1
重庆市	41	0	10	31	0	0
辽宁省	37	7	2	26	2	0
北京市	32	0	14	17	1	0
贵州省	22	3	11	7	0	1
吉林省	18	4	1	10	3	0
台湾省	17	3	9	5	0	0
天津市	16	0	6	9	0	1
海南省	16	4	3	9	0	0
内蒙古自治区	16	3	5	6	1	1
新疆维吾尔自治区	16	15	1	0	0	0
黑龙江省	14	1	1	10	1	1
西藏自治区	10	10	0	0	0	0
宁夏回族自治区	9	2	4	3	0	0
青海省	3	1	2	0	0	0
澳门	2	0	2	0	0	0
总计	2922	139	579	2055	128	17

在此次的统计中，我们按照传统的相对狭义的方志定义来选择，以行政区划来划分，未收录山、水、寺庙、名胜等志。但依然可以看到，哈佛燕京图书馆的方志收藏，无论是种类、数量还是存在形式都是相当丰富的。仅以原本方志来看，范围涵盖全国，其中河北、山东、山西、河南、江苏、

四川、浙江等省较多。大到通志府志，小至县志乡镇志，均有收录，且以最基础的县志为多。

三、馆藏方志特色

从以上各种数据中可以看到，哈佛燕京的方志收藏数量非常可观，在海外的方志收藏中占据重要地位。不仅如此，在收藏的质量上也有可圈可点之处（仅以原本方志统计）。

从版本价值而论，馆藏有明代刻本32部，为全美之首。在清代的方志中，有732种是乾隆六十年（1795）之前的善本，具有重要的研究价值。[①] 在这些刻本中，有不少是稀见之本。其中《［嘉靖］吴江县志》《［嘉靖］广西通志》，在中国国内各存2部，而《［万历］潞城县志》《［崇祯］江阴县志》则是存世的孤本。其他如《［万历］昆山县志》《［万历］武定州志》《［万历］华阴县志》《［崇祯］乾州志》《［雍正］太原县志》等也都很罕见。有的方志中还有名家批点，如《［康熙］常熟县志》，即为清末帝师翁同龢所藏，在第一册封面上有翁同龢手书书名，卷中亦多有批校与按语，为罕见之本。[②]

从资料价值而言，哈佛燕京收藏的方志中，绝大多数是县志与乡镇志，这些最原始的资料，对学术研究有很大的帮助。方志的编纂过程，是资料由下而上的搜集整理过程。从微观史学的立场来看，越是区域单位小的方志，历史的真实性与整体性就会越强，可以认识更为底层的社会原生态，史料价值也就越高。县志、乡镇志作为较小区域单位的方志，许多详细内容为州府志乘所未备，有拾遗补缺的作用，更具有独特的史料价值。

---

① 对这些善本方志价值的揭示，参见李坚、刘波《美国哈佛大学哈佛燕京图书馆藏善本方志书志》一书，北京：国家图书馆出版社，2015年。

② 沈津：《翁同龢批校本〈常熟县志〉》，载沈津《书丛老蠹鱼》，桂林：广西师范大学出版社，2010年，第18—25页。

从方志的发展演变来看，民国方志的收藏很有价值。民国是中国封建帝制进入宪政的时期，此前的志书体例，从内容到形式都已经不再适应新的时代。因此，对志书的编写进行创新变革非常必要。国民政府曾三次颁发修志法规，对修志的机构、内容、纲目、编修方法、审核办法，以及文字表述、印刷进行详细规定。在编写内容上力求详实，注重实用，分类科学，反映当地自然与社会各方面状况全貌。社会经济部分的比重大大增加，并逐渐成为方志的主干内容。此外，在形式上也发生了变化，随着科技的发展，广泛运用了测绘、印刷、摄影、统计等现代技术。现存民国方志有 1100 余种，哈佛燕京收藏有 585 种民国原版方志，为民国方志的研究提供了很好的资料保证。以山东一省为例，《［民国］牟平县志》“实业志”一门，记载了清末维新以来的实业机关、团体和实业种类，有农业、工业、商业、渔业、盐业、航业、林业、蚕业、牧业、矿业等地方产业，还记述了此地的自然条件、物产、农业产量及产品价格，农村各阶层的人口比例和经济收入等等。《［民国］胶澳志》中有青岛及其附近周年雨计分配略图，青岛周年有雾日数、有雨日数及雨量变差图，青岛周年气象变差图等现代科学图表，这在古代方志中是不可能见到的。再如《［民国］霑化县志》，前有出版说明，附纂修人员毕业学校，照片等，颇具民国方志特色。

伪满洲国时期的方志也很有特点。伪满洲国的产生和存在是中国近代史上的重要事件，为了稳定秩序，维持统治，伪满政府开始推动各地编修方志。作为伪满时期的重要文献之一，这些方志具有相当重要的史料价值和研究价值。由于受到殖民政策的影响，出于服务伪满政府统治的需要，当时东北方志均站在日伪的立场上进行编修，从体例到内容都带有鲜明的殖民烙印。在方志的编写中，也有日本官员参与其中。哈佛燕京所藏的《海龙县志》前有参事官荻原四郎的照片，《阜新县志》前有阜新县参事官阿部虎男的照片。伪满政权在东北地区强制推行日语教育，灌输日本文化。受此影响，日文词汇和日文资料比较普遍地出现在此时的方志中，对当时在东北的日本企业与日本商人也都有很多记载。现存伪满时期东北三省编修的地方志总数约 50 种，哈佛燕京共收藏 14 部，绝对数量虽不算多，但管中窥豹，亦可见一斑，能为中国近代史诸领域的研究提供丰富素材。

四、哈佛燕京的方志收藏历史

以不同的存在形式而分，哈佛燕京的方志收藏主要分为三个阶段。这一部收藏史，既反映了方志外在形式的变化，也映照了时代的发展变迁。

1. 纸本方志的收藏

1928 年，哈佛燕京学社成立，与此同时，有了哈佛燕京图书馆的前身——汉和图书馆。1930 年起，汉和图书馆便开始收集中国方志[①]。20 世纪 30 年代的中国大陆，社会动荡，战乱频仍，大量的古籍藏书散出，方志作为研究中国的第一手资料，成为当时各国、各研究机构的热门之选。1935 年，裘开明馆长撰写题为《哈佛图书馆的中国地方志》（"Chinese Local Histories in the Harvard"）的报告，论述了中国地方志的特点及重要性，要求增加用于购买这类文献的经费。[②]报告得到哈佛燕京学社图书馆委员会的通过，此后一个时期，哈佛燕京通过各种途径，包括向国内古旧书店直接征集购买，或委托国内图书馆、国内学者代购等方式，大量购买方志，一时之间，方志为之纸贵。《书林逸话》中曾有记载："哈佛燕京等处，凡方志书只要为其目录所无者，任何高价，均必购置。"[③]可见当日收购之迫切。因此，原本方志收藏数量飞速增长，在裘开明馆长每年的馆长

① 哈佛燕京图书馆在 1930 年之前是否收藏有方志不得而知，但大规模收集中国方志始于 1930 年。在这一年的 11 月 15 日，裘开明馆长开始打算购买方志，补充馆藏。详见《裘开明年谱》1930 年 11 月 15 日所收裘开明信函（桂林：广西师范大学出版社，2009 年）。

② 报告详见《裘开明年谱》1935 年的记录。

③ 谢兴尧:《书林逸话》，载《堪隐斋随笔》，沈阳；辽宁教育出版社，1995 年，第 28—29 页。

年度报告中[①]，我们得到了如下的数据：

表四　哈佛燕京图书馆藏方志年度统计

年份	1935	1936	1937	1938	1939	1940	1941	1942	1943	1946	1947	1948	1949
种类	678	902	974	1300	1924	2301	2571	2622	2628	2692	2806	2837	2869

从表格中每年递增的数量可以看出，方志收藏在20世纪30年代后期飞速增长，到1949年已经达到2869种，与今日的2922种相差无多。在1949年之后，主要因为政治因素的影响，原本方志的收藏渐趋缓慢，所增甚少。

哈佛燕京方志收藏的理念是藏以致用，将方志作为为各个学科提供资料的源泉，不拘时代，广泛收藏。这一理念，我们从裘开明馆长与当时的哈佛燕京学社社长叶理绥的通信中可以看到。1936年3月20日，裘开明向叶理绥提交1935—1936学年度汉和图书馆财务报告和1936—1937学年度汉和图书馆预算计划，他认为地方志对很多分支学科的研究都具有相当重要的意义，这类著作包括中国各个地区的地形、历史、地理和人物传记、考古、经济，以及重要的统计资料。1938年2月18日，叶理绥在给裘开明的信中也表明自己的观点："我们不仅对善本方志感兴趣，而且对一般的方志也感兴趣，这样每个省都能通过地方历史的形式展现出来……不要太热衷于买珍本，要知道我们需要的是一个运作的图书馆。"[②] 这一采访理念，一直贯彻到今天。

2. 缩微方志的收藏

1949年之后，随着新中国的成立，政府对古籍的市场流通进行了限制，哈佛燕京的馆藏纸本方志数量增长缓慢，开始转向缩微胶卷的收藏。最早的胶卷方志来自美国国会图书馆，这里曾经暂存了一批因躲避战乱而转运

① 详见《裘开明年谱》中收录的各年度馆长工作报告。

② 裘开明与叶理绥的通信详见《裘开明年谱》1936与1938年记录。

至此的国立北平图书馆甲库善本古籍（现存台北“故宫博物院”），其中有很多稀见的方志。此后，又陆续向台北“中央图书馆”和日本东京内阁文库购买了大量稀见方志的胶卷，以补充馆藏。这些缩微方志几乎全是善本，极其珍贵。此外，哈佛燕京也将本馆所藏的部分方志拍成胶卷，方便读者阅览。目前馆藏全部缩微旧方志的总量为1900余部[①]。

3. 影印方志丛书的收藏

哈佛燕京图书馆大型影印方志丛书的收藏主要分为两个系统。20世纪60年代开始，台湾地区曾经大规模影印了一系列方志丛书，如《新修方志丛刊》《中国方志丛书》等等。到了20世纪80年代，随着经济文化事业的发展，中国大陆也开始大规模影印出版方志丛书，如《宋元方志丛刊》《天一阁藏明代方志选刊》《中国地方志集成》《著名图书馆藏稀见方志丛刊》系列等。这些大型方志丛书的影印出版，在很大程度上可以弥补图书馆馆藏原本方志的不足。哈佛燕京对这些影印方志丛书的收藏不遗余力，几乎囊括了所有，并且还在不断递增。这些影印方志与原本方志、缩微方志一起，相互补充，形成了丰富的方志资料库，为海内外学者提供了非常便利的条件。

五、原本方志的价值与意义

一直以来，哈佛燕京图书馆以其丰富的资料收藏与先进的服务理念，吸引了海内外的学者。在科学技术飞速发展、影印再造水平更加高超、电子资源越发普遍的今天，哈佛燕京所藏的这些传统的纸本方志的意义何在？就内容来说，不同形式的同一种方志，内容应该是一样的。那么，在内容之外，形式又有哪些特殊意义？地方志作为一种文化产品，也是社会

① 此数量包括了复本胶卷与以馆藏纸本方志为底本拍摄而成的胶卷。

发展的一个缩影。除了文献个体带给学者的资料性、纸本古籍形式体现的文物性之外，作为一种群体的存在，这批文献资料还具有很多的社会学与文化学的意义与价值。

1. 书籍聚散之考查

中国的古籍，聚散无常，但从书中的钤印题跋，却可考证出其辗转流传，来去踪迹。是以，纵是内容完全相同的古籍，却有着不同的命运，从中可见其流散。如《［嘉靖］雍大记》一书，钤有“春草闲房”“惠栋之印”“红豆书屋”“柯逢时印”，可知此书从明末清初金俊明，经惠栋，传至晚清柯逢时之手。再如《［万历］昆山县志》一书，钤有“八千卷楼藏书之记”“嘉惠堂丁氏藏书之记”，知此书曾为著名藏书家丁丙的八千卷楼所藏。《［康熙］常州府志》上钤有“海上武陵季子少梅氏珍藏书画印”，乃清代著名收藏家顾少梅的藏书。《［乾隆］天津府志》，藏书印为“长白完颜氏半亩园珍藏留记”“琅嬛妙境藏书图记”，乃是光绪年间内务府总管大臣、刑部尚书麟庆的藏书。

2. 民国旧书业之考查

民国时期，大量古籍流散，在许多大中城市形成了古籍市场，北平、上海、苏州、杭州等地出现很多古旧书店。哈佛燕京的很多方志就是从这些书店邮购而来。1935 年 8 月 1 日，裘开明先生起草向中国各古籍书店征集所售中文方志及丛书目录之通告。1936 年 5 月 25 日，裘先生又在寄往中国大陆地区各古籍书店订购方志的订单上附注如下文字：“请将所选购的各类各种方志汇集后，代做中国蓝布函套，外面用白色油墨写书名、卷数等；各书函套做好，即请由邮挂号寄来。”[①] 直到今日，在哈佛燕京所藏的原本方志的函套上，还可以看到当时古旧书店的印章或贴条。这些古

---

① 详见《裘开明年谱》1935 年 8 月、1936 年 5 月的记录。

旧书店在北京的主要有邃雅斋、德友堂、文芸阁、松筠阁、崇文斋、悦古斋，上海有富晋书社、受古书店，苏州有来青阁，杭州有抱经堂。更有意思的是，这些书店的印章刻有中英文双语，上面不仅有店名，还有地址，如北京的邃雅斋印着“From: T'sui Ya Chai Bookstore，192 Liu Li Ch'ang, outside Ho-p'ing-men，Peiping，China. 中国，北平和平门外琉璃厂一九二号邃雅斋书店寄”。这些资料，对我们研究民国旧书业的生存状况、考查古籍的流散都大有帮助。

3. 出版发行业之考查

牌记是古籍的一个重要内容，对版本的判断有重要帮助。哈佛燕京的原本方志由于书品较好，很多方志都完整地保留了牌记。这些牌记除了帮助我们判断该书的版本之外，还可以提供很多其他的信息。比如，反映了时代的变迁。清代牌记中的藏板之地，多在府衙与书院，到了晚清民国，则出现刻有“板藏官立小学堂”“温江县图书馆藏板”等字样的牌记。有时候，综合多个牌记，又可以对古代的出版发行业进行考查。以广东一省的方志为例，《［嘉庆］龙川县志》牌记云“粤东省城学院前心简斋承刻”，《［道光］电白县志》牌记云“清道光五年（1825）广州西湖街文宝斋刻本”，《［光绪］清远县志》牌记云“粤东省城学院前翰元楼刊刷”，《［民国］阳江志》牌记云“广州西湖街留香斋承印”，《［民国］香山县志》牌记云“省城西湖街墨宝楼承印”。从这些线索中，我们可以对广州一地的刻书业有所了解。

民国时期，随着新式印刷技术的发展，出现了很多印刷所，在一些铅印本的民国方志的扉页，出现了具有广告性质的新式牌记，这是从古代牌记到新式版权页的过渡。如《法华乡志》的扉页云：“松蕴铸字印刷所……本所创办以来，历有年矣。自造中西铜模，异样花边，新式符号，注音字母，书边铜线，各种大小铅字一应俱全。迩来扩充营业，添办印刷，特请优等技师细心研究，墨色鲜明，笔划清楚，承印书籍、报章、经典、杂志、家谱、寿启、五彩钱票股单。如蒙委托代印，请驾临三马路望平街本所接洽，无任欢迎。电话：中央七五零八。”《［民国］青县志》前有牌记云“天津鸿兴印字馆印”，亦有地址与联系方式：“设法界二号路七十九号，电话：自动三二七四四号。”《［民国］沧县志》前有文竹斋的广告：“承印各种书籍、县志、族谱，字体新颖，印刷清晰，校对精细，装订整齐，出品精致，定价克己。地址开设天津锅店街中间。电话：二局一九一五号。”这些资料，为我们考查中国近现代出版业的发展提供了有力的依据。

六、结语

在对哈佛燕京图书馆方志的梳理过程中，我深刻地感受到哈佛燕京图书馆工作的科学与严谨。远到裘开明馆长当年不遗余力收购方志的理念，以及他对中国古旧书店制作函套的细节要求；近到我在申请远程书库方志时的方便快捷，以及工作人员每天大量运书给我的耐心细致，这些都深深震撼了我。很多年过去了，我至今依然记得其中的一个细节：当时有一个函套上的条形码掉了，我随手把它重新粘上，被负责贴条码的梁慧芬女士看到，她温柔地拿起那本书，重新调整了条码位置，并且告诉我，哈佛燕京图书馆所有图书的条形码，都是贴在固定的位置，前后左右的留白都是有严格要求的，绝对不能随便黏贴，因为这代表了哈佛燕京图书馆的形象。我听了之后非常惊讶，也非常惭愧，因为这个细节我之前从未在意过。这件事情虽然很小，却一直让我记忆犹新，回国之后，我经常会对同事们说起，感慨哈佛燕京图书馆馆员的认真与敬业。

方志的收藏历史，仅仅是哈佛燕京图书馆收藏史的一个缩影，正是因为有着科学的管理理念，有着严谨的工作态度，有着为学界服务的学术目标，哈佛燕京图书馆才可以不断地丰富馆藏，吸引了众多的学者，成为全球汉学研究的重镇。

方志总目录的编纂，离不开同仁们前期辛苦工作的积累，已有的卡片目录、电子目录是此次总目编写的基础，前人的学术成果为查找旧方志的收藏历史提供了很多文献依据。在具体工作中，我得到了许多前辈和朋友的支持与帮助。在哈佛燕京图书馆学习和工作的一年是简单、快乐而充实的。郑炯文馆长对我充分地信任，给予了多方的鼓励、宽容、支持和帮助。我的直接领导杨丽瑄女士与马小鹤先生为我查阅资料提供了很多方便，古籍专家沈津先生对目录的编写指出了许多十分宝贵的意见，负责技术的邹宗光先生特地为我编写了 ACESS 程序、负责编目的邱玉芬女士与我及时沟通修改馆藏目录、负责古籍数字化的王系女士在数字资源方面对我热情指导，负责流通的戴晓琳女士为我远程借阅与胶卷阅读提供很大帮助，与我同期访问的国家图书馆李坚女士在版本鉴定上给我很多建议。此外，还有陈祖瑶女士、梁慧芬女士、王霭木女士、邹士宁女士、吴文辉女士、宋小惠先生等诸多同事，都给了我很多的关心、温暖、感动和欢乐！能在异国他乡见到同胞的面孔，听到熟悉的语言，是我在孤独中最温暖的慰藉。今天，当我再次回想起那段美好的时光，往事历历，清晰依旧。请让我借此机会再一次谢谢你们，感谢你们的陪伴，温柔了我的哈佛岁月！

哈佛燕京的中国新方志①

龙向洋（复旦大学图书馆）

美国哈佛大学哈佛燕京图书馆是当代收藏中国新方志最丰富的学术图书馆之一。此次编纂出版的《美国哈佛大学哈佛燕京图书馆藏中国新方志目录》，旨在通过对哈佛燕京图书馆历年收藏的中国新方志进行一次系统的书目数据整理工作，以揭示哈佛燕京图书馆中国新方志藏书的总体状况，为海内外学者利用这一类藏书提供方便。

本目录的整理编纂工作，是我在2013年1—6月访问哈佛燕京图书馆期间完成的，之后在修改过程中将书目数据更新至2014年9月15日，并相应地调整了条目编排单元次序。现将此次目录编纂过程以及哈佛燕京图书馆中国新方志概况简述如下。

一、目录的编纂

此次目录编纂是在哈佛燕京图书馆中国新方志书目数据的基础上进行的，主要内容包括数据采集、文字整理、条目编排和索引编制四个方面。编纂工作以书目数据库技术作为支撑，目录数据整理依赖于数据库的各种功能得以实现。

① 本文为广西师范大学出版社2015年9月出版的《美国哈佛大学哈佛燕京图书馆藏中国新方志目录》的“前言”，编入本书时增加了标题。

1. 数据采集

基于中国新方志目录的基本特征和哈佛燕京图书馆的编目数据提取规则，我们从题名、出版年、文献语种和馆藏地等四个方面设定了哈佛燕京图书馆中国新方志目录数据采集的检索条件。

（1）题名检索条件基本设定为 WTN=（志 or 地名录 or 地名资料）。中国新方志目录数据最重要的特征为题名（包括丛编题名）包含有“志”字，如省志、市志、县志、乡志、镇志、村志、厂志、公司志、水库志、山志、河志、人物志、风俗志、地名志、志稿等，故设定为 WTN= 志；又因收入地名资料，故设定 WTN=（地名录 or 地名资料）以采集题名（包括丛编题名）中包含有“地名录”“地名资料”等词的书目数据。除此之外，再增补一些条件以检索出可能不在上述检索条件范围内的书目数据：一是著者项中包含有“×× 方志办公室”“×× 志编纂委员会”；二是主题词为“中国方志”“地方志”或“方志”；三是中国民间歌曲集成、中国民间故事集成、中国歌谣集成等十部文艺集成志书及编纂过程中形成各种资料本。

（2）中国新方志为 1949 年之后编纂并出版的中国地方志，因书目记录难以确定所有中国新方志的编纂时间，故以出版时间作为数据采集的限定。出版时间检索条件基本设定为 WYR=1950–>2014。除此之外，还增加出版时间不完全确定的检索条件设定 WYR=（195u or 196u or 197u or 198u or 199u or 200u or 201u or 2uuu），以及“出版时间不详”的检索条件设定 WYR=（19uu or uuuu）。

除上述出版时间和题名（包括丛编题名）检索条件设定外，再增加文献语种为中文（WLG=chi）和收藏地为哈佛燕京图书馆（WSL=HYL）的条件设定，形成哈佛燕京图书馆中国新方志目录数据采集的基本检索条件：WYR=1950–>2014 and WTN=（志 or 地名录 or 地名资料）and WLG=chi and WSL=HYL。依此条件通过哈佛大学图书馆 OPAC 通用命令检索（Command

Search）入口，完成其 MARC 数据的采集工作。

上述方式采集的书目数据 6 万余条，文献内容除 1949 年以后编纂的中国新方志外，还包括了 1949 年以后重印的中国旧方志，以及题名中含有“志”字而实际上不是方志的书目数据。因此，我们在数据分析过程中依据新方志和旧方志目录数据区别性特征，对所采集的基础数据进行了区分，形成此次中国新方志目录编纂的工作数据。此后的文字整理、条目编排以及索引编纂都是在此工作数据基础上进行的。

2. 文字整理

此次目录编纂以哈佛燕京图书馆书目记录号（HOLLIS Number）作为设立条目的依据，每一条目著录各款目内容与 MARC 记录各字段描述的对应关系，或者说各款目内容来源是：

（1）题名、著者款目内容主要取自 245 字段，部分条目以 246 字段作为补充。

（2）出版地、出版社和出版年款目内容取自 260 字段。

（3）页码款目内容取自 300 字段。

（4）从编题名款目内容取自 440 和 490 字段。

上述各款目内容的文字，在编纂过程中进行了统一的整理，内容包括：原著录中的繁体字改为简体字，异形字改为通用字，但用于专名的繁体或异体字除外。原著录中的著作方式或在著者名称之前，或在著者名称之后，现统一放在著者名称之后。出版地、出版社和出版年等款目内容，原无著录或著录为“不详”“出版地不详”“出版社不详”等，现统一空缺。出版地为行政区划单位、城市名称的，今省去单位名称后的“省”“市”“县”字（如“上海市”作“上海”）。原著录中的误字或缺字，现直接改正或补入。从编题名及从编卷辑号，加括号“〔 〕”列于各条目之末。原著录中的题名或从编题名中的年限起止年月和卷辑序号，统一改用阿拉伯数字。原著录中载体形态项的页码包括了正文页码、前言、附录等页码，在整理过程中进行合并计算后列入条目的页码款目内容。

3. 条目编排

此次目录编纂是以县级及县级以上行政区划单位作为编排单元，各行政区划单位编排次序依据 2014 年中华人民共和国民政部编《中华人民共和国行政区划简册》（以下简称为《简册》）。《简册》所列出的中华人民共和国行政区划资料截至 2013 年底，因此，哈佛燕京图书馆藏中国新方志目录在编排过程中尽可能关联至《简册》所列的行政区划单位内。这种关联方式有以下几类：

（1）各条目行政区划单位信息主要来源于书目题名（丛书题名）或编纂者，一般情况下可直接列入相对应的行政区划单元，如《北京志》列入北京市，《广西通志》列入广西壮族自治区，上海市杨浦区五角场镇人民政府编《五角场镇志》列入杨浦区。

（2）凡来源于书目题名（丛书题名）或编纂者的行政区划单位名称和所辖区域有所变更的，根据变更情况列入《简册》相应的行政区划单位，如：2000 年撤销上海市黄浦区和南市区而设立新的黄浦区，2011 年撤销上海市黄浦区和卢湾区而设立新的黄浦区，因此，《南市区志》和《卢湾区志》都列入黄浦区。

（3）学校志列入学校所在城市的行政区划单位，如《清华大学志》列入北京市，《复旦大学志》列入上海市。农场志列入农场场部机关所在地的行政区划单位，如《屈原农场志》列入岳阳市，《南滨农场场志》列入三亚市。工矿企业志书列入工矿企业总部所在地的行政区划单位，如《湖南机床厂志》列入长沙市，《陕汽厂志》列入西安市。江河水利志书列入水利管理机构所在地的行政区划内，如《长江志》列入“水利部长江水利委员会”所在地武汉市，《淮河志》列入“水利部淮河水利委员会”所在地蚌埠市。

（4）凡一个条目兼及多个行政区划单位的，一般列入其中的一个行政区划单位，在目录正文中不作参见，如《富钟贺矿物志》列入富川瑶族自治县。

（5）未能关联至某一行政区划单位的条目，作为“综合”类，附于书目正文之末，如《中国动物志》《中国植物志》列入“综合”类。

4. 索引编纂

为方便检索《美国哈佛大学哈佛燕京图书馆藏中国新方志目录》，在书目正文编排完成之后，又以每一条目之书名（含副书名）作为检索款目，编制书名笔画索引和分类索引，附于书目正文之后。

书名笔画索引，列出每一条目之书名及在目录正文中该条目的起始页码，按书名首字汉字笔画和笔顺编排。首字相同的则按次字的笔画和笔顺排列；同一书名后若有卷辑序列号，则按卷辑序列号排列；部分书名前括号内增加的地名，亦参与笔画排序。

书名分类索引，参考《中国图书馆分类法》（第四版）和中华人民共和国国务院公布的县级及县级以上行政区划单位代码进行编排。在编制过程中，参考了中国国家图书馆、上海图书馆、复旦大学图书馆、华东师范大学图书馆和中山大学图书馆等单位所藏中国新方志的编目分类成果，因同一种或同一类新方志在各图书馆编目数据的中图分类或有差异，今在分类索引编制过程中进行了适当的调整。对于同一类的各条目，编排次序则依据中华人民共和国国务院公布的县级及县级以上行政区划单位代码。

书名笔画索引和分类索引，于书名之前均列出其书目记录号（HOLLIS Number），以保持此次编纂出版之书本式目录与哈佛燕京图书馆目录数据库的关联性，为读者快速查阅哈佛燕京图书馆馆藏书目详细记录提供一种方便。

二、哈佛燕京的中国新方志

此次编纂出版的《美国哈佛大学哈佛燕京图书馆藏中国新方志目录》共收录哈佛燕京图书馆所藏中国新方志36635种，揭示了哈佛燕京图书馆2014年9月15日前入藏并编目的中国新方志藏书情况。由于哈佛燕京此前已入藏但此后仍在编目之中的约1600余种中国新方志未曾收录本书目中，因此，截至2014年9月哈佛燕京的中国新方志总计38200余种。无论是从品种数量还是从收藏完整性来看，哈佛燕京图书馆无疑是当代世界学术机构中收藏中国新方志的重镇。今据本目录所收录的中国新方志进行数据统计，介绍哈佛燕京的中国新方志的藏书概况。

哈佛燕京的中国新方志，从省一级行政区划分布情况来看（如表一），品种最多的几个地区有：华北地区的河北省、山西省；东北地区的辽宁省；华东地区的山东省、江苏省、浙江省；西南地区的四川省、云南省；华中地区的河南省、湖南省、湖北省、广东省；西北地区的陕西省。今将其中国新方志藏书依据2014年《简册》“中华人民共和国行政区统计表”统计出“地级和县级行政区划单位覆盖率”，哈佛燕京的中国新方志平均覆盖率达97.29%，北京市、天津市、上海市、重庆市和山西省的覆盖率为100%。

表一　哈佛燕京图书馆藏中国新方志的地区分布

（按省级行政区划单位统计）

行政区划单位代码	省级行政区划单位	新方志品种数	地级和县级行政区划单位	
			合计	覆盖率
110000	北京市	836	16	100.00%
120000	天津市	315	16	100.00%
130000	河北省	1569	178	97.27%
140000	山西省	1443	130	100.00%
150000	内蒙古自治区	900	113	99.12%

续表

行政区划单位代码	省级行政区划单位	新方志品种数	地级和县级行政区划单位	
			合计	覆盖率
210000	辽宁省	1324	95	83.33%
220000	吉林省	769	66	95.65%
230000	黑龙江省	917	113	80.14%
310000	上海市	707	17	100.00%
320000	江苏省	1957	108	95.58%
330000	浙江省	1764	100	99.01%
340000	安徽省	930	109	90.08%
350000	福建省	962	87	92.55%
360000	江西省	1163	109	98.20%
370000	山东省	2587	152	98.70%
410000	河南省	2325	174	98.86%
420000	湖北省	1640	109	93.97%
430000	湖南省	1792	133	97.79%
440000	广东省	1603	134	94.37%
450000	广西壮族自治区	884	111	89.52%
460000	海南省	161	20	86.96%
500000	重庆市	460	38	100.00%
510000	四川省	2482	197	96.57%
520000	贵州省	1004	94	96.91%
530000	云南省	2134	144	99.31%
540000	西藏自治区	120	38	46.91%
610000	陕西省	1044	116	99.15%
620000	甘肃省	698	99	99.00%
630000	青海省	281	48	94.12%
640000	宁夏回族自治区	353	27	100.00%
650000	新疆维吾尔自治区	804	110	95.65%
810000	香港特别行政区	11		
820000	澳门特别行政区	1		
710000	台湾省	343		

哈佛燕京的中国新方志，各地级行政区分布详细情况如表二，覆盖了除海南省三沙市之外的 332 个地级行政区划单位。品种数量超过 200 以上的地级行政区有 20 余个：河北省的石家庄市，辽宁省的沈阳市，黑龙江省的哈尔滨市，江苏省的南京市、徐州市、常州市、苏州市，浙江省的杭州市，福建省的福州市，山东省的济南市、青岛市、济宁市，河南省的郑州市、洛阳市，湖北省的武汉市，湖南省的长沙市，广东省的广州市，四川省的成都市，云南省的昆明市、玉溪市、大理白族自治州，陕西省的宝鸡市。

表二　哈佛燕京图书馆藏中国新方志的地区分布

（按地级行政区划单位统计）

省级政区区划单位	地级行政区划单位代码	地级行政区划单位	新方志品种数
河北省	130100	石家庄市	257
	130200	唐山市	103
	130300	秦皇岛市	65
	130400	邯郸市	164
	130500	邢台市	101
	130600	保定市	191
	130700	张家口市	131
	130800	承德市	67
	130900	沧州市	159
	131000	廊坊市	79
	131100	衡水市	71
山西省	140100	太原市	162
	140200	大同市	66
	140300	阳泉市	99
	140400	长治市	166
	140500	晋城市	121
	140600	朔州市	37
	140700	晋中市	123

续表

省级政区区划单位	地级行政区划单位代码	地级行政区划单位	新方志品种数
山西省	140800	运城市	174
	140900	忻州市	66
	141000	临汾市	157
	141100	吕梁市	126
内蒙古自治区	150100	呼和浩特市	103
	150200	包头市	94
	150300	乌海市	13
	150400	赤峰市	109
	150500	通辽市	68
	150600	鄂尔多斯市	42
	150700	呼伦贝尔市	151
	150800	巴彦淖尔市	53
	150900	乌兰察布市	37
	152200	兴安盟	26
	152500	锡林郭勒盟	57
	152900	阿拉善盟	31
辽宁省	210100	沈阳市	330
	210200	大连市	175
	210300	鞍山市	133
	210400	抚顺市	69
	210500	本溪市	61
	210600	丹东市	34
	210700	锦州市	60
	210800	营口市	35
	210900	阜新市	39
	211000	辽阳市	45
	211100	盘锦市	69

续表

省级政区区划单位	地级行政区划单位代码	地级行政区划单位	新方志品种数
辽宁省	211200	铁岭市	47
	211300	朝阳市	42
	211400	葫芦岛市	20
吉林省	220100	长春市	178
	220200	吉林市	196
	220300	四平市	38
	220400	辽源市	20
	220500	通化市	51
	220600	白山市	29
	220700	松原市	31
	220800	白城市	31
	222400	延边朝鲜族自治州	69
黑龙江省	230100	哈尔滨市	207
	230200	齐齐哈尔市	115
	230300	鸡西市	31
	230400	鹤岗市	21
	230500	双鸭山市	31
	230600	大庆市	75
	230700	伊春市	33
	230800	佳木斯市	60
	230900	七台河市	9
	231000	牡丹江市	64
	231100	黑河市	41
	231200	绥化市	53
	232700	大兴安岭地区	45
江苏省	320100	南京市	297
	320200	无锡市	145

续表

省级政区区划单位	地级行政区划单位代码	地级行政区划单位	新方志品种数
江苏省	320300	徐州市	245
	320400	常州市	203
	320500	苏州市	273
	320600	南通市	96
	320700	连云港市	84
	320800	淮安市	50
	320900	盐城市	91
	321000	扬州市	109
	321100	镇江市	123
	321200	泰州市	47
	321300	宿迁市	29
浙江省	330100	杭州市	426
	330200	宁波市	146
	330300	温州市	189
	330400	嘉兴市	97
	330500	湖州市	60
	330600	绍兴市	156
	330700	金华市	179
	330800	衢州市	85
	330900	舟山市	52
	331000	台州市	140
	331100	丽水市	101
安徽省	340100	合肥市	113
	340200	芜湖市	59
	340300	蚌埠市	47
	340400	淮南市	28
	340500	马鞍山市	53

续表

省级政区区划单位	地级行政区划单位代码	地级行政区划单位	新方志品种数
安徽省	340600	淮北市	35
	340700	铜陵市	30
	340800	安庆市	77
	341000	黄山市	49
	341100	滁州市	57
	341200	阜阳市	39
	341300	宿州市	53
	341500	六安市	58
	341600	亳州市	19
	341700	池州市	28
	341800	宣城市	48
福建省	350100	福州市	230
	350200	厦门市	78
	350300	莆田市	53
	350400	三明市	72
	350500	泉州市	149
	350600	漳州市	58
	350700	南平市	58
	350800	龙岩市	57
	350900	宁德市	64
江西省	360100	南昌市	128
	360200	景德镇市	28
	360300	萍乡市	38
	360400	九江市	119
	360500	新余市	30
	360600	鹰潭市	28
	360700	赣州市	198

续表

省级政区区划单位	地级行政区划单位代码	地级行政区划单位	新方志品种数
江西省	360800	吉安市	93
	360900	宜春市	163
	361000	抚州市	73
	361100	上饶市	110
山东省	370100	济南市	226
	370200	青岛市	279
	370300	淄博市	169
	370400	枣庄市	105
	370500	东营市	153
	370600	烟台市	190
	370700	潍坊市	152
	370800	济宁市	204
	370900	泰安市	114
	371000	威海市	59
	371100	日照市	68
	371200	莱芜市	55
	371300	临沂市	150
	371400	德州市	146
	371500	聊城市	89
	371600	滨州市	74
	371700	菏泽市	85
河南省	410100	郑州市	484
	410200	开封市	136
	410300	洛阳市	211
	410400	平顶山市	92
	410500	安阳市	126
	410600	鹤壁市	26

续表

省级政区区划单位	地级行政区划单位代码	地级行政区划单位	新方志品种数
河南省	410700	新乡市	139
	410800	焦作市	132
	410900	濮阳市	55
	411000	许昌市	63
	411100	漯河市	27
	411200	三门峡市	110
	411300	南阳市	167
	411400	商丘市	104
	411500	信阳市	69
	411600	周口市	93
	411700	驻马店市	69
湖北省	420100	武汉市	294
	420200	黄石市	70
	420300	十堰市	171
	420500	宜昌市	136
	420600	襄阳市	83
	420700	鄂州市	40
	420800	荆门市	80
	420900	孝感市	108
	421000	荆州市	149
	421100	黄冈市	134
	421200	咸宁市	50
	421300	随州市	27
	422800	恩施土家族苗族自治州	82
湖南省	430100	长沙市	207
	430200	株洲市	184
	430300	湘潭市	109

续表

省级政区区划单位	地级行政区划单位代码	地级行政区划单位	新方志品种数
湖南省	430400	衡阳市	115
	430500	邵阳市	78
	430600	岳阳市	128
	430700	常德市	169
	430800	张家界市	30
	430900	益阳市	81
	431000	郴州市	107
	431100	永州市	128
	431200	怀化市	120
	431300	娄底市	42
	433100	湘西土家族苗族自治州	84
广东省	440100	广州市	340
	440200	韶关市	81
	440300	深圳市	73
	440400	珠海市	24
	440500	汕头市	60
	440600	佛山市	188
	440700	江门市	51
	440800	湛江市	53
	440900	茂名市	22
	441200	肇庆市	87
	441300	惠州市	32
	441400	梅州市	73
	441500	汕尾市	21
	441600	河源市	24
	441700	阳江市	14
	441800	清远市	25

续表

省级政区区划单位	地级行政区划单位代码	地级行政区划单位	新方志品种数
广东省	441900	东莞市	65
	442000	中山市	35
	445100	潮州市	27
	445200	揭阳市	52
	445300	云浮市	100
广西壮族自治区	450100	南宁市	110
	450200	柳州市	93
	450300	桂林市	125
	450400	梧州市	37
	450500	北海市	39
	450600	防城港市	17
	450700	钦州市	15
	450800	贵港市	23
	450900	玉林市	46
	451000	百色市	47
	451100	贺州市	25
	451200	河池市	61
	451300	来宾市	46
	451400	崇左市	37
海南省	460100	海口市	33
	460200	三亚市	7
	460300	三沙市	0
四川省	510100	成都市	425
	510300	自贡市	78
	510400	攀枝花市	78
	510500	泸州市	47
	510600	德阳市	62

续表

省级政区区划单位	地级行政区划单位代码	地级行政区划单位	新方志品种数
四川省	510700	绵阳市	185
	510800	广元市	106
	510900	遂宁市	101
	511000	内江市	100
	511100	乐山市	194
	511300	南充市	81
	511400	眉山市	46
	511500	宜宾市	72
	511600	广安市	38
	511700	达州市	95
	511800	雅安市	96
	511900	巴中市	101
	512000	资阳市	87
	513200	阿坝藏族羌族自治州	111
	513300	甘孜藏族自治州	88
	513400	凉山彝族自治州	117
贵州省	520100	贵阳市	143
	520200	六盘水市	73
	520300	遵义市	145
	520400	安顺市	54
	520500	毕节市	92
	520600	铜仁市	96
	522300	黔西南布依族苗族自治州	67
	522600	黔东南苗族侗族自治州	135
	522700	黔南布依族苗族自治州	84

续表

省级政区区划单位	地级行政区划单位代码	地级行政区划单位	新方志品种数
云南省	530100	昆明市	375
	530300	曲靖市	125
	530400	玉溪市	236
	530500	保山市	106
	530600	昭通市	74
	530700	丽江市	51
	530800	普洱市	98
	530900	临沧市	98
	532300	楚雄彝族自治州	114
	532500	红河哈尼族彝族自治州	122
	532600	文山壮族苗族自治州	81
	532800	西双版纳傣族自治州	43
	532900	大理白族自治州	231
	533100	德宏傣族景颇族自治州	65
	533300	怒江傈僳族自治州	85
	533400	迪庆藏族自治州	64
西藏自治区	540100	拉萨市	14
	542100	昌都地区	7
	542200	山南地区	12
	542300	日喀则地区	11
	542400	那曲地区	2
	542500	阿里地区	7
	542600	林芝地区	5
陕西省	610100	西安市	170
	610200	铜川市	32
	610300	宝鸡市	200
	610400	咸阳市	104
	610500	渭南市	74

续表

省级政区区划单位	地级行政区划单位代码	地级行政区划单位	新方志品种数
陕西省	610600	延安市	83
	610700	汉中市	42
	610800	榆林市	77
	610900	安康市	46
	611000	商洛市	52
甘肃省	620100	兰州市	153
	620200	嘉峪关市	6
	620300	金昌市	14
	620400	白银市	29
	620500	天水市	55
	620600	武威市	42
	620700	张掖市	44
	620800	平凉市	44
	620900	酒泉市	37
	621000	庆阳市	43
	621100	定西市	29
	621200	陇南市	27
	622900	临夏回族自治州	28
	623000	甘南藏族自治州	29
青海省	630100	西宁市	52
	630200	海东市	20
	632200	海北藏族自治州	18
	632300	黄南藏族自治州	8
	632500	海南藏族自治州	9
	632600	果洛藏族自治州	11
	632700	玉树藏族自治州	7
	632800	海西蒙古族藏族自治州	20

续表

省级政区区划单位	地级行政区划单位代码	地级行政区划单位	新方志品种数
宁夏回族自治区	640100	银川市	96
	640200	石嘴山市	45
	640300	吴忠市	47
	640400	固原市	37
	640500	中卫市	33
新疆维吾尔自治区	650100	乌鲁木齐市	81
	650200	克拉玛依市	17
	652100	吐鲁番地区	14
	652200	哈密地区	28
	652900	阿克苏地区	54
	653100	喀什地区	31
	653200	和田地区	20
	652300	昌吉回族自治州	50
	652700	博尔塔拉蒙古自治州	26
	652800	巴音郭楞蒙古自治州	46
	653000	克孜勒苏柯尔克孜自治州	16
	654000	伊犁哈萨克自治州	88
	654200	塔城地区	60
	654300	阿勒泰地区	32

注：台湾省地级行政区划资料暂缺。

哈佛燕京的中国新方志，专业志书收藏十分完备。如将中图分类K29类别10550种新方志之外各类地方志计入专业志书，则其品种数量达26000余种，占其中国新方志藏书的百分之七十。今依分类索引进行统计（如表三），哈佛燕京图书馆于中国政治经济、文化教育、医药卫生、工业技术、农业科学诸方面专业志书收藏数量都极为丰富。

表三　哈佛燕京图书馆藏中国新方志的学科分布

（按中国图书馆分类法统计）

中图分类	类别名称	品种数
B	哲学、宗教	90
C	社会科学总论	208
D	政治、法律	3459
E	军事	610
F	经济	10629
G	文化、科学、教育、体育	3114
H	语言、文字	166
I	文学	293
J	艺术	548
K	历史、地理	13504
P	天文学、地球科学	285
Q	生物科学	368
R	医药、卫生	1399
S	农业科学	607
T	工业技术	1171
U	交通运输	43
V	航空、航天	23
X	环境科学、安全科学	98
Z	综合性图书	20
合计		36635

今对中国新方志的题名和丛书题名的关键词进行词频统计（如表四），亦可以看出哈佛燕京的中国新方志在各个行业领域的分布状况。如教育志、工业志、政协志、水利志、交通志、公司志、金融志、学校志、卫生志、财政志的频率都很高，反映了哈佛燕京图书馆于这些行业领域地方志收藏之丰富。

表四　哈佛燕京图书馆藏中国新方志的关键词词频统计

（按关键词汉语拼音顺序排列）

序号	词	频率
1	财政志	458
2	大会志	331
3	大学志	54
4	党校志	51
5	档案志	86
6	地产志	54
7	地理志	64
8	地名录	660
9	地名志	783
10	地震志	59
11	电力志	164
12	电视志	144
13	动物志	112
14	法院志	187
15	方言志	130
16	风物志	124
17	工会志	298
18	工业志	1005
19	公安志	270
20	公路志	77
21	公司志	615
22	供电志	59
23	管理志	416
24	国税志	55
25	海关志	56
26	合作社志	146
27	监察志	56
28	检察志	183
29	建设志	347
30	建筑志	54
31	交通志	669
32	教育志	1080
33	金融志	496
34	军事志	450
35	开发志	78
36	科技志	65
37	劳动志	73
38	粮食志	301
39	林业志	276
40	旅游志	52
41	贸易志	70
42	煤矿志	126
43	民政志	318
44	民族志	135
45	农场志	125
46	农业志	194
47	品种志	81
48	企业志	128
49	气象志	68
50	曲艺志	80
51	人大志	201
52	人口志	70
53	人事志	94
54	人物志	326
55	商业志	254
56	审计志	103
57	审判志	60
58	生育志	81
59	水库志	54
60	水利志	696
61	税务志	362
62	体育志	147
63	统计志	90
64	土地志	412
65	土壤志	94
66	卫生志	474
67	文化志	223
68	文物志	259
69	物价志	97
70	物资志	73
71	戏曲志	119
72	畜牧志	58
73	学校志	487
74	学院志	125
75	烟草志	393
76	烟厂志	56
77	医药志	110
78	医院志	366
79	艺术志	85
80	银行志	49
81	邮电志	421
82	政协志	696
83	植物志	96
84	资源志	77
85	宗教志	79
86	组织志	59

以上所述为此次目录的编纂经过，以及所整理的目录所反映的哈佛燕京图书馆中国新方志的基本情况。由于本人知识的局限，在目录编纂中错误之处一定不少，祈请读者指正，以待今后的修订中予以改正。

2015 年 4 月

哈佛燕京图书馆特藏中国方志研究

——基于截至2014年编目数据的分析

张耀蕾（武汉大学图书馆）

一、引言

“方志”一词，最早出现在战国成书的《周礼》。《周礼》记载有一种官职“诵训”，职务是“掌道方志”，即负责给天子讲解四方记录上报的史实。还有一些先秦古籍提到“志”“前志”“故志”。但是当时的“方志”，只是用文字记录的地方文献的通称。目前所说的地方志书，是指全面系统地记述本行政区域自然、政治、经济、文化和社会的历史与现状的资料性文献[①]。

我们以1949年为界为方志做一个简单的区分，由于新中国成立以后出版了大量的新的方志，与新中国成立前出版的方志在体例上有部分相似，在内容上有很大的差异，故此1949年以前出版的方志被称为旧方志，以后出版的方志被称为新方志。

从1928年至今，历经近百年的积累和建设，哈佛燕京图书馆已经成为举世公认的中国方志收藏重地。其收藏历史之久，特色之突出，数量之多，范围之广，在世界范围内都是首屈一指的。2014年度，笔者有幸以访问学者的身份在哈佛燕京图书馆工作学习了一年。期间半数时间参与了中国方志编目工作，同时也在方志数字化工作方面贡献了一点绵薄之力。工作期间，对馆藏中国方志的概况和特色有了深入的了解。本文对哈佛燕

① 周迅:《中国的地方志》，北京：商务印书馆，1998年。

京图书馆所藏中国方志的研究是基于其 HOLLIS 数据库中编目数据的统计分析（截至 2014 年度）。

二、哈佛燕京图书馆收藏方志的渊源

1. 方志的特点和功能

哈佛燕京图书馆之所以将中国方志作为自己的收藏特色、馆藏发展方向之一，并长期致力于对具有独特地方特色文献的采集，是因为方志自有其重要价值和功能。

方志具有突出的地方特色，同时内容包括自然现象、面貌、资源、生产斗争和科学技术等各方面的资料，范围很广泛。而且修志在中国历史上有制度保证的连续性和权威性。清朝雍正年间，曾颁发各省六十年修志一次的诏令。现存清代《常熟县志》十三种，平均每隔二十年修志一次。2006 年中国国务院《地方志工作条例》第十条规定地方志书每 20 年左右编修一次，且每一轮地方志书编修工作完成后，负责地方志工作的机构启动新一轮地方志书的续修工作。[①] 第四条规定地方志工作所需经费列入本级财政预算（县级以上地方）。各省 / 自治区也陆续制定了各自的《地方志工作条例》。这些规定从制度上和财务上保障了地方志的连续性。

地方志的许多资料都是直接从劳动人民那里采访得来的。此外，地方档案资料、测绘、采访资料、口碑资料、实物资料以及本地人关于本地各种情况的著述，其可靠程度也较高。[②] 一般说，愈是接近基层行政单位的地方志（如镇志），其可靠程度都比较高。《地方志工作条例》第十二条规定以县级以上行政区域名称冠名、列入规划的地方志书经审查验收，方可以公开出版。对地方志书进行审查验收，应当组织有关保密、档案、历史、法律、经济、军事等方面的专家参加，重点审查地方志书的内容是否符合

---

① 见《地方志工作条例》。http://www.gov.cn/test/2009-03/30/content_1272359.htm［2019.4.3］

② 朱士嘉：《清代地方志的史料价值（上）》，《文史知识》1983 年第 3 期，第 31—38 页。

宪法和保密、档案等法律、法规的规定，是否全面、客观地反映本行政区域自然、政治、经济、文化和社会的历史与现状。[①]

其次，方志具有资政、教化、存史等重要价值。中国自古重视修志，方志具有其他文献无可比拟的政治、经济、文学和科学技术等方面的史料价值。以清朝方志为例，经济方面，清代地方志中能源史料很丰富，例如山西、江西、湖南、广东、云南及其他各省地方志之于煤矿，《新疆图志》《玉门县志》之于石油，四川地方志之于天然气，这些史料都宜进行系统的整理。田赋史料，大半据《赋役全书》和户科档案编辑，一般地方志田赋门约分户口、粮科、蠲免、起运、修理、裁减、扣解、存留、耗银、仓储诸项。《［乾隆］祥符县志》关于店铺的名称、性质、所在地以及推销叫卖的记载，给我们勾画出240多年以前祥符商业蒸蒸日上的盛况。

方志在社会管理方面对政府也有重要的参考价值。清朝《吏治悬镜》：官吏上任三十二条“初规”，第三条“览志书”，即了解当地的山川地理、租赋轻重等，作为治理方针的重要参考。毛主席也一直有阅读方志的习惯，他每到一处视察，总要开出一批书单向当地图书馆借阅，其中少不了的就是志书。

2. 燕京与方志的“缘分”

燕京图书馆从1928年建立至今90年，主管馆长仅更换了三届，分别是裘开明（1928—1964）、吴文津（1965—1998）、郑炯文（1999迄今）。三位馆长均是资深图书馆专业人士，学科背景也与中国历史和文化渊源颇深。从90年的发展历程来看，每一位馆长都非常重视并延续了一脉相承的馆藏定位。从文献资源建设角度来看，燕京自始至终定位极其明确，即收藏、整理以东亚学文献为主的学术性研究性图书馆。建馆伊始，中国方志就成为其重要的收藏范畴之一，持之以恒，终成大势。

1929年燕京大学历史系教授兼图书馆馆长洪业，在赴美担任哈佛讲

① 《地方志工作条例》。http://www.gov.cn/test/2009-03/30/content_1272359.htm［2019.4.3］

师期间，与哈佛燕京学社达成了备忘录，并在第一个五年期规划中提出，当时的汉和文库的重点收藏范畴是：欧洲汉学著述、中国地方志、未收入丛书的中国文集、善本、杂集，从此方志进入燕京的收藏重点。每年平均提供4—5万美元的购书经费，这在当时是非常巨大的一笔款项①。1935年以后哈佛进一步加强搜购中国各省地方志。20世纪30年代末，由于七七事变的影响，汉和图书馆无法通过沦陷区的燕京大学进行代购，转而通过中国国内迁往西南地区的部分图书馆、教育机构，以及中华图书馆协会的协助，持续购入抗战时期的新出版物，以及西南地区地方志文献等。

这一时期，汉和图书馆在古籍善本、地方志等方面的发展尤为卓著，裘开明、洪业、顾廷龙、田洪都、容庚、陈鸿舜等人为此做出了卓越的贡献②。这些具有深厚文化底蕴的知名教授，以各种方式参与燕京大学图书馆哈佛购书处的采购工作，确保了燕京图书馆以比较公道的价格大量采购高质量的中文书籍。至1950年7月，燕京馆藏中国方志达2870种，30527册，为当时西方收藏中国地方志最大的图书馆。

第二位馆长吴文津先生，不仅是图书馆专家，更是研究近代中国历史的学者。他十分重视中国近现代史资料的收集。在他任职期间，燕京的馆藏有了长足的增长。第三位馆长郑炯文先生曾师从版本和方志专家钱存训先生。他秉承前两位馆长弘扬汉学的传统，想尽办法收集中国各地出版的党史、文史、年鉴资料，同时在实现馆藏中文古籍、地方志的数字化与资源共享方面做出了突出的贡献。

3. 地方志收藏的难度

无论是旧方志还是新方志，都因其价格偏高、分量过重、内容庞大、出版不明、传播面小、时效性差等特点，存在巨大的收藏难度。可以说是

---

① 王蕾：《燕京大学图书馆哈佛购书处历史研究》，《国家图书馆学刊》2013年第6期，第102—113页。

② 同上。

浪费与稀缺并存，繁荣与散佚同时。

比如南齐陆澄编《地理书》一百四十九卷，梁代任昉汇编成二百五十二卷，称《地记》。过了不到100年，唐朝贞观年间编《隋书·经籍志》时，只能找到十分之一。再过几百年，到元明两代，《隋书·经籍志》所记载的书也已十不存一，连陆氏、任氏的汇辑本也失传了。可见古代书籍的散失多么严重。

明清两代地方志多是官修，刊刻之后印数很少。河北省東鹿县明代修过五次志书，明末水患，“俱没于洪水”。湖北房县，早在明嘉靖年间就编有志书，在明末战乱中书板被毁。清康熙年间重修，过了15年“板毁而书亡”。吉林的临江县，1926年和1928年两度重修县志，两次都因失火，原稿全部烧毁。

即使是精心保存的方志也无法完整保存。集中到中央的方志，即使有坚固的书库、专门的管理机构妥善保管，也无法避免散佚的命运。唐朝的藏书一毁于安史之乱，再毁于唐末战乱。明初编辑的《永乐大典》共两万多卷，是我国有史以来最大的一部类书，其中含有很多地方志资料。明末战乱，很多编《永乐大典》的人曾看过用过的宋元志书从此消失。《永乐大典》有一个正本和一个副本。正本也在战乱中被毁，副本则在清末八国联军的抢劫和焚烧后丧失殆尽，幸存千分之三，半数留存海外。[①]

另外，地方志文献具有明显的地域特征，地域性是地方志文献有别于其他文献最大的特征。与其他类图书不同，地方志文献在选题、作者队伍、读者群方面有其独特性，出版的再生性和不确定性较强。历史资料表明，图书出版的冷热是与当时的政治、经济、文化政策的变革和社会重大历史事件紧密相连的。盛世修志，地方志文献的修订与出版，也是在国家的政策大力扶持下蓬勃展开的。另一方面，由于地方志的资料汇总与编纂在时间上有很大的不确定性，所以此类图书的出版在时间上跨度很大。对于图

① 周迅:《中国的地方志》，北京：商务印书馆，1998年，第25—27页。

书馆的征集工作来说，资料的完整性也有很大的不确定性。再一方面，由于资金和其他原因，很大一部分地方志文献都是以非正式出版物形式出版的，这对于征集来说，又具有不完整性和不确定性。

新时代地方志文献的采访与征集有其自身的独特性，很难利用图书征订单做到系统、全面的采访与征集。大多数地方志文献的出版量不大，且大量的地方志文献是以非正式出版物形式出版的。地方各机关、企事业单位对地方志文献的意义和价值不明确，呈交本制度落实不到位，各单位相互推诿，致使地方志文献的采访与征集工作无法正常开展，这也是地方志文献无法进行完整和系统收集的主要原因。

由于地方志文献的专业性比较强，对于采访者来说，只具备某些专业知识远远不够，还必须具备有转化知识的能力。这种能力可以通过外部环境的影响或者采取一定的方式获得。地方志文献的采访、征集人员，必须具备地方史的专业知识，了解本地区的地方特点、地域文化，本地区在各历史时期的建制沿革，并掌握各历史时期、各地出版的不同载体形式的有关记述本地区内容的出版物，做到心中有数；必须具备图书馆学的专业知识，熟悉本馆的馆藏体系与各部门的业务职能；还须具备必要的社交能力，能与社会各界建立广泛、良好的公共关系。

而对于欧美东亚馆而言，收集中国方志就更难了。郑馆长曾提到，改革开放以来，大陆一大套一大套地整理出版古籍，本是好事，但向中国大陆购书，要比原定价高出好几倍，如北京首都图书馆出的一套书，国内卖 2.5 万美元，到国外要卖 9 万美元，有些图书甚至高出十几倍，价格太贵。大陆出的书太多，很难收集齐全，则专门收藏一些作者自费出版的图书，还利用大陆去哈佛做访问学者的学人，了解一些出版信息，并尽量获得这些学者的捐赠。[①]

正因为中国方志的收藏如此之难，才更加显得燕京图书馆的收藏如此

① 李明华：《“拥书权拜小诸侯”——访哈佛燕京图书馆馆长郑炯文先生》，《开放时代》2000 年第 1 期，第 116—119 页。

之珍贵。

三、哈佛燕京图书馆方志收藏分析

1. 旧方志方面

旧方志方面，现存于世的中国古籍总数约八至十万种。中国地方志约万种左右，约占全国现存古籍的十分之一，这不仅是中国、也是世界人类珍贵历史文化遗产重要的一部分①。《中国地方志联合目录》著录中国各省、市、自治区的公共图书馆、科研单位、大专院校图书馆、博物馆、档案馆等 90 个单位所收藏的自南朝宋至 1949 年的方志 8200 余种。吴文津在《哈佛燕京图书馆简史及其中国典籍收藏概况》一文中提到，大陆地区现存的方志共 8343 种，馆藏量最多的是北京图书馆（今国家图书馆），大约有 6066 种；台湾地区的收藏计 4530 种。哈佛燕京图书馆有 3858 种，其中原版有 3241 种，复印本与缩微胶卷 617 种。

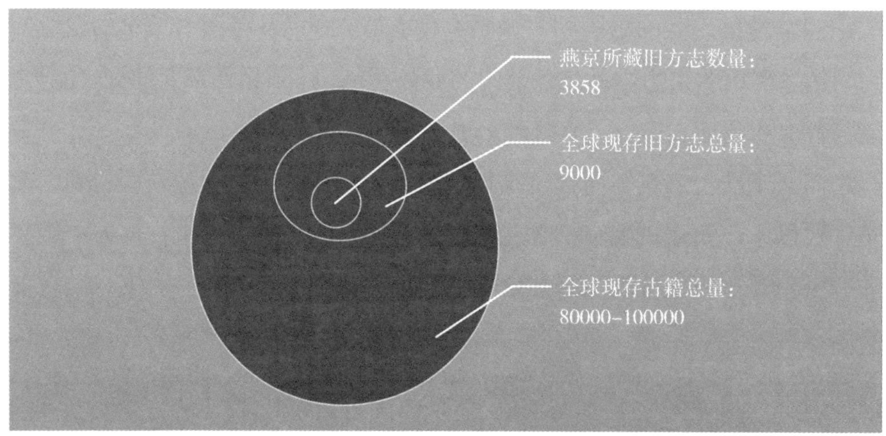

图 1　哈佛燕京图书馆所藏旧方志与现存古籍总量对比图

哈佛燕京图书馆馆藏中国明清地方志，主要是县志及通志、府志、州

① 周迅：《中国的地方志》，北京：商务印书馆，1998 年，第 25 页。

志等，总共 3858 种，其中原本方志为 2504 种。[①] 大陆地区所收藏的县志计 5441 种，其中北京图书馆有 4111 种；台湾地区藏县志有 3155 种；哈佛燕京图书馆有 2911 种[②]。吴文津馆长在《哈佛燕京图书馆中国方志及其他有关资料存藏现况》中介绍，在比例上，哈佛燕京图书馆的馆藏量占大陆地区的 54%、北图的 71%、台湾地区的 92%。馆藏方志最多的是山东、山西、河南、陕西、江苏、浙江等省。

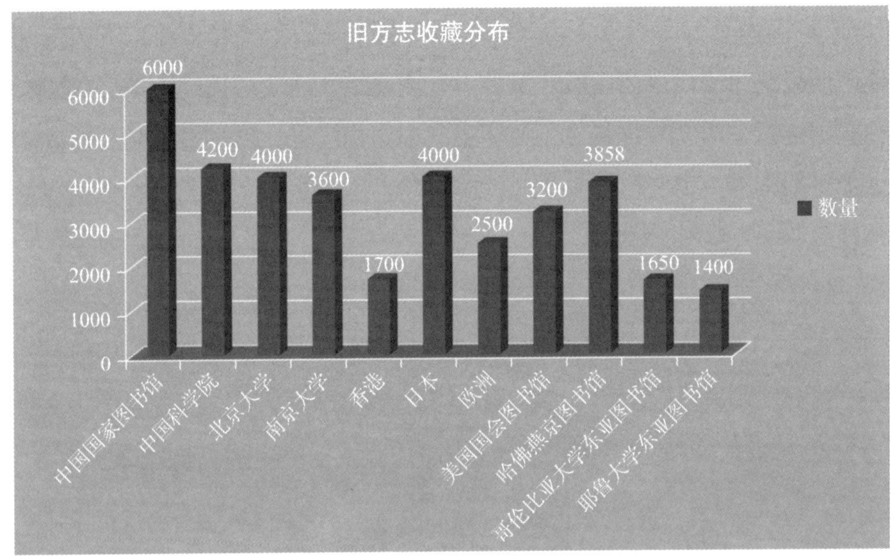

图 2　各大图书馆藏旧方志数量

据哈佛燕京图书馆善本书库原主任（1992—2010 年任职）沈津先生 2011 年 5 月 10 日在中山大学图书馆所做的《美国东亚图书馆中文古籍收藏与整理概况》专题学术报告介绍，统计表明浙江图书馆收录的浙江省方志有 300 多种，燕京馆也收录了 300 多种，略少几十种，可说是收藏很齐全。乾隆及其之前的地方志，中国科学院图书馆（500 多种）与哈佛燕京

① 王筱雯：《哈佛大学燕京图书馆文献资源建设及启示》，《图书馆学刊》2006 年第 2 期，第 55—56 页。

② 吴文津：《哈佛燕京图书馆简史及其中国典籍收藏概况》，《国学》2017 年第 2 期，第 464 页。

图书馆（近 700 种）相差约 200 种。[①]

以方志原版刊行年代计，哈佛燕京图书馆有明刻本 31 种、清刻本 2473 种、民国出版者 737 种；馆藏最早的刻本是明正德元年（1506）刊行的《姑苏志》六十卷，最近者是 1996 年台北中一出版社出版的《台湾乡土全志》12 册。哈佛燕京图书馆所藏《潞城县志》（八卷，［明］冯惟贤修，［明］王溥增修，明万历十九年［1591］刻，天启五年［1625］增修，崇祯年间再增修本）及《江阴县志》（八卷，［明］冯士仁修，［明］徐遵汤、［明］周高超纂，明崇祯十三年［1640］刻本）或均系存世孤本，因大陆地区所藏均为清代或民国时代的抄本。明嘉靖年间《广西通志》（六十卷，［明］林富、［明］黄佐纂修，蓝印本）亦值得一提。这部方志是广西方志中最早的版本，世间所存不多，除哈佛燕京图书馆外，仅北京图书馆与日本内阁文库有收藏。[②]

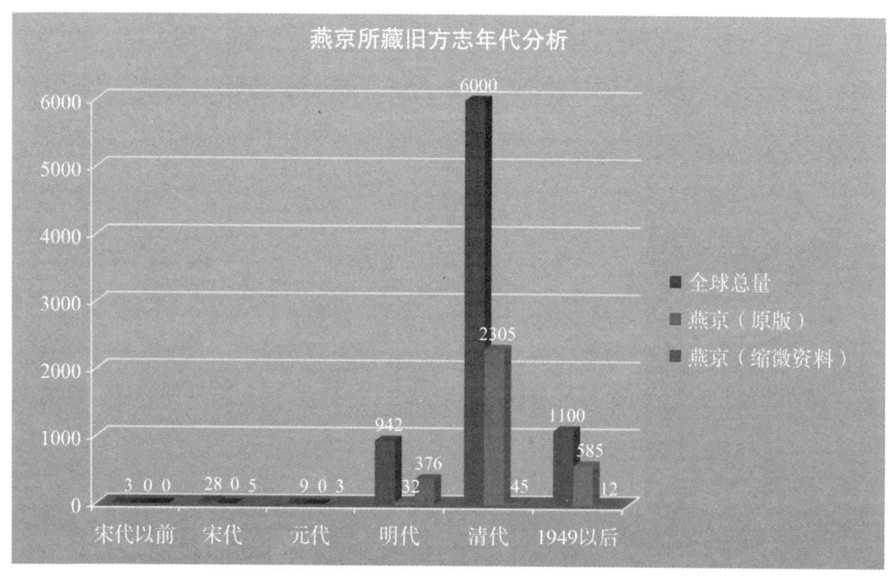

图 3　哈佛燕京图书馆所藏旧方志年代分析

① 汤罡辉：《哈佛燕京图书馆发展中文馆藏的历程及启示》，《图书馆》2011 第 6 期，第 44—47 页。

② 吴文津：《哈佛燕京图书馆简史及其中国典籍收藏概况》，《国学》2017 年第 2 期，第 464 页。

2. 新方志方面

新中国成立后，方志的编纂进入了空前的高涨时期。特别是 20 世纪 70 年代开始，全国各省（自治区）、市、县陆续开展了方志编纂工作。据吉林文史出版社 2002 年版的《中国社会科学院图书馆新方志总目》载，自 1949 年 10 月至 2000 年 12 月，共出版新方志 11000 种（包括综合性专业志、部门志和山水志，次为省、自治区、市、县志等，不包括志稿、部门史、专业史），全面反映了新中国方志编纂的巨大成就。而对于新近出版的地方志文献，燕京馆也力图成为全球最齐全的收藏馆，目前大概收藏 35000 多种[①]，比较多的是 20 世纪 50—60 年代出版的小型方志。虽然新近出版的地方志文献，中国社会科学院图书馆收藏的比较完备，是大陆地区最多单位，但沈津先生也认为没有燕京馆多。[②]

哈佛燕京的编目人员在 HOLLIS 数据库中为方志书目数据增加了 653 自定义字段，取值“中国方志”。根据笔者在哈佛燕京工作时所统计的数据，2014 年 9 月 20 日之前 HOLLIS 数据库中所有 653 字段为“中国方志”的共计总数 33268 种。鉴于部分方志没有入 HOLLIS 系统，或者部分旧书目数据没有增加 653 字段，这个统计数据与郑先生所介绍的略有出入，应属正常。同时它也印证了郑馆长所提供的数据。

① 哈佛燕京图书馆郑炯文馆长学术报告会后记。http://libweb.zju.edu.cn/libweb/redir.php?catalog_id=8580&object_id=188727［2019-03-19］

② 汤罡辉：《哈佛燕京图书馆发展中文馆藏的历程及启示》，《图书馆》2011 第 6 期，第 44—47 页。

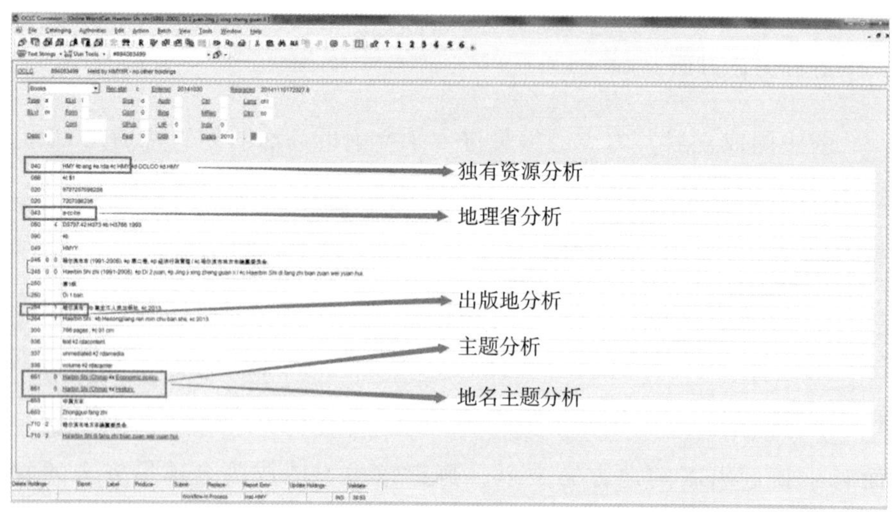

图 4　哈佛燕京图书馆编目界面及部分编目字段

以下将从编目数据的统计方面，来分析哈佛燕京在方志收藏方面的成绩。

（1）独有资源分析

基于书目记录 040 字段，可以对一个图书馆提交的原编数据进行统计。OCLC 是全球最大的书目数据共享平台，在哈佛燕京图书馆向 OCLC 提交的方志数据中，有 23414 条原编数据。也就是说，哈佛燕京所拥有的方志文献有 70% 是 OCLC 所有成员馆中独有的资源。其收藏之独特，选书之精准，让人不由为之赞叹。同时也提醒中国大陆的图书馆同行们，我们也许拥有很多的方志资源，但是在资源的共享共建方面仍然没有达到哈佛燕京的高度。

（2）覆盖地理范围分析

基于 651 字段，可以统计分析方志文献所覆盖的省级、城镇、自治区、自治州、自治县等地理位置。省级方面，北京、河南、云南、陕西、湖北等省的方志最多；城镇方面，沈阳、郑州、大连等城市的方志最多；自治区方面，宁夏回族自治区和广西壮族自治区的方志最多；自治州和自治县方面，更是几乎涵盖了中国所有的州县区域。

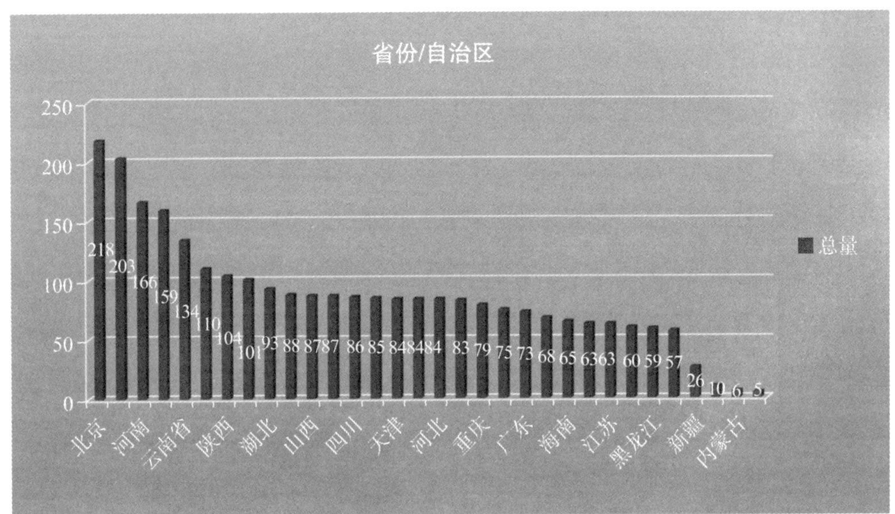

图 5　哈佛燕京图书馆所藏新方志覆盖地理范围分析（省级政区）

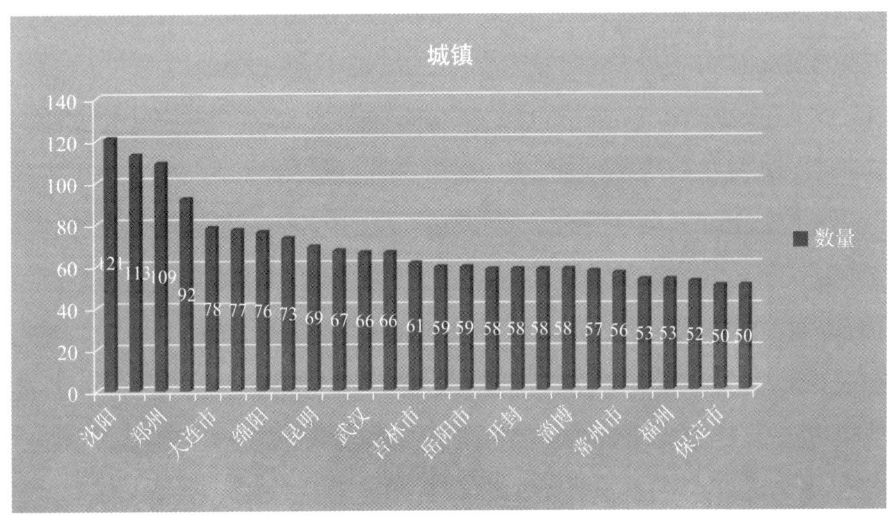

图 6　哈佛燕京图书馆所藏新方志覆盖地理范围分析（城镇）

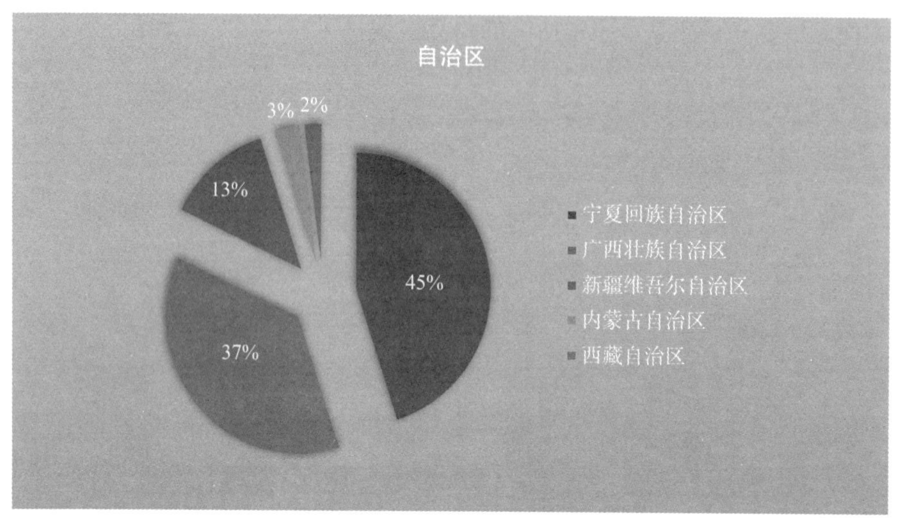

图 7　哈佛燕京图书馆所藏新方志覆盖地理范围分析（自治区）

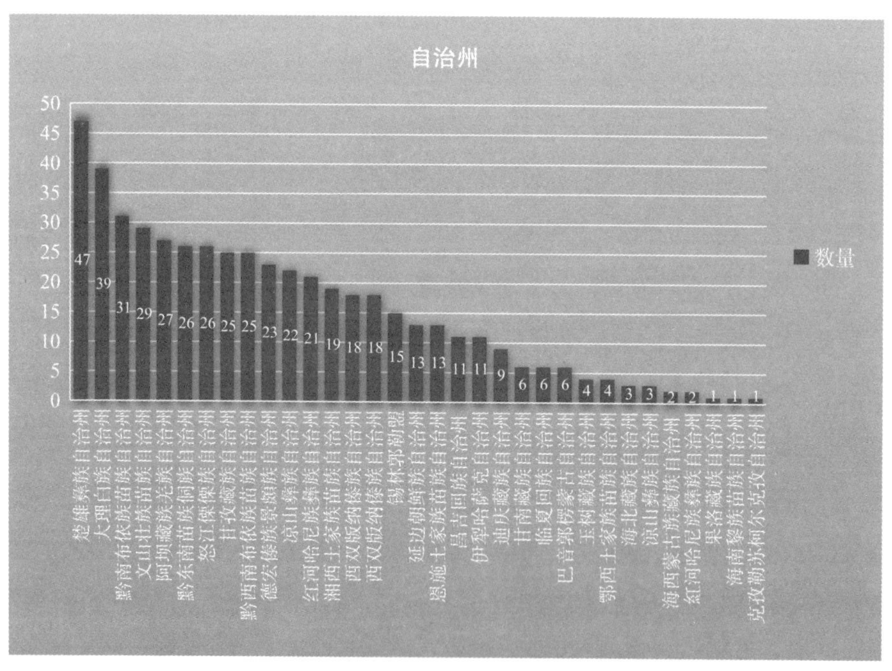

图 8　哈佛燕京图书馆所藏新方志覆盖地理范围分析（自治州）

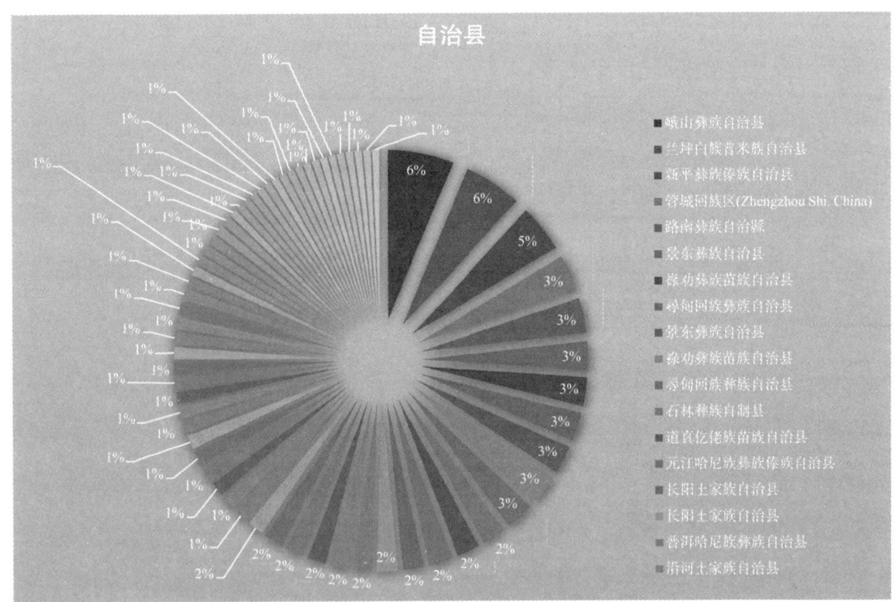

图 9　哈佛燕京图书馆所藏新方志覆盖地理范围分析（自治县）

（3）主题分析

根据 650 主题字段，可以统计分析燕京所藏方志文献所关注的主题范畴。根据统计，经济方面的方志占 46%，其次是政治与社会管理、地理各占 16%，另外一些则分布在文化艺术、交通运输、公共卫生、人文传记等领域。

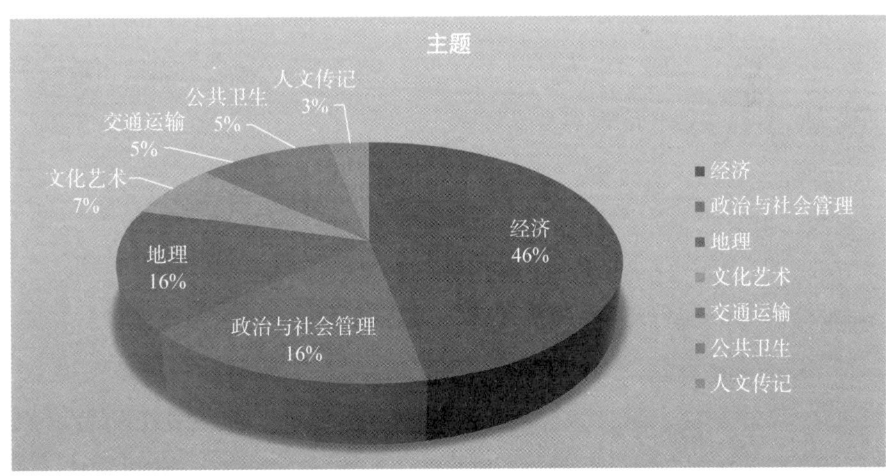

图 10　哈佛燕京图书馆所藏新方志主题分析

鉴于 Hollis 数据库采用英文编目，所提取的均是英文主题词。故以下主题细分的分析图表中，均采用英文主题词显示。

文化艺术方面，较多关注民间艺术、民间舞蹈、民间戏剧、民间音乐、民歌、中国艺术、广播电台、戏剧等。

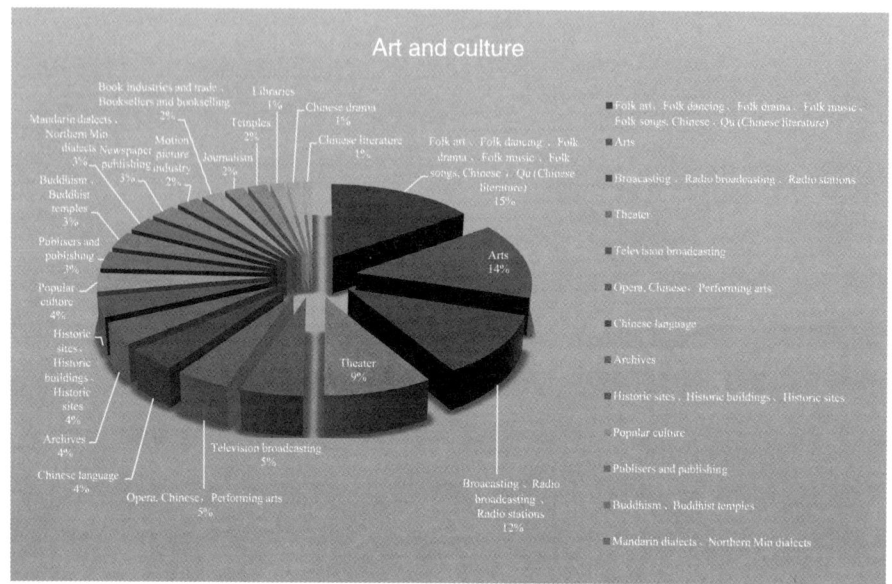

图 11　哈佛燕京图书馆所藏新方志主题分析（文化艺术方面）

经济方面，金融、电力工程、农业及农村经济、税收、烟草工业、工业管理、食品工业、电信等文献较多。

地理方面，环境政策、卫生工程、水资源保护、地名、土地保护、地震预测及赈灾等文献较多。

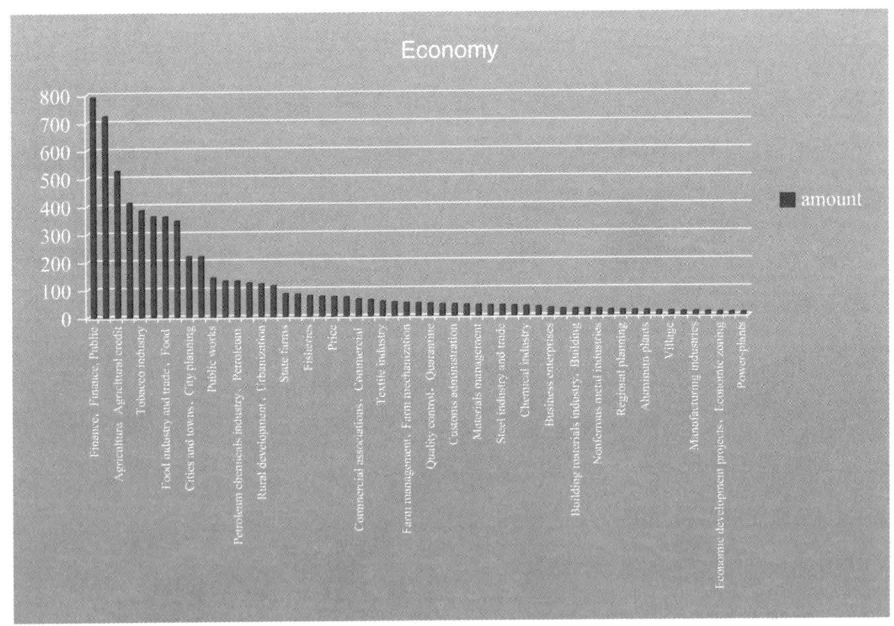

图 12　哈佛燕京图书馆所藏新方志主题分析（经济方面）

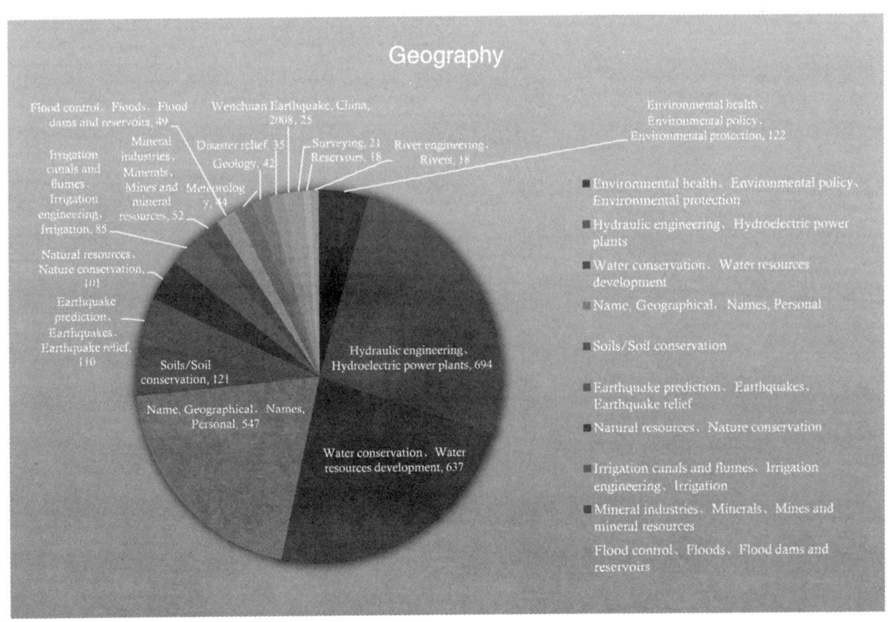

图 13　哈佛燕京图书馆所藏新方志主题分析（地理方面）

政治与社会管理方面，国家行政管理、政治制度和政治机构、社会生活与社会问题、社会结构与劳动力管理、标准、统计等方面文献较多。

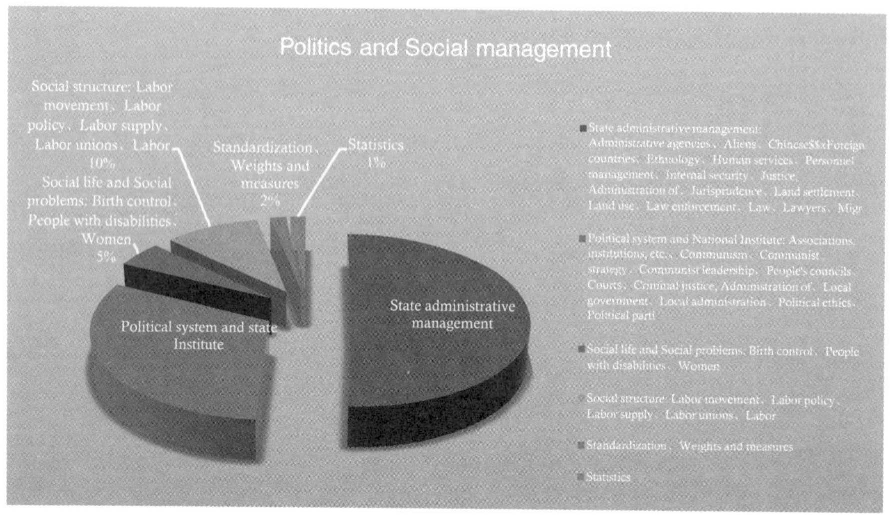

图 14　哈佛燕京图书馆所藏新方志主题分析（政治与社会管理方面）

公共卫生方面，公共卫生管理、医院、医疗护理、制药工业、流行病、中草药等文献较多。

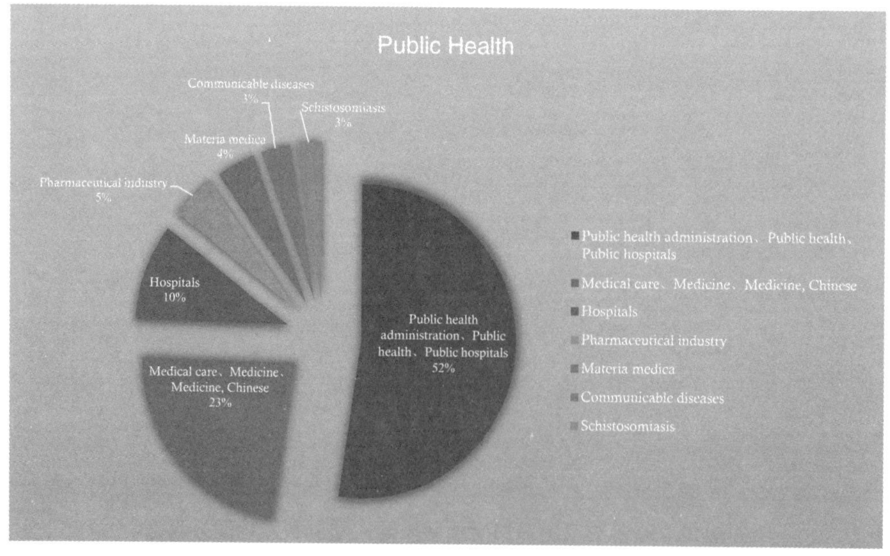

图 15　哈佛燕京图书馆所藏新方志主题分析（公共卫生方面）

交通运输方面，交通工程、邮政服务、铁路工程、交通法规、航空航天等文献较多。

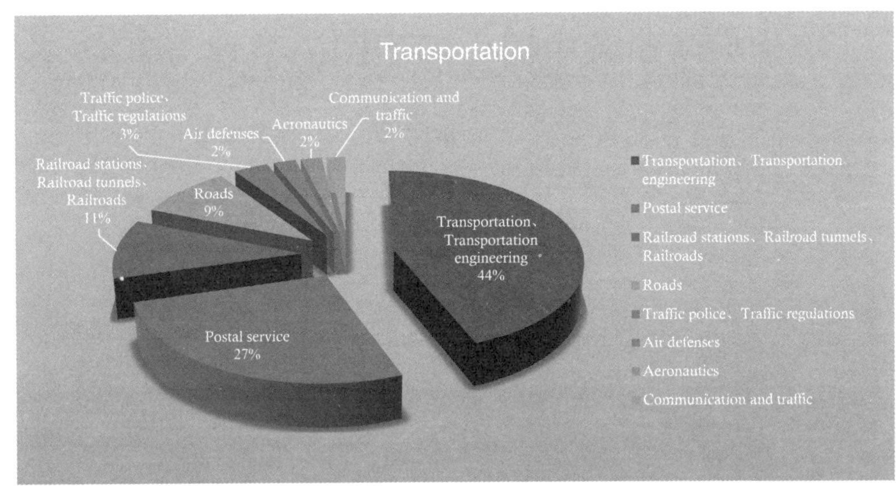

图 16　哈佛燕京图书馆所藏新方志主题分析（交通运输方面）

（4）出版地分析

根据 264 出版发行字段，可以统计出版方志较多的地方。北京是全国出版方志最多的城市，其出版量遥遥领先。

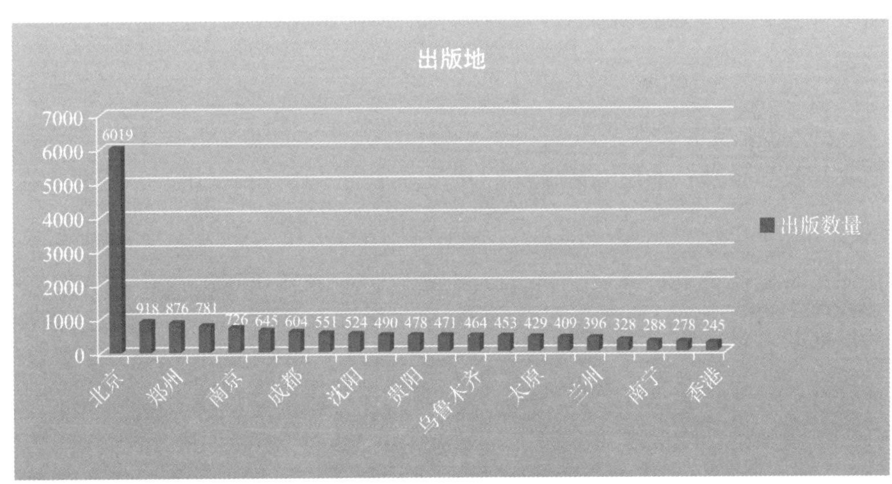

图 17　哈佛燕京图书馆所藏新方志出版地分析

哈佛大学馆藏中国古旧地图的整理与研究

陈熙（复旦大学中华古籍保护研究院）

一、在哈佛整理古旧地图的日子

我是 2018 年到访哈佛燕京的。抵达波士顿的那天，正好赶上暴雪，气温低至零下 20 多度，尽管来之前已看到波士顿暴雪的新闻，但真正置身于皑皑雪原之上时，还是让我这个南方人惊讶不已。厚厚的积雪没过膝盖，人行道上的雪被铲出一条窄窄的小道，如同战壕。我在住处 Watertown 北面的雪地里打了好几个滚，然后小心翼翼地从查尔斯河的冰面上穿过，一溜烟爬到了对岸的小山上，郊外雪天苍茫的景色令人印象深刻。

1 月 2 号正式到哈佛燕京报到，同行的还有上海交大的郭晶。中午郑炯文馆长和导师杨丽瑄老师请我们吃饭。席间，郑馆长提出，希望我能在这一年里系统地整理哈佛燕京图书馆藏中国古地图，编撰一本地图提要，并列入哈佛燕京书目系列，交由广西师范大学出版社出版。郑馆长的这个安排让我大喜过望，因为来之前曾商定我到哈佛的主要工作是参与数字人文研究，但尚未明确具体的内容，而一到郑馆长便给我指定了明确的任务，且这个整理古地图的差事既能满足燕京图书馆的实际需求，也兼顾到我历史地理学的专业背景，连后续的出版工作都安排得明明白白，能够集中一整年的时间专注于这样一件学术性和专业性极强的工作，对我来说当然是一种难得的福分。心里美，不由地觉得当天那个龙虾汉堡特别好吃。那天中午，郑馆长还跟我们聊了很多，但给我留下最深刻印象的是他的告诫：一年的时间很快，要抓紧。

回顾起来，整个古地图项目大体上分为三个阶段。尽管过程中有所调整，但到目前为止，整个项目仍按设想的那样推进。首先，利用 Hollis 检索系统，在较短的时间内建立一个馆藏古地图目录；然后，根据目录逐一调阅地图，核对信息并撰写提要，这一阶段是主体部分；最后是整稿校对和出版。

那天以后，我们即着手酝酿具体的操作方案。在这过程中，杨老师提供了很多宝贵的信息，教我熟悉哈佛的馆藏和检索系统，并专门请马小鹤先生来商量操作方案。当时正在哈佛访问的浙江大学王一帆专门研究古地图，他曾向郑馆长提出整理燕京馆藏古地图的建议，后来我曾专门向他请教，并和徐建平一起讨论了几种不同的操作方案及其优劣。复旦大学龙向洋先生是数据专家，在我赴美之前，特地教我如何使用 Hollis Classic 进行检索，后来地图检索的工作基本上是利用 Hollis Classic 进行的。

在回顾和比较已有的古地图目录和提要及相关文献的基础上，逐步形成了一套操作方案，设计了 50 多个检索关键词，并将整理的对象限定于 1949 年以前出版发行的与中国相关的古旧地图。大约在 2 月底，检索工作基本完成，共录得 1500 多条信息。随后对这些信息进行了初步的分析，并按照馆藏古地图的时间、语种、主题等进行统计，撰写了一份哈佛燕京馆藏中国古旧地图的研究报告。用郑馆长的话说，是在短时间内摸清了哈佛古地图的家底。基于此，还申报了当年的国家社科基金并立项。

起初，郑馆长的设想是整理哈佛燕京图书馆藏的古地图，但是，经过前期的初步检索发现，哈佛地图馆（Map Collection）也藏有大量的中国相关古旧地图，此外，其他一些分馆也有些零星收藏。我曾一度犹豫是不是要把对象限定在燕京馆藏范围内。在第二次工作午餐会上，我把这个情况向郑馆长做了汇报，他毫不犹豫地拍板说，眼光不要局限于哈佛燕京，而应立足于整个哈佛大学，因为这样更有利于研究者对哈佛大学的古旧地图进行利用。郑馆长这种纯粹基于学术服务的宽阔心胸令人动容。因此，尽管我是受哈佛燕京图书馆和郑馆长的资助，但整理的却是哈佛全校的中国古旧地图馆藏。

初步的目录完成后，便进入第二阶段，逐一调阅这些古地图、核验信息并撰写提要。起初，按郑馆长的设想是出两本书，一本是古地图目录，内容求全不求细，另一本是图录，精选馆藏 100 种版本罕见的珍稀地图，高清扫描出版，并附详细提要。可是后来发现，近年来国内地图出版政策收紧，图录无法在 2019 年完成出版，因而不得不放弃，改将目录和百种珍稀地图提要合为一本。经过一段时间的调阅后，我向郑馆长提出，为全部 1500 种地图撰写提要，珍稀本详写，普通本略写，以使全书体例统一。对此，郑馆长表示同意，只是这样工作量会大幅度增加，因而强调务必在年底之前完成。

上文已提到，郑馆长在我们第一次见面时，便提醒时间的紧迫，但真正让我对此有切身感受是在下半年。上半年我还有时间和心思跑去哈佛各个图书馆和博物馆参观、去费正清中心听各种学术报告、去东亚系旁听宋怡明的社会史课、去参加 AAS 与 ALA 等会议，但是下半年基本上就没有时间再做其他事情。那段时间真可谓是夜以继日。每天都在计算着当天的工作量以及剩余的工作量，不断调整自己的工作进度，以保证在年底访问结束之前，调阅和研读完所有的古地图。那时基本上每两周向郑馆长和杨老师汇报一次工作进度。杨老师总是默默地为我担心。11 月初杨老师问我是否做得完，要不要把台大新来的访问馆员陈柏铨调来帮我的忙。虽然我很平静地跟杨老师算进度，表示时间还算充裕，但其实也是心慌慌，只是不想让她太担心。同时，也感谢哈佛燕京给我充分的时间自由，让我能以最有效率的方式开展工作。

善本舆图大多在燕京三楼善本室，王系老师给了我高度的信任和方便，极大地提高了我的研究效率，从而保证了项目进度。没有王老师的热心帮助，恐怕我很难如期完成这些善本舆图的研读和提要撰写。年代稍晚的舆图则多在远程库房或在架上，流通部的 Adrianne Gren 和 Andrew Burke 常常帮我把预约的书搬到我的办公桌上，并且总是能热情而快速地找到所需的资料。还有一部分伪满洲国的地图则集中放在地下室，由日文部 Kuniko Yamada McVey 女士负责保管，Kuniko 很放心地让我自由翻阅这里的地图，还帮我找到一批日文地图。平时在地图查阅上遇到的问题，总是得频繁地去找杨老师帮忙。馆里收入新的舆图，杨老师总会第一时间告诉我，有次为了帮我找图，还特地跑去翻出厚重的纸质目录大红书。

由于半数以上的古旧地图在地图馆，因而在下半年很长一段时间内，我几乎天天待在那里。地图馆的管理十分严格，地图不仅不能外借，而且每次进出都需要馆员开门。地图实行闭架管理，调阅一幅地图需先在图书馆网站上提交申请，然后由专人调阅。地图馆平时读者不多，而且读者一般也只是看少量地图，像我这样每天调阅十几甚至几十条的，是很少见的，尤其是那些军事地图，经常一个条目下有好几十、几百幅地图，分装在若干个一米多宽的大文件夹里，搬起来相当吃力，需要用小车推出来。我给他们增加了许多额外的工作量，心里颇为过意不去。几位馆员都有一流的专业素养和服务精神，至始至终都友善而及时地调图。馆员 Jonathan 接触最多，他几乎每天心情都很好，哼着小曲，说话也像在唱歌。有次一幅地图的编目出错无法调阅，Jonathan 凭借他的经验，通过翻阅卡片，费了很大的心思找到了那幅图。地图馆因放假或安排上课而不能对外时，馆长 David Weimer 会提前发邮件告诉我，以免我白跑一趟。地图馆的金嘉琳老师带我参观了地图库房，那也是我唯一一次进到地图馆的库房。这位上海来的老太太平时总是笑眯眯的样子。刚开始的时候地图馆还按规定登记我的 ID 卡，后来熟悉了，渐渐地也就不登记了。因地图馆开放时间比较短，下午 4：30 关门，后来为了赶进度，我不得不每天多调阅一些，然后赶在在闭馆之前把地图拍照，之后再到楼上 Lamont 图书馆继续写提要，出来的时候常常已是满天星斗。

在紧张的工作节奏下，下半年的时间过得飞快，因而不止一次地喟叹郑馆长初次见面时候对我们告诫之用心良苦。好在总算赶在圣诞节放假之前调阅完清单上所有的古旧地图，基本完成第二阶段的任务，至于第三阶段的文稿校对与复核等工作，就只好回国后再继续了。

二、哈佛大学馆藏中国古旧地图要览

哈佛大学图书馆系统有 70 多个分馆，中国相关的古旧地图主要集中于哈佛燕京图书馆和哈佛地图馆（Harvard Map Collection），此外，大学主图书馆、植物学图书馆、艺术图书馆、法学院图书馆等其他馆藏也有零星的地图馆藏。全校各馆收录的 1949 年以前中国相关的古旧地图共有 1251 个条目（Item），其中地图馆 751 条，燕京馆 462 条。每个条目下，地图图幅（Sheet）数量多寡不一，有些条目只对应一幅地图，而有些则可能有多幅，近代军事地图数量庞大，一个条目下往往有几十、几百甚至上千幅地图。因此从图幅数量上统计，全校共有 32482 幅，其中地图馆 22680 幅，燕京馆 9390 幅。不论是从条目数还是图幅数看，两馆的收藏都构成了哈佛大学中国古旧地图收藏的主体。

与此同时，地图馆和燕京馆的地图收藏各具特色。简单来说，传统中国舆图绝大多数在燕京馆，而西方出版的中国地图大多藏于地图馆。从语种上看，燕京馆的收藏以中文和日文地图为主，而地图馆则以收藏西文地图居多。这种格局与两馆的历史传统及各自所肩负的使命密切相关。燕京馆致力于收藏东亚传统人文研究资料，因而传统中国舆图大多集中于此，而地图馆作为新英格兰地区最大的地图馆藏地，收集的地图包罗万象，藏有世界各地不同时期出版的地图，其中又以西方出版的地图居多，因而西文中国相关的地图多在地图馆。不过这种划分仅仅是相对的、粗略的，目的是方便读者对两馆的特色有个大致的印象。

在语种上，中文、英文和日文地图居多，分别占总数的 40.93%、

36.13% 和 20.86%，其他还有不少法文、荷兰文、德文、拉丁文、俄文、意大利文等语种的地图，尤其是因西方早期的制图中心在荷兰和法国，因而年代较早的西文地图有不少是法文、荷兰文、拉丁文的。

从地图成图时间看，年代越晚，地图的数量也就越多，反之年代越早，所藏地图数量自然也就越少，这也符合一般的藏书规律。具体而言，馆藏 75.22% 的地图成图于 20 世纪上半期，即 1900—1949 年。这一时期，现代制图技术已经十分成熟，出版了大量的现代地图，更重要的是，军事地图大量涌现，民国政府、日军、美军、俄军等都曾测绘发行了大量的中国相关军用地图，使得这一时期的地图数量出现井喷式增长。其次为 19 世纪的地图，占总数的 13.75%，18 世纪的地图占 6.87%，17 世纪及以前只占 3.44%。

在内容方面，馆藏地图涉及的领域非常广泛。根据主题，大体可以分为以下七大类：行政区划图、军事战争图、城市地图、河道海岸图、地形图、交通邮政图以及其他专题地图。行政区划图数量居多，共有 362 条，主要为行政区或特定区域的综合性地图，包含国界、省界或县界等行政区边界，通常也涉及地形、河流、城镇、交通线路等要素；军事战争图则以军用地形图为主体，这些军用地形图多绘制于 20 世纪上半期，常常以固定的长宽或经纬度等间距绘制，图幅多，比例尺通常较大，如五万分之一、二万五千分之一、五千分之一甚至更大，因而多可以清晰反映当时特定地区的地表情况，也有部分是反映特定战争局势，如日俄战争双方形势图等，共有 340 条；城市地图则是以某个城市为主体的地图，多反映该城市外部轮廓及内部城市空间结构等，共有 136 条；河道海岸图是专门以河流和近海海岸为主题的地图，共有 79 条；地形图以绘制地形要素为主题，共有 82 条；交通邮政图则以铁路、公路、航空、航运、邮路等为主题的专题地图，这些对于研究近代以来的中国交通邮政史具有重要的参考价值，共有 85 条。

除了上述几类主题地图之外，其他的地图数量上不足以单独分类，因而合并在一起，归为专题图类。其中又可以分为宗教地图、人口地图、工商业地图、语言地图、古迹地图、历史地图、探险地图、气象地图、物产地图和农业地图等 10 个小类。这些专题地图往往在某一方面有着独特的魅力和价值。如探险地图中，有斯坦因 1900—1915 年间三次西北地区考察的路线图，也有俄国探险家科兹洛夫在蒙古和青藏高原东部探测的路线图——这个科兹洛夫后来发现了黑水城，并掠夺了黑水城的西夏文书。这些绘制详细的探险图有助于我们重新了解 19 世纪末 20 世纪初期西方探险家对中国大陆地区和中亚地区的地理探测和寻宝行动。再如宗教地图详细绘制了 19 世纪末基督教在华建立传教站的分布情况，对于了解和研究基督教在华传播情况也是很有帮助的。

需要指出的是，上述的分类是根据一幅地图的核心主题进行的，以便于对地图进行梳理，但实际上不少地图往往同时具备多种要素，相互交叉，如某些军事地图也会详细绘出特定地区的河道状况，因而也可以看作是河道海岸图；某些大比例尺的军事地图已经可以详细标绘大城市的内部结构，因而也可以视为城市地图；反映内河航运的交通地图当然也必须绘制较为详细的河道特征，因而将之归为河道图也不无道理；探险地图除了绘制探险路线外，最重要的当然是绘制沿线地形，因而大多数探险图也是地形图，诸如此类，不一而足。总的来说，一些地图在内容上是同时具备多项主题的，但为了便于梳理，只能选定一幅地图最突出的特征或主题进行归类。

三、哈佛馆藏珍稀古旧地图举隅

衡量一幅古地图的价值，我认为主要有三个方面：学术价值、版本价值和美学价值。学术价值主要指地图所承载的地理信息所反映的古人对世界的认识及其在地图学史上的作用和影响；版本价值主要考虑该图的版本和年代，大体而言，稀见版本、原刻原版、年代久远、名人递藏的舆图通常会显得更为珍贵；美学价值则侧重于地图的艺术性，地图不同于一般的古籍，除了传承知识，通常还具有很强的观赏性，能给人带来审美上的愉悦，一幅绘制精美的地图也可以视为一幅艺术品，因此，对古地图的价值判断，还需考虑该图在构图、绘制、配色、刻印以及品相等方面的整体水平。基于这样的标准，在此选取几幅代表性的珍稀古地图进行简要介绍。

明嘉靖刻本《广舆图》。在中国地图学史上，《广舆图》毫无疑问是对后世影响最大的地图之一。该图集是罗洪先依据元朱思本的《舆地图》经十余年修订增补而成。朱思本重振了唐代贾耽创立的“计里画方”绘图法，经罗洪先《广舆图》推广后，这种绘图技术在明清时期被广泛采用，直至清末。该图也成为后来意大利传教士卫匡国绘制中国新地图的主要依据。《广舆图》最早刊刻于明嘉靖三十四年（1555），后多次翻刻，燕京馆藏为嘉靖四十五年韩君恩、杜思刊本，刻印精美、品相完好。从学术价值和版本价值看，燕京馆藏最有价值的舆图当属嘉靖本《广舆图》无疑。

明万历绘本《边城御虏图说》。这是燕京馆藏的一幅精品舆图，原图无题，该题名系后人所拟。该图刻画了明代九边宣府镇下辖自下竿岭口至石榴嘴口等116处边城关隘形势，分为上下两栏：上栏为文字解说，详细描述各关口建立时间、城墙规格、修复时间、守军数量、管辖范围、堡垒御敌能力等；下栏为各关隘形势图，以山水画的方法绘制各关口附近山势和城墙，用红色题签标注关口名。这本万历年间的边关舆图，对于研究明代边防等相关问题有重要的学术价值，且写绘精美，品相完好，堪称善品。

《七省沿海全图》是清代代表性的海图之一。哈佛大学藏有两个版本，一是地图馆藏的《七省沿海全图》，为费正清捐赠，另一为燕京馆藏《海防图卷》本，燕京本无图题，后人补题“海防图卷”。两图上为陆、下为海，将东部海岸线拉直绘于长卷轴之上，自右向左铺展，图幅分别长达6米和8米余，包括《环海全图》《七省沿海全图》《琼州图》《澎湖图》《台湾图》《台湾后山图》（前两幅图名缺，根据类似图补充）等6个部分，以《七省沿海全图》为主，绘制完整的海岸线，并在紧要口岸以文字标注港口停泊情况、海防形势及防范匪患要义等。沿海山脉绘制具有较强的山水画色彩。地图馆藏本色彩较为鲜艳，成图时间在1787—1820年，但内容缺少《琼州图》《澎湖图》《台湾图》《台湾后山图》部分。燕京本色彩较淡，绘制于咸同年间，年代稍晚于地图馆藏本，但内容完整。两个版本各有所长，皆为清代精品海图。

清光绪《水道图》。该系列图虽题为水道图，但实际上是长江中下游地区厘卡图及相关档案，其中又以江西地区图居多，兼及浙江嘉兴、台湾等地。光绪三十年（1904），江西省牙厘茶盐总局要求各县将辖区内厘卡所在方位及相距里程等信息制图上报，这批水道图即当时各地上报的原始舆图。该系列图详细绘制了各县所辖厘卡的具体位置以及相应的道路、河流、里程等，部分标注了来往货物情况、盗匪出没情况等，根据这些图可以准确地复原清末江西厘卡的空间分布，是研究清末厘金和厘卡制度的重要资料，学术意义重大。根据图中官文批条判断，该系列图在性质上应属于原始文档，因而兼具版本价值。

清光绪《南阳县图》。燕京馆藏晚清珍品地图之一，据徐建平考证，该图绘制于光绪十八至二十一年（1892—1895）间，是清末测绘会典舆图的产物。南阳县在上报会典馆所需舆图之外，另行绘制了此图。该图绘制了南阳县形态、山川河流、集镇村庄、道路桥梁、庙宇教堂、厘税墩卡等要素，其中村镇1906个，按照村庄户数多寡分为7个等级标注，据此可知这一时期南阳县村级人口分布状况。该图广大且绘制精细，在县级地图中实属罕见。该图兼具传统舆图与现代地图的特征，如山地以传统山水画法绘制，地名的标注和书写方式以及计里画方等都带着浓厚的传统舆图色彩，同时又采用了等深线、比例尺、经纬网等现代地图要素，可以认为该图是近代中国传统舆图向现代地图转变的过渡产物。此图除燕京馆藏外，仅见台北“故宫博物院”有收藏，版本珍稀。

此外，燕京馆藏明嘉靖三十六年（1557）张天复原刻本《皇舆考》、明天启四年（1624）重刻本《筹海图编》、清嘉庆刻本《大清万年一统地理全图》等都是兼具学术价值、版本价值或美学价值的精品舆图。除了中国绘制的舆图外，燕京馆还藏有日本和朝鲜绘制的中国相关舆图，如日本著名古地图学家长久保赤水 1835 年出版的《古今沿革地图》以及李氏朝鲜时期的《天下图》等。

西文地图中，馆藏最为珍贵的当属意大利传教士卫匡国（Martino Martini，1614—1661）1655 年绘制出版的《中国新图志》（*Novvs Atlas Sinensis*）和法国皇家制图师唐维尔（Jean Baptiste Bourguignon d' Anville，1697—1782）1737 年出版的《中国新图集》（*Nouvel Atlas de la Chine*）。在西方的中国绘图史上，这两本图集都具有里程碑式的意义。

卫匡国是明清之际进入中国的传教士，在中西方文明交流史上曾发挥重要作用。他在明朝灭亡的前一年到了中国，之后在中国生活了很长时间，期间接触了大量的中国舆图，包括著名的《广舆图》。卫匡国的《中国新图志》就是在《广舆图》的基础上修订而成的，同时融入了卫匡国自己在华多年的实际观测结果以及当时的航海测绘数据。在卫匡国图集之前，欧洲对中国地图的绘制基本沿袭奥特利乌斯模式，将中国绘制为海岸线平直的长方形，那时关于中国的地理信息基本上来自传闻。《中国新图志》出版后迅速在欧洲传播开来，取代奥特利乌斯地图成为当时欧洲绘制中国地图的新范式，大幅度提高了绘制精度，推动欧洲中国地图绘制进入一个全新阶段。哈佛藏本为铜板印制，但未着彩色，图版为拉丁文，文字解说为德文。在哈佛馆藏的西文中国地图中，这应是价值最高的一本。

唐维尔 1737 年《中国新图集》的出版带来西方中国地图绘制模式的又一次重大变革。唐维尔是法王路易十四的皇家绘图师，他的地图集之所以能推动西方对中国地图绘制的根本性变化，主要归功于他所获得的当时最准确的地理信息来源——《康熙皇舆全览图》。这是一次由康熙下令组织的以西方传教士为主体的全国性地理大测绘，因而该图的精度要远高于之前的中国舆图。《康熙皇舆全览图》在测绘过程中，即由耶稣会士雷孝思等人陆续送回法国，献给法王路易十四。法国皇家绘图师唐维尔据此绘制成这套《中国新地图集》。唐维尔的新图随后被杜赫德（Jean Baptiste Du Halde，1697—1782）收入其1735年出版的《中华帝国全志》（*Description géographique, historique, chronologique, politique et physique de l'empire de la Chine et de la Tartarie chinoise*）中，随着后者在欧洲的广泛发行而传播开来，成为当时欧洲对中国地理认知的最新信息来源，进而彻底改变了欧洲古地图上中国的地理轮廓形貌。哈佛藏本为铜版黑白本，品相完好。

在哈佛大学丰富的古地图馆藏中，兼具学术价值、版本价值和美学价值的精品古地图还有很多，以上仅选取其中少数典型地图略作介绍。除了这些精品地图外，我认为单纯从学术研究的角度，有必要再介绍一下馆藏的近代军事地图。哈佛馆藏军事地图共计22482幅，占全部中国古旧地图图幅数的70%。主体部分是由日本参谋本部陆地测量部和国军参谋本部陆地测量总局等测绘。这些军事地图载有相当丰富的历史信息，包括地形、河流、植被、政区、城镇、村落、交通、军事设施、政府、银行、工厂、邮政、寺庙、学校等等各类要素，可谓包罗万象，而且由于其军事作战目的，对地理信息测绘的精确度和可靠性远胜于同时期的其他资料，可以成为研究近代军事、战争、行政区划复原、河道海岸变迁、寺庙空间分布、城市格局演变、地表植被变迁等等众多问题的新资料。目前这些军事地图的利用程度还很有限，仍是一座有待挖掘的资料宝库。不过，如何快速、准确地提取近代军图中的相关图层信息是有待解决的关键问题之一，近些年方兴未艾的数字人文技术方法，或许可以成为打开这个宝库的钥匙。

四、一流大学与一流图书馆

在哈佛燕京图书馆的这一年，我的深刻体会是，世界一流大学离不开世界一流的图书馆作为支撑，而世界一流的图书馆主要体现在两个方面：一是要有充沛且专业的文献资料，二是要能提供专业而快捷的文献服务。哈佛大学之所以成为世界一流大学，成功因素当然有很多，但显然与其拥有一批像哈佛燕京图书馆、地图馆等这样既有一流馆藏又能提供一流服务的图书馆系统密不可分。

哈佛燕京图书馆资料之丰富、管理之严谨、服务之专业在全美乃至世界的东亚图书馆当中可谓首屈一指，声名远播。地图馆的地图收藏超过40万种，是新英格兰乃至全美规模最大的地图收藏机构之一。就我相对熟悉的历史地理和人口史专业来说，馆藏参考文献一应俱全，文献的编目和排列也很专业，当你在书架上找某一本书时，常常可以在附近发现原来没有注意到的文献。文献的获取也很方便，书架上的书当然触手可及，远程库房的书基本上第二天即可送达。

文献获取的容易程度和快捷性对于学术研究至关重要，当我们酝酿一个新观念或者灵光一闪、有一个新设想的时候，当然希望能马上查到相关资料进行佐证或检验，如果这时候要大费周章、迁延许久才能拿到参考文献，那么最初的学术兴奋点就会慢慢消散，对学者的创造力无疑是一种打击，因而我曾不止一次地站在哈佛燕京的书架前感叹其资料收藏的丰富和专业。哈佛的图书馆系统尽可能为学术研究扫除障碍，在这么强大的文献支持下，成就世界一流学者的概率自然也就大得多。

当前我们正在紧锣密鼓地推进“双一流”大学的建设，各方面的工作都在迅速推进，而国内高校图书馆在资料收藏、服务提供乃至硬件设施等方面仍有很大的提升空间和发展潜力，应着力建设一批世界一流的高校图书馆，从而为我国世界一流大学建设打下坚实的基础。

致谢：一年的访问生活丰富多彩，期间承蒙诸多师友提携关照，深为感念。郑馆长的领导风格与人格魅力令人钦佩，他的五粮液和大龙虾更让人垂涎。杨丽瑄老师对我的关爱和宽容体贴入微，总是默默地为我操心，为我辩护，为我提供学业和生活上的各种便利和支持。热情洋溢的王系老师经常带我领略哈佛和波士顿的历史传统与文化，照顾我的生活并在地图查阅上提供极大的便利。马小鹤先生在学术上多次予以慷慨提点与帮助。感谢邱玉芬、邹宗光、Adrianne Gren、Andrew Burke、Kuniko Yamada McVey、Eiji Ed Kuge、Channah Leff、Chan Phan 以及地图馆的 David Weimer、Jonathan Rosenwasser、金嘉琳等诸位同仁的帮助和照顾，让我感受到世界一流图书馆的专业素养和人文关怀。感谢复旦大学图书馆龙向洋先生在学业、生活、工作等全方面的大力支持、鼓励和帮助。感谢同期访问的上海交大图书馆郭晶、浙大图书馆王晓阳和李洁对我的照顾和包容。感谢复旦徐建平、浙大王一帆、上师大王建平、哈佛 Perter Bol 及 Michael Szonyi 等在学术上的指点与赐教。

《哈佛燕京图书馆藏拓片图录》序

姚伯岳（天津师范大学古籍保护研究院）

在世界闻名的美国哈佛大学，有一所学界著称的海外汉学重镇——哈佛燕京图书馆。哈佛燕京图书馆成立于1928年，初名哈佛燕京学社汉和图书馆，以收藏中日文图书为主，1965年改称今名。哈佛燕京图书馆原是哈佛燕京学社所属的一个私立图书馆，1968年加入哈佛大学学院图书馆系列，成为哈佛大学的东亚图书馆，现收藏中、日、韩、越南及西文图书2百多万册，其中仅中文图书即达100多万册，其15万册馆藏中国古籍善本更是称雄于北美各图书馆。但长期以来极少有人知道，哈佛燕京图书馆实际上还收藏着为数不少的金石拓片。

拓片是利用捶拓的方法，将金石等器物的铭文、图案复制在纸面上的一种文献类型。拓片所反映的原器物多种多样，如：甲骨、青铜器、铜镜、石刻（包括石碑、墓志、摩崖、洞窟刻经、造像、法帖等）、玉器、陶瓷、砖、瓦、陶文、竹版、木版、墨锭、漆器、钱币、玺印等等。从捶拓方法和墨色上来分，有全角拓、套拓、朱拓、乌金拓、蝉翼拓等。从外貌来看，大多数拓片是阴文，即黑底白字；也有一些拓片是阳文，亦即白底黑字。

拓片是原器物的一种纸质复制品，像图书一样具有便于携带、保存、传播、展示的优点，但又较图书更具有历史文物性；拓片使器物上的文字或图像更为清晰明确；拍摄器物上的图文照片，经常要经过拓片这一媒介，才能得到清晰的图文。

拓片保存了中国几千年来丰富的文字资料，同时也是优秀的书法作品，已成为中国文字研究和书法研究、书法学习的主要依据。拓片中保存了大量的历史资料，是学术研究的重要参考文献。拓片的黑白分明特点，使其具有独特的审美价值，成为别具一格的艺术作品。拓印技巧的一定难度，也使得拓片的制作成为一种艺术再创造过程。

中国的拓片制作始于南北朝时期。中国隋唐之际雕版印刷术的发明显然是受了拓片制作方法的启发。由于载体材料和保存条件的限制，现存的拓片基本上都是宋元亦即10世纪以后的，尤以清代和民国时期的拓片为数最多。

哈佛燕京图书馆藏拓片来源有三：一是哈佛燕京学社自己的购藏；二是私人或公私机构的零星捐赠；三是堀越文库的捐赠，也是该馆拓片收藏的主体。

哈佛燕京学社旧藏的拓片大约有300件左右，主要由两部分构成，一部分是故宫博物院古物所成立之初传拓的商周青铜器，全都是精美的全角拓，并附有铭文，纸墨俱佳。另一部分是天津藏书家周季木收藏的汉魏西晋时期所刻的残碑残石拓片，而且似乎是1920年代周进（字季木）所编印之《居贞草堂汉晋石影》的全套底本。这些拓片主要获得于1930年或1931年，是哈佛燕京图书馆最早收藏的一批拓片。

私人或公私机构零星捐赠的拓片数量不大，约20余种。但大都有其独特的价值。如哈佛大学圣公会神学院转赠的《大秦景教流行中国碑》，就附有该学院搜集的有关该碑的各种图文资料。华西协和大学1942年捐赠的数件四川汉代石棺画像拓片，系民国间新出土的四川汉石棺画像之典型代表，造型别致，人物形象生动，观之令人赞叹不已。又如1973年新加坡南洋大学程志同教授捐赠的《苏州宋代石刻天文图》拓片，另附有民国二十六年（1937）江苏省立国学图书馆馆长、著名学者柳诒征撰书之大幅题跋，讲述该石之刻立始末及拓印和捐赠缘由，尤具学术和文物价值。韩国人捐赠的金瘐信墓地生肖龙神像拓片，是馆藏拓片中唯一的一件韩国拓片。

堀越文库是日本教育家、藏书家堀越喜博（Horikoshi Yoshihiro）的藏书斋名。堀越喜博1889年5月1日出生于东京，1916年毕业于东京帝国大学文学系，同年任东京女子圣学院讲师，1921年任陆军士官学校教官、慈惠医科大学预科教师；1923年赴中国，任辽宁省旅顺第一中学教谕，1931年任辽宁省奉天第一中学教谕，1933年任鞍山中学校长兼教谕，1936年4月任新开设的奉天第二中学校长兼教谕，同时担任伪满教育专门学校教授、协和会奉天第一教育分会长；1942年担任天津日本居留民团学务部长兼天津日本教育博物馆馆长、天津日本图书馆馆长；1945年任天津日本居留民团民团长；1945年底回国后，担任新泻第一师范学校和新泻女子师范学校校长；1946年12月23日病逝于新泻，终年57岁。

堀越喜博兴趣广泛，好谣曲、书画、照相、木工和表具，还信奉基督教。生平著述有《满洲广告牌往来》《女子新作文》《〈落洼物语〉详注》《最近十五年间诸官公立学校入学试验问题国语汉文熟语详解》《国汉熟语字典》等书。

堀越喜博的一生，有23个年头是在中国度过的。他在中国生活期间，进行了大量的有关中国图书文献的收集工作。在中国和日本，都有为数不少的人在为他搜集拓片和图书，各地的邮件不断地寄送给他，使他逐渐建立起一个以收藏中文图书文献为主的“堀越文库”。1945年抗战结束后，在华日侨统统被遣返回国，堀越喜博亦在其列，但他无法带走数量庞大的藏书。这时，他的两个毕业于美国哈佛大学的朋友，建议他将藏书全部捐给美国哈佛燕京汉和图书馆。堀越喜博接受了这两个人的劝告，并很快完成了捐献手续，于1945年底返国之前，将堀越文库所藏1万多册图书、800多种拓片以及近百种艺术作品，全部无偿捐献给了美国哈佛燕京汉和图书馆。

1946年4月，堀越文库的全部收藏运抵汉和图书馆，但并没有得到特殊的待遇。1万多册中文图书依照内容归类，被分散到图书馆的各个角落，融入了汉和图书馆的藏书体系中，甚至在馆藏目录上也没有特殊的标记。由于堀越文库没有专门的藏书目录，所以我们今天已无从得知这批中文图书的总体情况。800多种拓片也一直没有合适的人选进行整理和编目，只是于初进馆时，在每种拓片上面钤盖了一个登到章，便被集中堆放在书库的一个角落，束之高阁了。但也正因为如此，堀越文库中的拓片收藏被非常完整地保存了下来，构成哈佛燕京图书馆藏拓片的主体。

哈佛燕京图书馆各种不同来源的拓片自入馆后，一直未得到系统有效的整理，家底不清，所以长期不为外界所知，更谈不上提供给读者使用。为改变馆藏拓片的这种状况，哈佛燕京图书馆郑炯文馆长决定与北京大学图书馆合作，由北大图书馆派出人员对其馆藏拓片进行整理编目。本人就是在这种背景下，于2004年底来到哈佛，紧张工作一年，除了以MARC21格式在OCLC编目系统中用中文和汉语拼音著录之外，还同时在哈佛大学的OLIVIA元数据格式编目系统上用英文著录，将哈佛燕京图书馆藏所有拓片共1066种全部完成编目。在此之后，哈佛燕京图书馆又申请到哈佛燕京图书馆中文拓片数字化项目（Harvard Yenching Library Chinese rubbings digitization project），将全部馆藏拓片予以数字化扫描，到2016年4月项目圆满完成，总计1065种、3285册件馆藏拓片被扫描成23852幅图像，上传发布到网上，与之前已提交的拓片记录进行挂接，向全世界读者用户开放浏览！

哈佛燕京图书馆所藏拓片类型比较齐全，有青铜器，砖，瓦，纪事碑，墓碑，墓志，摩崖，洞窟刻经，造像题记，画像（石、砖、碑），法帖，诗刻，等等。其类型和数量见下表：

类　型	种数	类型	种数
青铜器	84	砖	41
纪事碑	162	瓦当	103
墓碑	121	图像	39
墓志	199	丛帖	40
黄肠石	14	诗刻	12
摩崖	80	石经	15
造像题记	50	佛经	66
经幢	4	残石	130

这些拓片，大多是民国间所拓，也有部分是清代拓本，但清中期以前的拓本较少。其中大部分是原刻，仅有个别为翻刻，也有少数伪刻，都是原堀越文库的收藏。

经过装订的拓本约有近600册，以经折装为主，还有部分是线装或其它各种装帧形式。法帖拓本基本上都有函套，其它类型的拓本则大多没有函套。

单叶拓片中经过装裱和未经装裱的，大约各占一半。未经装裱的单叶拓片，偶有品相不佳者。哈佛燕京图书馆原来负责善本书库保管工作的戴廉先生（已故），曾对馆藏拓片做过一些整理工作，将原来未有包装的单叶拓片折迭后放入纸袋中保存，给后来我的编目工作提供了一定的方便。

总的说来，馆藏拓片的保存状况不错，在哈佛燕京图书馆60年，没有出现虫蛀、鼠咬、霉烂、损坏等现象。

哈佛燕京图书馆藏拓片的特点可以归纳为以下10点：

1. 丛帖收藏量大，约有40多种，大都是著名的法帖。如《御刻三希堂石渠宝笈法帖》《宝贤堂集古法帖》《停云馆帖》《渤海藏真帖》《拟山园帖》《诒晋斋法书》《戏鸿堂法书》《宝晋斋法帖》《宋拓淳化阁帖》《邻苏园法帖》《快雪堂法书》《因宜堂法帖》《莲池书院法帖》等。一些法帖不见各家著录，如：《挥墨轩集古帖》《响琴斋法帖》《刘园集帖》《紫竹山房临古法帖》等。还有个别法帖系伪帖，如《绛帖》《御赐澄清堂》等。

2. 对一些石刻集中地方的拓片收藏较为系统。如褒斜道石门摩崖有10种，北魏摩崖圣手郑道昭的题刻约有20种，山东嘉祥武梁祠画像石有全套，河北鼓山南北响堂寺石刻有成套的60种，泰山石刻（包括泰山经石峪《金刚经》有数十种。东北沈阳一地的碑刻拓片馆藏计64种，如《老君堂泥石砖窑建立碑文记》《盛京内治关老君堂锭角戥秤行碑记》《盛京天佑门外重修关帝庙碑记》《烧酒行仙翁碑记》《江湖行碑》《议建盛京大轿车铺行会碑记》《重建立净发行祖师位前碑记》等。这些碑记大多是题名碑，系《重修老君堂碑》或《重修关帝庙碑》等碑的碑阴，从未见各家著录。其内容记录了当时沈阳各家商号的名称及其捐助金额等有关情况，本人以为对清代东北经济史的研究有一定价值。

3. 大幅面拓片收藏较多，而且往往有不止一套，如《好大王碑》《郑道昭论经书诗》《夏日游石淙诗》、唐玄宗书《纪泰山铭》、元结撰《峿台铭》、颜真卿书《大唐中兴颂》、北京居庸关云台过街塔券门石刻《陀罗尼经咒及功德记》、唐玄宗《纪泰山铭》、乾隆皇帝《泰山赞》等等，均长达数米。其中《好大王碑》有 2 套，唐玄宗《纪泰山铭》有 2 套，《郑道昭论经书诗》有 3 套，《大秦景教流行中国碑》竟然有 7 套之多。

4. 历代石刻图像拓片收藏丰富。如汉神道阙顶石刻画像、汉武梁祠画像、汉石棺画、辽代帝后哀册盖画像、清疯癫和尚绘《达摩图》、清罗聘绘《寒山拾得图》、清人绘《焦山胜迹图》、清金农绘《梅花图》、清鲍超绘《白帝城凤凰图》（又称《三王图》）、清彭玉麟画《墨梅图》、清招子庸绘《竹石图》等等，皆绘刻俱佳，颇具代表性。

5. 收藏历代墓志较多，共 199 种，占全部拓片总量的近五分之一。以北魏、北齐的墓志数量为最多，隋唐墓志数量次之；辽代墓志也有十余种，还有一些契丹文的哀册，如《辽道宗耶律洪基哀册》《宣懿皇后哀册文》等；清代墓志数量虽不大，但很有特色，如殉难于吴三桂叛乱的马镇雄一家的墓志，齐整完备，刻石、拓印均极用心。

6. 青铜器拓片器物种类繁多，拓印精美。以故宫博物院古物所传拓为主，主要是青铜器器物的全角拓及其铭文拓片。如钟、鼎、尊、敦、簠、壶、爵、斝、觚、觯、甗、匜、盉、罍、散盘、方彝、汉钫、嘉量等等，既有艺术价值，也具学术价值。

7. 文字语种多种多样。拓片文字除汉文外，也有少量叙利亚文、突厥文、契丹文、梵文、藏文、西夏文、八思巴文、回鹘文、蒙文、满文等。如唐《大秦景教流行中国碑》中的叙利亚文碑刻，唐《嗽欲谷碑》南侧面的突厥文，辽《辽道宗耶律洪基哀册》《辽道宗宣懿皇后哀册》上的契丹文，元代《居庸关云台陀罗尼经及建塔功德记》上的梵文、藏文、八思巴文、蒙文、西夏文、汉文六种对照文字，元代《竹温台碑》《张氏先茔碑》上的蒙文，以及《回鹘文残碑》《古藏文残碑》等。

8. 汉文字体应有尽有。除甲骨文之外，金文、大篆、篆书、隶书、草书、行书、楷书等各种汉文字体均有出现。

9. 名家书法神形兼备。唐以前诸名家如王羲之、颜真卿等姑且不表，宋以后如苏轼书《表忠观碑》、宋黄庭坚书《前赤壁赋》、赵孟頫书法、乾隆皇帝书法、清郑板桥书联、清邓石如书联、清吴大澄书法、清俞樾书法、吴昌硕书法等等，名家墨迹，刻印传神。

10. 日本拓片独特罕见。作为一个日本人，堀越喜博还收藏了一些位于中国东北的纪念日俄战争的日军纪念碑碑文拓片，如《白玉山表忠塔铭》《东鸡冠山第二堡垒碑》《老虎沟山碑刻》《我军主力据此以拔尔灵山垒碑》等。这些碑刻后来很可能都已毁掉了，但今天看来，作为中国近代历史耻辱的见证，也有一定的史料价值。

客观地说，美国的中国拓片收藏数量并不是很大。根据本人在美国的调查，芝加哥富地博物馆（Field Museum in Chicago）藏量最大，约有5000多幅；加州大学柏克莱校区东亚图书馆（UC Berkeley Eastern Asian Library）有3000幅左右，普林斯顿大学葛思德图书馆（Gest Library of Princeton University）约有200多幅，哈佛大学佛格博物馆（Fogg Fine Arts Museum of Harvard University）有约2000幅，西雅图华盛顿大学东亚图书馆（The East Asian Library in University of Washington）有74幅，其他东亚图书馆则很少或基本没有中国拓片的收藏。而哈佛燕京图书馆的金石拓片收藏，虽然在版本方面并不十分出色，但品种丰富，拓片类型比较齐全且较有系统，中国古代著名的金石器物在馆藏拓片中多有反映。其收藏规模在美国可排在前五名。在欧美能有这样数量规模的拓片收藏，已属难能可贵，可以在一定程度上满足读者的有关需求。

必须指出，整个哈佛燕京图书馆藏拓片的编目整理和数字化扫描上网，包括本《图录》的编辑出版，都是在郑炯文馆长一手规划和指导下完成的，他的远见卓识和坚忍执着成就了今天的一切！

当年所有的拓片编目记录均是在我著录后由邱玉芬女士审核并正式提交到 OLIVIA 与 OCLC 数据库，同时还下载到本地的 Aleph 编目系统中，以供读者检索。在继之而后的哈佛燕京图书馆中文拓片数字化项目实施中，又是邱玉芬女士一身任之，以顽强的意志苦战 10 年，最终完成了馆藏全部拓片的数字化扫描督责任务。

哈佛燕京图书馆的同仁沈津先生、马小鹤先生、宋小惠先生、杨丽瑄女士、Kuniko McVey 女士等都在业务方面给予本人诸多的指导和帮助，使我获益良多，少走了不少弯路。

此外，读者文子女士（Fumiko E. Cranston）热心提供了较为详细的关于堀越文库主人堀越喜博的生平履历，使我能够对其人其事有更多的了解，这对于了解哈佛燕京图书馆藏拓片的来龙去脉无疑是有很大帮助的。

从哈佛燕京学社相关档案看民国时期中国教会大学图书馆发展

王蕾、张琦、谢小燕、薛玉（中山大学图书馆）

19世纪末到20世纪初，西方传教士和各差会先后在中国建立了16所教会大学，其中由基督教新教各差会及基督教人士创立的有13所。这些在华教会大学是中国近代高等教育的前驱和重要组成部分，对传播西方科学文化知识，促进中西文化交流和中国的近代进程，发挥了十分重要的作用。由于教会大学在中西文化交流史上的重要地位，使其成为一项颇具学术价值和现实意义的研究课题。自20世纪50年代起，美国史学界开始对这一领域的探索。而在中国学术界，直到20世纪80年代初，才开始重新审视、研究和评价教会大学相关问题。

档案是开展教会大学史研究非常重要的第一手资料。根据收藏机构的不同，教会大学档案大致可分为两大类：一是中国教会大学本身所藏的档案资料，内容涉及学校历史沿革、学校行政文件、知名人士信函、教学活动、学生活动、社会活动、宗教活动、馆藏等方面，这部分档案在教会大学调整撤销后被转移到当地档案馆或合并后的新大学中。二是中国教会大学在国外注册的母校、创办教会大学的差会机构及相关经费资助机构所藏的相关档案，包括会议记录、工作报告、章程规则、人物履历、往来信函、著作手稿以及照片、声像资料等，基本涵盖了中国教会大学及有关机构、团体的各个方面。这部分档案主要收藏在国外大学和部分教会机构中。这些教会大学相关档案文献虽然历经战乱与收藏机构的变迁，至今仍然保存完整且数量巨大，内容尤为丰富，不仅对开展中国教会大学史研究，而且对研究近代中国的文化、教育、社会、政治与对外关系等都是弥足珍贵的。

一、教会大学档案整理概况

1. 国内收藏及整理利用状况

根据吴梓明编《中国教会大学历史文献研讨会论文集》及其他相关资料，笔者对燕京大学等14所教会大学档案在国内收藏分布及开发利用情况进行了整理汇总，如表1所示。目前国内收藏机构对教会大学档案都已基本完成了目录编制，并逐渐开展档案的电子化工作。如山东省档案馆将其所藏齐鲁大学在济南、成都、杭州等地各个时期的历史资料整理分类，大约有3000多卷，分成五个部类，编制了目录索引；中国第二历史档案馆所藏金陵女子大学档案已编制有目录索引；上海市档案馆所藏圣约翰大学全宗档案编有案卷目录；上海档案馆所藏沪江大学档案编有案卷目录1册；福建省档案馆已对其所藏福建协和大学档案中学籍、成绩卡按照学校、姓氏进行了分类整理，并编制了索引。

表1　教会大学档案在国内收藏及整理利用情况一览表[①]

大学名称	主要收藏机构	整理情况
燕京大学	北京大学图书馆、北京大学档案馆	已经系统整理，可在档案馆查阅。
辅仁大学	北京师范大学图书馆、上海图书馆	保留辅仁大学与北京师范大学合并前的分类编目系统。分为两个部分，即1925至1949年和1949年至1952年。1925至1949年档案分为8大类。
齐鲁大学	山东省档案馆、济南市档案馆、山东医科大学	山东省档案馆将其所藏齐鲁大学在济南、成都、杭州等地各个时期的历史资料整理分类，大约有3000多卷，分成五个部类，但目录的索引不够详细，不能完全反映出每卷的内容。

① 吴梓明:《中国教会大学历史文献研讨会论文集》，香港：香港中文大学出版社，1995年。

续表

大学名称	主要收藏机构	整理情况
金陵大学	中国第二历史档案馆、南京大学档案馆、江苏省档案馆、南师大综合档案室、中国基督教爱国运动委员会图书馆、上海图书馆徐家汇藏书楼	中国第二历史档案馆馆藏金陵大学档案共2103卷，其中英文447卷，已编制全宗和系统指南。
金陵女子大学	中国第二历史档案馆	已编制目录索引。
东吴大学	上海市档案馆、上海图书馆、江苏师范学院、苏州大学档案馆、苏州市档案馆、中国第二历史档案馆	苏州市档案馆收藏1907—1952年东吴大学档案135卷，已有系统整理。
圣约翰大学	上海图书馆、上海市档案馆	上海市档案馆所藏圣约翰大学全宗档案共1767卷，大部分为英文，起止时间为1879—1952年，该全宗档案编有案卷目录1册。
沪江大学	上海市档案馆	上海档案馆所藏沪江大学档案共1113卷，起止时间为1906—1952年，编有案卷目录1册，主要内容分为总类、行政、教学、学籍管理等9类。
华西协和大学	华西医科大学档案馆、上海图书馆、四川省档案馆	四川省档案馆有档案737卷，形成于1911—1949年，已经系统整理和编目。
之江大学	上海图书馆、浙江省档案馆、浙江大学档案馆	档案全宗均经系统整理。浙江省档案馆藏之江大学档案已经数字化处理，可查阅电子档案。
震旦大学	上海图书馆、上海市档案馆	上海市档案馆所藏震旦大学全宗档案共1249卷，起止时间为1863—1952年，该全宗档案已经系统整理，编有案卷目录1册。
福建协和大学	福建省档案馆	已进行系统整理，对学籍、成绩卡按照学校、姓氏进行了分类整理，并编制了索引。
华南女子文理学院	福建省档案馆	已进行系统整理，对学籍、成绩卡按照学校、姓氏进行了分类整理，并编制了索引。
岭南大学	中山大学图书馆、广东省档案馆、香港岭南大学图书馆	岭南大学基金会档案已制成缩微胶卷，并经过系统整理编制了索引，包括部分作者索引和信件索引。广东省档案馆已有系统整理，部分已数字化，可提供电子阅览。

2. 海外收藏及整理利用状况

海外有关中国教会大学的历史档案和相关文献主要存藏于美国，主要的收藏机构有耶鲁大学神学院图书馆和哈佛大学等。耶鲁大学神学院图书馆是美国收藏中国教会大学档案最多的图书馆。该馆收藏有亚洲基督教高等教育联合董事会（简称亚联董，United Board for Christian Higher Education in Asia，即 UBCHEA）的全部档案，保存了中国 13 所教会大学的历史资料，构成中国教会大学历史文献的主体部分。这些档案和历史文献直接反映了民国时期中国教会大学的发展沿革、教学与科研、宗教生活、校园文化、学生活动等各层面，为研究中国教会大学史提供了很多新的视角和细节资料。目前均已编目和数字化，可提供网上阅览与下载。而哈佛大学所藏与中国教会大学相关的档案及历史文献，主要涉及燕京大学、岭南大学、金陵大学、华西协和大学、齐鲁大学、福建协和大学、华中大学等 7 所受哈佛燕京学社资助的中国教会大学相关档案，现收藏在哈佛大学档案馆、哈佛燕京学社档案室和哈佛燕京图书馆。此外，普林斯顿大学档案与手稿图书馆、密西根大学亚洲图书馆、美以美会女子学院、纽瓦克修道院、美国圣公会、纽约神学院图书馆等也收藏了部分教会大学的档案及其他史料，为研究中国教会大学史提供了坚实的史料依据。其中的大部分档案已整理完备，有完善的目录和查阅系统①。

二、哈佛燕京学社档案及其整理利用概况

1928 年，在霍尔遗产基金的资助下，美国哈佛大学和中国燕京大学合作成立哈佛燕京学社（Harvard–Yenching Institute），目标是开展和提供

① 马敏、马梓明：《美国收藏的中国教会大学历史文献》，《近代中国史研究通讯》1993 年第 6 期，第 180—198 页。

中国、日本、亚洲其他地区及土耳其、欧洲巴尔干半岛的文化研究、教学和出版。[①] 本部设在哈佛大学，在燕京大学设立哈佛燕京学社北平办事处，主要负责管理哈佛燕京学社在中国的项目与活动联络与组织工作，并维持与哈佛燕京学社，以及燕京大学、岭南大学、金陵大学、华西协和大学、齐鲁大学、福建协和大学、华中大学等 7 所受资助之教会大学的联络。民国时期，哈佛燕京学社在推进中国研究领域的本科与研究生教育和学术研究、中美汉学人才培养、哈佛燕京图书馆与燕京大学图书馆及其他中国教会大学图书馆发展、中外文化学术交流等方面作出了非常重要的贡献。

自成立之初开始，哈佛燕京学社就建立了完善的档案归档制度。1929 年学社第一个五年发展规划《哈佛燕京学社备忘录》强调，在美国剑桥和中国北京的学社机构应建立档案归档制度，保存所有学社的出版物和资料；两个办事处应致力于收集各类相关评论性文献资料、新闻评论等，以及学社出版物、学社教职员的著述；两地教育委员会成员每年应提交一份工作报告，并以中英文形式出版。[②] 这为哈佛燕京学社相关资料档案的系统归档和妥善保存打下了良好的基础。哈佛燕京学社档案现收藏于哈佛大学档案馆和哈佛燕京学社档案室，另外哈佛燕京图书馆也收藏了部分与学社相关的档案，其中 1966 年以前的档案已移交哈佛大学贮存图书馆保存。哈佛燕京学社档案按照性质、内容大致可分为以下几个类别：①董事会、执行委员会的会议记录、决议文件、备忘录等；②哈佛燕京学社年度报告、财务预算、各类报告表等；③董事会、委员会成员、学社相关人员之间的各类往来信件；④哈佛燕京图书馆各类工作记录、函件、工作报告等；⑤受资助的中国教会大学报告及各类函件等；⑥哈佛燕京学社的各类出版

---

① HYI Archives: File: Agreements with Harvard 1928–1976, The Commonwealth of Massachusetts, Certificate of Incorporation, January 5, 1928.

② Memoranda. Harvard–Yenching Institute Summary and Explanation. April 5, 1929. Harvard–Yenching Institute Archives: Yenching University Annual Report 1928–1947. in China.

物等；⑦与基督教教育有关的中文资料及在中国出版的英文杂志和年报等。其中有关中国教会大学的档案，主要涉及哈佛燕京学社资助的燕京大学、岭南大学、齐鲁大学、华西协和大学、金陵大学、福建协和大学和华中大学等七所教会大学的相关资料。但哈佛燕京学社档案尚未得到系统编目与整理，目前只能通过哈佛大学档案馆和哈佛燕京学社档案室申请查阅纸质文档，并未完全提供数字化阅览，国内学者利用起来尚有一定的难度。此外，亚联董也收藏一批与哈佛燕京学社相关的档案，主要是各教会大学与哈佛燕京学社之间往来的函件、提交的报告、会议录、工作文件等各类资料。这些档案互为补充和映照，成为研究哈佛燕京学社与中国教会大学最具价值的史料之一。

目前利用哈佛燕京学社档案开展的相关研究成果主要有程焕文《裘开明年谱》、陈滔娜《哈佛燕京学社校际合作史》和樊书华《文化工程：哈佛燕京学社与中国人文学科的再建：1924—1951》等，从不同角度研究和展现了哈佛燕京图书馆的创办与发展以及哈佛燕京学社与中国的学术交流。而图书馆作为哈佛燕京学社在华开展中国研究的重要资料支撑，目前唯一一部专门研究中国教会大学图书馆的著作是孟雪梅的《近代中国教会大学图书馆史研究》，其利用的主要资料来源于各省市档案馆以及大学和公共图书馆中有关教会大学的档案和历史文献，基本没有涉及哈佛燕京学社档案。因此利用哈佛燕京学社档案这一第一手资料开展民国时期中国教会大学图书馆的系统研究仍基本是空白，具有非常重要的意义。

三、哈佛燕京学社对教会大学图书馆藏书发展的支持

1928 年 12 月，霍尔遗产董事会制定了国外教育基金的最终分配方案，总额约 1400 万美元，其中 760 万美元分配给了霍尔遗嘱指定的东方 20 所研究机构，中国 6 所教会大学获得的经费分别是：燕京大学 100 万，岭南

大学70万，华西协和大学20万，金陵大学30万，齐鲁大学15万，福建协和大学5万。剩余640万分配给哈佛燕京学社[①]。哈佛燕京学社将所获640万美元捐款分设为限制性基金和非限制性基金。非限制性基金约450万美元，主要用于学社在哈佛和燕京大学两地的研究和行政费用，限制性基金将190万美元的每年收益（约8万美元），按照特定比例分配给7所机构，支持其中国研究和教育发展[②]。

书籍资料是高等教育和学术研究发展所依赖的基础资源，资助相关机构考察、发现、搜集和保存文化及古代文物也是燕京学社成立的目的之一。哈佛燕京学社高度重视各资助教会大学的图书馆建设，从藏书建设、人员交流与聘任、文献组织与技术、建筑与设备等方面给予经费资助与支持，推动了各教会大学图书馆的发展。

1. 规划与政策

1929年哈佛燕京学社董事会通过的学社第一个五年发展计划《哈佛燕京学社备忘录》中指出，文献资料收藏是学社在第一个五年阶段的三项主要工作目标之一，是本阶段的第一要务。类型广泛涵盖书籍、手稿、图片、照片、模型等。并强调在文献采购过程中，应确立各类型资料收集及其重要性之标准，应坚持教育性，而非古文物研究性，建议优先考虑高品质的复制本而非珍稀书籍和手稿。《备忘录》还提出在哈佛和燕京大学分别建立哈佛燕京学社的图书馆，在哈佛的学社图书馆要以增强中文文献资源为主要目标，在燕京大学的图书馆则以加强欧洲汉学文献资源的搜集为主要任务。另外，《备忘录》对学社图书馆发展进行了规划，提出建议投入4–5万美元采购书籍。哈佛燕京学社对各教会大学图书馆馆藏建设的资

① 张寄谦：《哈佛燕京学社》，燕大文史资料编委会编《燕大文史资料》第六辑，北京：北京大学出版社，1992年，第38—60页。

② 陈观胜、熊大绛译：《哈佛燕京学社与燕京大学之关系》，燕大文史资料编委会编《燕大文史资料》第三辑，北京：北京大学出版社，1990年，第19页。

助重点主要为中国研究所需要的中文书籍及西方汉学著作。如建议燕京大学图书馆藏书建设重点为：欧洲汉学著作、中国地方文献、别集、丛书、珍本书籍及其他类书籍，并建议每年购置上述各类经典书籍和欧洲汉学著作的预算分别为 25000 美元和 15000 美元[①]。1936 年，哈佛燕京学社还编制出版《关于中国的重要西文书籍选目》《中国学外文著作复制本目录》《美国图书馆中的汉学研究书目》等中国研究书目，为学社资助之教会大学图书馆藏书建设提供指导。

2. 经费分配与使用

在哈佛燕京学社的支持下，受资助的教会大学图书馆的购书经费相对比其他图书馆要充裕一些，除个别国立大学图书馆外，很少有中国大学图书馆可以与它们相比，在私立大学图书馆中更是具有明显的优势[②]。从 1928 年起哈佛燕京学社北平办事处就逐年向燕京大学图书馆拨付购书费，少则三四千，多则 1 万美元[③]。哈佛燕京学社对受资助教会大学图书馆的经费使用有着严格规定，特别强调经费必须主要用于图书资料的购买。哈佛燕京学社在给福建协和大学图书馆的复函中强调应加强中国语言文学、文献学与历史学等方面的图书资料建设，并确保支持经费已用于上述用途[④]。

---

① Memoranda. Harvard-Yenching Institute Summary and Explanation. April 5, 1929. Harvard-Yenching Institute Archives: Yenching University Annual Report 1928-1947. in China: 9-10.

② 陶飞亚、吴梓明：《基督教大学与国学研究》，福州：福建教育出版社，1998 年，第 325 页。

③ 聂崇岐：《简述"哈佛燕京学社"》，《文史资料选辑》编辑部编《文史资料精选》第 2 辑，北京：中国文史出版社，1990 年，第 369 页。

④ Cambridge, Mass to Fukin Christian University. July 2, 1929. 亚联董档案 .

表 2　各教会大学图书馆获学社经费资助一览表

金额 / 年度	燕京大学图书馆[①]	金陵大学图书馆[②]	岭南大学图书馆[③]	福建协和大学图书馆[④]	华西协和大学图书馆[⑤]	齐鲁大学图书馆[⑥]
1927—1928				M$1565.00		
1928—1929	L.C$30000			M$1581.33	M$965.58（1929 年度）	M$790
1929—1930	G$5000	L.C$12858.86			M$1365.57（1930 年度）	L.C$13728.5
1930—1931	LC$30000	L.C$30171.46		M$1945.29	M$1145.58（1931 年度	L.C$18848.81
1931—1932	LC$30000	L.C$14195.31			M$8344.04（1932 年度）	L.C$19911.1
1932—1933	LC$9000	L.C$25742.2	$4,003	M$2299.83	M$2720.88（1933 年上半年）	
1933—1934	LC$5000	L.C$9163.14	$4,300	M$3486.86	M$6352.10	
1934—1935	LC$5000	L.C$566.73（期刊）	$4,500	M$3168.76		

① Letters of Serge Eliff to B. A. Garside 1928–1936; Annual Report of Peking Office, Yenching University to Harvard Yenching Institute. 亚联董档案：RG011–334–5120–5133;315–4822–4824.

② Annal Report of the Chinese Cultural Studies Section, University of Nanking to the Harvard–Yenching Institute 1929–1945. 亚联董档案：RG011–214–3631–3635.

③ Lingnan University, Annal Report to the Harvard–Yenching Institute 1932–1936. 亚联董档案：RG011–183–3277–3280.

④ Annal Report of Fukien Christian University to the Harvard–Yenching Institute 1927–1945. 亚联董档案：RG011–114–2468–2471.

⑤ West China Union Universtiy, Annal Summary of the Harvard–Yenching Institute 1929–1948. 亚联董档案：RG011–281–4424a.

⑥ Shantung Christian University, Income from Harvard–Yenching Institute Trust Fund 1929–1943 . 亚联董档案：RG011–244–4003; 253–4109.

续表

金额 / 年度	燕京大学图书馆	金陵大学图书馆	岭南大学图书馆	福建协和大学图书馆	华西协和大学图书馆	齐鲁大学图书馆
1935—1936	LC$5000	L.C$2264.43	$2,925	M$3137.73	L.C$9954.11	
1936—1937		L.C$5392.59		M$3495.98		
1937—1938				LC$3542.81	LC$8557.33	L.C$829.86；外文书：$918
1938—1939		L.C$13667.37			LC$9600	L.C$4777
1939—1940	LC$63800（中文）；U.S.$3000（西文和日文）	L.C$28849.64		LC$5047.31	LC$10501.12	L.C$46833.27
1940—1941	LC$105090.20	L.C$29842.59		LC$14329.56	LC$17555.88	
1941—1942		L.C$41884.19			C$43643.63	
1942—1943				CNC$34247.04	NC$110739.42	C$47399.03
1943—1944		L.C$54852.3		C$177386.92	CN$180684.10	
1944—1945		L.C$132605.04		C$497.174.52	CN$1009687.00	
1947—1948					CN$444,357,844	

3. 藏书发展

在哈佛燕京学社经费资助下，燕京大学、金陵大学、岭南大学、齐鲁大学、福建协和大学、华西协和大学、华中大学等七所教会大学图书馆的藏书建设得到快速发展。

1927 年，燕京大学图书馆藏书约 27324 册[①]，1928 年开始获得哈佛燕京学社的经费支持后，藏书量增加至 98831 册[②]，1929 年更是达到 195881 册[③]，相比于 1927 年藏书总量增长了约 7 倍，发展不可谓不迅猛。另外，1939—1940 年度燕京大学图书馆获哈佛燕京学社拨款 6.38 万元购买中文图书 1849 套 13001 册，其中含 1749 幅地图、图表及 395 种清代学者的作品，另有 3000 美元用于采购日文及西文的汉学著作[④]。至 1936 年，燕京大学图书馆藏书增至 285083 册，跃居全国大学图书馆藏书量首位[⑤]。

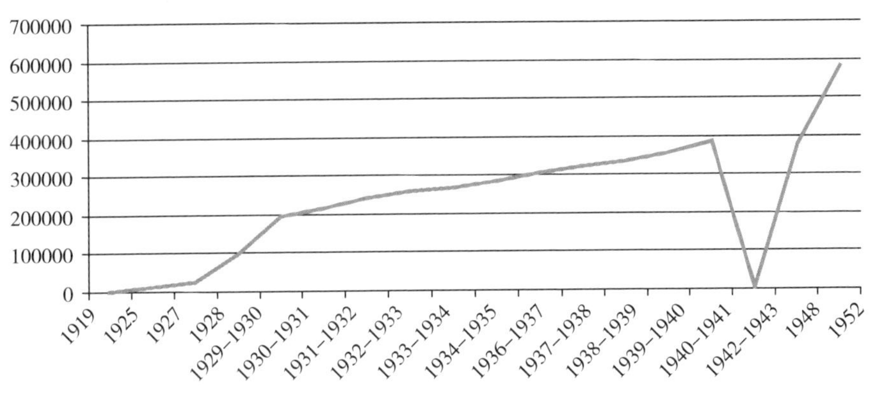

图 1　1919—1952 年燕京大学图书馆藏书增长图

金陵大学图书馆 1929—1936 年间利用哈佛燕京学社经费共购置文献 38715 册，到 1936 年藏书总量达 205316 册，位居全国大学图书馆藏书量第 5 位[⑥]。

---

① 陶飞亚、吴梓明:《基督教大学与国学研究》，福州：福建教育出版社，1998 年，第 111 页。

② 陈训慈:《调查中国之图书馆事业》,《图书馆学季刊》1936 年第 14 期，第 680—684 页。

③ 教育部统计室:《二十二年度全国高等教育统计》，教育部统计室，1936 年。

④ Research School of Chinese Studies of YanChing University 1939–1940. 亚联董档案号：RG315-4823-0675.

⑤ 同②

⑥ 同②

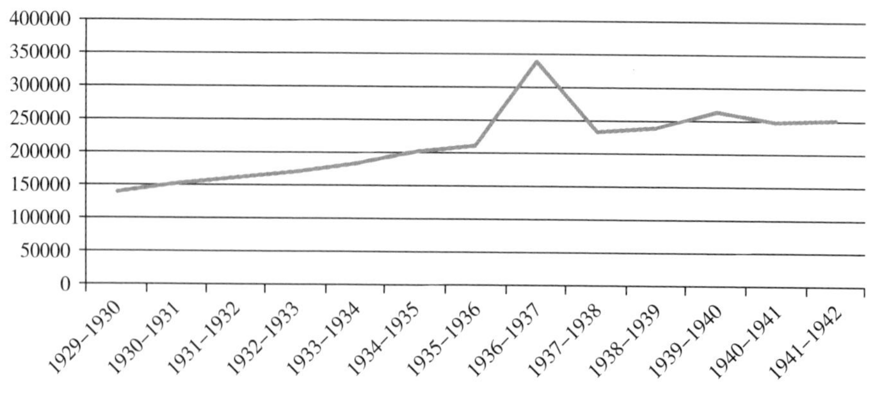

图 2　1929—1942 年金陵大学图书馆藏书增长图

华西协和大学图书馆 1935—1945 年间利用学社经费共购置文献 26690 册，到 1936 年藏书总量达 112640 册，位居全国大学图书馆藏书量第 12 位。[①] 福建协和大学图书馆在 1939—1940、1940—1941、1943—1944 年度利用学社经费支持分别购置中文文献 4219 册、1122 册和 1751 册，到 1944 年其中文图书总量达 69736 册。[②] 齐鲁大学图书馆在 1929 年藏书约 24000册，而在 1930年“很好地使用了新近从哈佛燕京社得到的经费”[③]后，藏书量迅速增加至 60000 册，到 1936 年则达到了 114958 册，位居全国大学图书馆藏书量第 11 位。[④]

表 3　部分教会大学图书馆利用学社经费购置文献一览表

图书馆	年　度	中文文献	西文文献	日文文献	合计
	1929	2106	32	69	2207
	1930—1931	23072	531	90	23693
	1931—1932	3230	38	375	3643

① 陈训慈:《调查中国之图书馆事业》,《图书馆学季刊》1936 年第 14 期，第 680—684 页。

② Report of the Work of the Institue of Chinese Culture Studies：RG011-214-3632.

③ 孟雪梅:《近代中国教会大学图书馆研究（1868—1952）》，福建师范大学博士论文，2007 年。

④ 同①。

续表

图书馆	年　度	中文文献	西文文献	日文文献	合计
金陵大学图书馆[①]	1932—1933	7502	229	454	8185
	1933—1934	199	51	35	285
	1934—1935	402	5	9	416
	1935—1936	276	5	5	286
华西协和大学图书馆[②]	1935—1936	11054	112		11166
	1936—1937	4306	69		4375
	1937—1938	3833	147		3980
	1938—1939	629	57		686
	1939—1940	3214	81		3295
	1942—1943	680	0		680
	1943—1944	211	11		222
	1944—1945	2286	0		2286

1937 年抗日战争全面爆发后，国内图书馆事业的发展陷入困境。但受助于哈佛燕京学社的经费支持，其所支持的各教会大学图书馆藏建设并未停止。在哈佛燕京学社的资助下，燕京大学图书馆 1938—1941 年间的购书经费分别为 15000 美元、17000 美元、20000 美元和 13000 美元，折合成当时的国币分别为 210000 元、240000 元、280000 元、130000 元。[③]另外，岭南大学图书馆和福建协和大学图书馆等在学社的资助下，藏书也获得一定的增长。这在当时中国动荡不安的时局下是难能可贵的，当时北方许多大学图书馆正面临着经费来源枯竭及货币贬值的困境。

① Nanking University Report to the Harvard-Yenching Institute Showing Receipts and Expenditures of the Restricted Income. 亚联董档案：RG011-214-3631-3634.

② West China Union Universtiy, Annal Report to the Harvard-Yenching Institute 1935-1948. 亚联董档案：RG011-281-4424a.

③ 《燕京大学图书馆》,《中华图书馆协会会报》1942 年第 3、4 号合刊，第 16—17 页。

表 4　战时部分教会大学图书馆利用学社经费购置文献一览表

<table>
<tr><th>图书馆</th><th>年　份</th><th>文献类型</th><th>数量</th></tr>
<tr><td rowspan="11">岭南大学图书馆①</td><td>1937—1938</td><td>中文图书</td><td>4837</td></tr>
<tr><td rowspan="2">1938—1939</td><td>中文图书</td><td>2885</td></tr>
<tr><td>“中国研究”西文图书</td><td>73</td></tr>
<tr><td rowspan="3">1939—1940</td><td>中文图书</td><td>4671</td></tr>
<tr><td>“中国研究”西文图书</td><td>116</td></tr>
<tr><td>自然科学外文图书</td><td>631</td></tr>
<tr><td rowspan="3">1940—1941</td><td>中文图书</td><td>3842</td></tr>
<tr><td>“中国研究”西文图书</td><td>171</td></tr>
<tr><td>自然科学外文图书</td><td>926</td></tr>
<tr><td rowspan="2">1944—1945</td><td>中文图书</td><td>5098</td></tr>
<tr><td>中文杂志</td><td>2154</td></tr>
<tr><td rowspan="3">福建协和大学图书馆②</td><td>1939—1940</td><td>中文文献</td><td>4219</td></tr>
<tr><td>1940—1941</td><td>中文文献</td><td>1122</td></tr>
<tr><td>1943—1944</td><td>中文文献</td><td>1751</td></tr>
</table>

4. 藏书建设特色

各教会大学图书馆根据哈佛燕京学社的政策，结合各校的实际情况，充分利用哈佛燕京学社的经费资助重点采购地方志、古籍善本、石刻拓片等与中国研究有关的历史文献以及西文文献，成就了各教会大学图书馆的特色馆藏。

哈佛燕京学社的资助使燕京大学图书馆加大了古籍善本的收集力度，“凡有价值之版本，皆广事罗致。其孤本则借抄以藏之。古刻珍本亦尽力

① Report to Harvard-Yenching Institute 1944-1945. Harvard-Yenching Institute Archieves: Lingnan University 1940-1945：162.

② Fukin University Report to the Harvard-Yenching Institute Showing Receipts and Expenditures of the Restricted Income. 亚联董档案：RG011-114-2471.

而求”[①]，以地方志、诗文集、丛书、金石、类书为大宗。在哈佛燕京学社的长期支持下，至 1952 年院系调整时，燕京大学图书馆收藏的善本书达 3578 种，37484 册，以明、清刻本及抄本居多，宋、元版本亦不少；日文善本约 152 种，1069 册，以美术考古附图本居多。[②] 另有金石拓片 12000 余张，木刻书板 2000 余块。[③] 另外，燕京大学图书馆是国内最早重视收藏地方志的图书馆，到 1940 年时已收集了大部分清代文集和 2003 种地方志，共 20021 册[④]。

中文古籍是岭南大学图书馆利用哈佛燕京学社经费大力搜购的重要文献。至 1937 年抗日战争全面爆发前，岭南大学图书馆共收藏善本古籍 174 种，其中明刻本 80 种，抄本 51 种。1941 年，岭南大学在哈佛燕京学社经费及其他美国基金会经费支持下，成立了中国文化研究室，加强有关中国研究文献的购藏。另外，中国研究西文文献是岭南大学图书馆另一专藏特色，也是哈佛燕京学社经费资助下重点建设的领域。叶理绥社长曾明确支持岭南大学图书馆收集和采购有关中国的西文著作，由学社给予经费支持。至 1938 年 11 月，岭南大学图书馆已收藏《关于中国的重要西文书籍选目》所列 307 种专著中之 123 种，17 种期刊中之 12 种。至 1941 年 1 月，岭南大学图书馆对照《美国图书馆中的汉学研究书目》所列 324 种文献，已购藏有关中国的重要西文著作 141 种。[⑤]

金陵大学图书馆充分利用西迁之旅和在四川的新址，依靠哈佛燕京学社经费支持，在 1938 至 1945 年持续购置了大量有关四川的历史文献、地方志、珍贵中文图书及石刻拓片等文献资料。华西协和大学图书馆历来

---

① 张玮瑛、王百强、钱辛波：《燕京大学史稿》，北京：人民中国出版社，1999 年，第 421 页。

② 吴梓明：《中国教会大学历史文献研讨会论文集》，香港：香港中文大学出版社，1995 年。

③ 吴晞：《北京大学图书馆九十年记略》，北京：北京大学出版社，1992 年，第 120 页。

④ Philip West. Yenching University and Sino-Western Relations，1916–1952. Cambridge，Mass.：Harvard University Press，1976：191.

⑤ 周旖：《岭南大学图书馆藏书研究》，中山大学博士论文，2010 年，第 236 页。

注重四川地方文献、地方志、丛书等文献的收集，以及部分有关中国的外文图书。至 1945 年，“收藏四川方志为最多，凡二百六十余种，已达一百四十二县，故全国收藏四川方志者，以本馆为最备”[①]。齐鲁大学图书馆则注重山东地方志的收集和保存，到 1936 年，几乎集齐了山东省所有市县的地方志。另外对其他省市的地方史志也多有购存，据统计，1935 年收藏志书 726 部，9613 卷，丛书 22338 种。[②] 福建协和大学图书馆利用哈佛燕京学社经费所采购的图书，以文史为主，包括地方志、乡贤著述，有关福建民俗、民族、社会与经济的资料，以及谱牒资料、碑刻资料等，成为其馆藏的一大特色。[③]

表 5　1938—1945 年金陵大学特色文献采购一览表[④]

年　度	特色文献	数　量
1938—1939	史志	284 种，2327 册
	四川历史文献、参考文献、艺术与考古	338 种，771 册
	四川石刻拓片	150 张
1939—1940	四川史志	15 种，130 册
	其他地区史志	10 种，106 册
	中文图书	1044 种，7268 册
	石刻拓片	1460 张
1941—1942	四川史志	22 种，160 册
	其他地区史志	17 种，208 册
	中文图书	1069 种，4481 册
	石刻拓片	760 张

① 《华西协和大学图书馆概况》，《中华图书馆协会会报》1945 年第 4—6 号，第 3—4 页。

② 马继业：《齐鲁大学图书馆史考略》，《山东图书馆学刊》2015 年第 3 期，第 26—29 页。

③ Fukin Christian University Report to the Harvard-Yenching Institute Showing Receipts and Expenditures of the Restricted Income. 亚联董档案：RG011-114-2471.

④ Nanking University Report to the Harvard-Yenching Institute Showing Receipts and Expenditures of the Restricted Income. 亚联董档案：RG011-214-3633 RG011-214-3634.

续表

年　度	特色文献	数　量
1942—1943	四川史志	6 种，25 册
	其他地区史志	12 种，68 册
	中文图书	486 种，2110 册
	石刻拓片	70 张
1943—1944	四川史志	5 种，41 册
	中文图书	106 种，167 册
	石刻拓片	15 张
1944—1945	四川史志	8 种，8 册
	其他地区史志	1 种，4 册
	中文图书	214 册

四、哈佛燕京学社对教会大学图书馆人才建设的支持

哈佛燕京学社十分重视对中国教会大学图书馆的人才培养与交流，通过支持燕京大学图书馆等教会大学图书馆与哈佛燕京图书馆建立了馆员交换关系，资助教会大学图书馆中的优秀馆员赴美学习、进修与培训等，推动教会大学图书馆的人才建设，进而推动教会大学图书馆管理模式和管理技术方法的发展。

1928 年，燕京大学图书馆馆长洪业受哈佛燕京学社资助赴哈佛大学担任访问讲师，同时攻读历史系的博士学位，并为哈佛燕京学社的组织方面提供帮助和建议。[①]1929 年 4 月，洪业与另一位燕京大学教授博晨光向学社董事会提交了一份完整的学社未来五年的发展计划《哈佛燕京学社备

① Letter of Mr. Goerge Henry Chase, Harvard University, to Professor William Hung, May 28, 1928. See: HYI Achieves: File: William Hung 1928–1929.

忘录》[①]，并获董事会会议通过。这是哈佛燕京学社在第一个五年试验阶段的发展规划，也是哈佛燕京学社早期发展的重要指导纲领。1930 年，哈佛燕京学社汉和图书馆馆长裘开明将中国传统分类法与西方图书分类法相结合，创建了汉和图书分类法，并应用于汉和图书馆。哈佛燕京学社的董事巴尔敦（James L. Barton）等人在随后致燕京大学董事会的信函中表示：燕京大学的图书馆员将被送到哈佛大学进行学习和交流，以便将两校的图书分类系统统一起来。[②] 因此双方协商交换馆员，开展统一图书馆编目及分类法的工作。1930 年，燕京大学图书馆馆长田洪都应邀赴美，与裘开明探讨扩充汉和图书分类法以适用于燕京大学图书馆。同年夏季，经哈佛燕京学社批准，汉和图书馆馆长裘开明与燕京大学图书馆馆长田洪都交换任职，各自代理对方图书馆馆长一年。裘开明在北京期间，担任燕京大学图书馆特别顾问，协助洪业组织燕京大学图书馆。洪业负责行政上的事务，裘开明主要负责技术方面。在裘开明的帮助下，燕京大学图书馆根据哈佛燕京图书馆分类法和编目法整理改编了本馆目录，以及采用四角号码法编排卡片目录。1931 年在返回哈佛大学之前，裘开明与田洪都达成哈佛燕京图书馆与燕京图书馆在北京联合购买图书和联合翻印哈佛燕京图书馆目录卡片的协议。1941 年，燕京大学图书馆副馆长陈鸿舜受哈佛燕京图书馆邀请到馆担任助理，后经哈佛燕京图书馆推荐申请洛克菲勒基金会入读哥伦比亚大学图书馆服务学院。1947 年，陈鸿舜回国后接任燕京大学图书馆馆长。

燕京大学图书馆部分馆员也曾赴哈佛燕京图书馆交流和工作。曾任职于燕京大学图书馆的杜联喆和房兆楹分别于 1933 年、1934 年先后通过学习和交流机会在哈佛燕京图书馆做兼职助理工作。裘开明馆长曾评价道：

---

① Memoranda. Harvard-Yenching Institute Summary and Explanation. April 5, 1929. Harvard-Yenching Institute Archives: Yenching University Annual Report 1928-1947. in China.

② James L. Barton, George G. Barber, Eric M. North to the Trustees of Yenching University。April 8, 1929. 亚联董档案：RG011-335-5124：673.

杜联喆在中国文学和历史上的学术成就对哈佛燕京图书馆的工作大有裨益。[①] 而房兆楹曾担任燕京大学图书馆采购和中文编目部主管，他熟悉分类法体系与丰富的编目经验也为其在哈佛燕京图书馆开展工作和学习图书馆业务打下基础。[②]1949 年，燕京大学图书馆刘楷贤以交换馆员的身份进入哈佛燕京图书馆从事中文书目的校对工作。[③]

1947 年，哈佛燕京学社与中国教会大学校董联合会合作委派斯沃斯莫学院（Swarthmore College）图书馆馆长沙本生（Charles Dunsen Shaw）对 13 所教会大学图书馆开展了为期 6 个月的考察，以制定未来的发展计划，其中包括为中国图书馆员在中国或美国学习提供奖学金。[④] 通过实地考察场馆、图书馆馆藏和职员情况，沙本生最后所提交的 87 页考察报告中提议哈佛燕京学社理事会和联合董事会安排有潜力的教会大学图书馆员到燕京大学甚至到美国接受高级培训。[⑤] 福建协和大学图书馆馆长金云铭和华西协和大学图书馆员邓光禄获学社资助于 1948—1949 年分别在哥伦比亚大学和南加州大学进修图书馆学和开展西方图书馆系统培训。遗憾的是，因时局不稳和中美关系的日益紧张，这个项目很快就中断了。[⑥]

在哈佛燕京学社的经费支持下，各教会大学图书馆汇聚了一批优秀的图书馆专家，推动了各馆在古籍整理、索引编制、分类与编目等业务发展。如金陵大学图书馆的李小缘、刘国钧、洪有丰等，燕京大学图书馆的洪业、田洪都、顾廷龙、朱士嘉等，齐鲁大学图书馆的桂质柏、皮高品等，福建

---

① HYL Archives：Letter of Alfred K'aiming Ch'iu to Lienche Tu，January 14，1933.

② HYL Archives：Letter of Chaoying Fang to Alfred K'aiming Ch'iu，January 4，1934.

③ HYL Archives：Chinese-Japanese Library of the Harvard-Yenching Institute at Harvard University Report of the Librarian for the Year July 1，1948 to June 30，1949.

④ HYL Archives：Letter of Evans to North，Apr.21，1947；Letter of McMullen to Donham，Nov.8，1948. 亚联董档案：RG011-44-46-1185.

⑤ Charles B.Shaw，The Libraries of the Christian Colleges of China. Newyork：The United Board of Christian College of China，1948：76-87.

⑥ HYL Archives：Fukien Christian University Annual Report，1948-49；HYL Archives：West China Union University Annual Report，1948-49.

协和大学图书馆的金云铭等，岭南大学图书馆的谭卓垣等。其中如1934年春，福建协和大学图书馆曾利用哈佛燕京学社经费支持金云铭对中国中北部的70余家大型图书馆的管理、分类法与分类体系、图书保存与保护等业务工作展开了系统的考察活动①，为其编制完善"金氏分类法"和图书馆管理提供了重要参考。

教会大学图书馆的馆藏建设与管理体系的完善还得益于在哈佛燕京学社的资助下各教会大学延聘的大批知名学者的支持。如燕京大学图书馆集合洪业、田洪都、马鉴、顾颉刚、容庚、博爱理和桑美德等知名教授学者组成大学图书馆委员会，在图书馆发展规划、经费分配、图书采购等方面开展工作。金陵大学中国文化研究所自成立之初就设立图书委员会，由研究员李小缘、贝德士、刘国钧担任委员，办理选购图书事宜。李小缘负责中文图书的选购，贝德士则负责外文图书的选购。②部分知名学者甚至直接出任教会大学图书馆馆长，如1946年齐鲁大学图书馆主任一职由国学研究所主任吴金鼎兼任。③

五、哈佛燕京学社对教会大学图书馆文献组织与管理技术的支持

1. 统一分类编目体系

在当时哈佛燕京图书馆和中国各教会大学图书馆中，中国传统古籍、中文新书、西文文献并重，图书的分类要么直接采用杜威法对中外文书籍进行统一分类，要么对杜威法进行修改，以容纳中国特有的古籍，或者采用新旧混合制，西文书和中文新书采用杜威分类法，中国传统古籍仍采用

---

① Fukien Christian University Report to the Harvard-Yenching Institute on Chinese Studies Fiscal year 1933-1934. 亚联董档案：RG011-114-2468：1138.

② 《本校中国文化研究所之来历》，《金陵大学校刊》1943年12月5日。

③ 马继业：《齐鲁大学图书馆史考略》，《山东图书馆学刊》2015年第3期，第26—29页。

四部法。这些做法虽然解决了新书分类的问题，但并不适应中国的国情，尤其是对中国传统古籍的分类，存在多种问题。刘国钧曾指出："采用西人之成法，则因中西学术范围方法问题不同者太多，难于一一适合，勉强模仿，近于削足适履。"[①] 李小缘认为："四库分类，不足以利新科学之发展，全采西法亦不适于所谓'国学'书籍之用，于焉所谓新式分类方法蜂拥而起。"[②]

为编制一个能解决中外古旧图书分类问题的分类法，1927 年，裘开明发表了"草《汉和图书分类法》"的第一版大纲和略例，并开始在汉和图书馆试行《汉和图书分类法》。1928—1929 年，裘开明编制了中西结合、古今一体的哈佛燕京学社汉和图书馆编目规则，形成长达 138 页的编目手册，内容包括编制字典式目录的完整程序和细节，以及各类卡片的规范格式。1929 年，哈佛燕京学社董事会通过的学社未来五年发展规划《哈佛燕京学社备忘录》明确指出，在哈佛大学和燕京大学的哈佛燕京学社的图书馆使用统一的分类法与系统。[③] 在完成哈佛燕京学社汉和图书馆编目规则的基础上，裘开明于 1931 年编撰出版《中国图书编目法》。为统一两馆的分类编目体系，1930 年，燕京大学图书馆馆长田洪都与哈佛燕京学社汉和图书馆馆长裘开明探讨两馆采用同一分类体系的可能性。1930—1931 年裘开明在北平作为燕京大学图书馆特别顾问，帮助该馆重新组织了分类法和编目法。燕京大学图书馆采用了哈佛燕京学社汉和图书馆的图书分类法、编制目录卡片的规则和形式，并根据哈佛燕京图书馆分类法和编目法改编燕京大学图书馆目录。1931 年燕京大学图书馆正式采用《汉和图书分类法》分编中、日文书刊，并一直沿用。[④] "中日文书籍杂志分类，用裘

---

① 蒋元卿:《中国图书分类之沿革》，上海：中华书局，1937 年，第 204 页。

② 李小缘:《中国图书馆事业十年之进步》,《图书馆学季刊》1936 年第 4 期，第 519 页。

③ Memoranda. Harvard-Yenching Institute Summary and Explanation. April 5, 1929. Harvard-Yenching Institute Archives: Yenching University Annual Report 1928-1947. in China.

④ 张玮瑛、王百强、钱辛波:《燕京大学史稿》，北京：人民中国出版社，1999 年，第 419 页。

开明所编制哈佛大学汉和文库书籍分类法。西文书籍杂志分类，用杜威十进分类法。中、日、西文书籍杂志编目，概用卡片制。”[①] 哈佛燕京图书馆与燕京大学图书馆分类编目的统一，为共同推进两馆的馆藏资源建设创造了条件，也为文献资源的共享与利用研究奠定了基础。

此外，为更好地开展教会大学图书馆间资源的共建与共享，沟通哈佛燕京图书馆与中国各教会大学图书馆间的联系，1947 年，在对 13 所教会大学图书馆的考察报告中，哈佛燕京学社敦促各教会大学图书馆开展更多的合作，以避免重复收藏，建议采取的措施包括涵盖所有学校图书馆的联合目录卡片，设立一个负责接受和分发海外捐赠图书和期刊的中央管理局、一个中央采购办公室和一个中央编目部门。[②]

2. 联合印制中文卡片目录计划

1927 年，鉴于手写卡片目录人工成本较高且效率较低，裘开明创建了以 Ditto 复制主单元卡片的中日文卡片目录编制方法。这种单元卡制仅需编制一张描述全部书目信息的主单元目录卡片，然后根据需要复制若干张卡片即可生成不同类型的卡片目录，从而取代过去同一种书籍需要手写 4—5 张不同形式卡片的状况。1928 年，哈佛燕京学社汉和图书馆成为世界上第一个提出和采用机械复制中文书单元目录卡片方法的图书馆。[③] 1929 年哈佛燕京学社董事会通过的《哈佛燕京学社备忘录》提出设立书目办事处（Bibliographical Bureau），负责联接哈佛燕京学社汉和图书馆和燕京大学图书馆。主要工作包括：①在两个图书馆开展中文和西文书刊的联合目录编撰工作，遵循统一的分类法系统，分类法由两馆馆长负责制定；

---

① 田洪都：《图书馆概况》，《燕大年刊》，1940 年，第 150 页。

② 樊书华：《文化工程：哈佛燕京学社与中国人文学科的再建：1924—1951》，北京：北京大学出版社，2017 年，第 190—191 页。

③ 王蕾：《哈佛燕京图书馆裘开明的中文图书卡片目录计划及其历史影响》，《图书馆论坛》2017 年第 12 期，第 44—53 页。

②设于北京的书目办事处完成期刊、别集、笔记中论文题名的分析索引卡片，副本供哈佛的学社在哈佛的学社图书馆使用；③设于哈佛的书目办事处可将汉学著作、评论和论文的简介加注于卡片上，副本送往学社在燕京的图书馆使用。并建议在下一个发展阶段出版这些分析目录，提供给其他图书馆使用[①]。

1931 年 7 月，哈佛燕京学社汉和图书馆馆长裘开明与燕京大学图书馆馆长田洪都协商达成联合翻印哈佛燕京学社汉和图书馆目录卡片的合作协议，田洪都草拟了《关于在哈佛和燕京印制哈佛燕京学社图书馆馆藏中日文图书目录卡片的计划》，阐述计划的必要性、工作地点、工作方式、程序以及预算等，提出每种图书需要 10 张卡片，两馆每种图书共需 20 张卡片，成本总计约 5250 美元。田洪都建议改为平版印刷或活字印刷，在中国印刷卡片。一方面是因为中国人力资源成本较低，所缺活字可现场补齐；另一方面是可利用中国其他图书馆的书目，并可向中国其他图书馆提供目录卡片服务[②]。在洛克菲勒基金会支持下，自 1931 年起，哈佛燕京学社图书馆不断将馆藏目录卡片寄往燕京大学图书馆进行翻印[③]，1931—1936 年间共复制大约 4 万张卡片[④]。这一联合翻印目录卡片的合作不仅使燕京大学图书馆拥有了哈佛燕京学社汉和图书馆的全部汉和馆藏目录，而且为燕京大学图书馆帮助哈佛燕京学社汉和图书馆采购中文书籍的查重工作提供了方便，也为其后在北平印制哈佛燕京学社汉和图书馆书本式目录奠定了

① Memoranda：Harvard-Yenching Institute（Confidential），William Hung，Cambridge，April 1，1929. See：HYI Archives：File：William Hung 1928-1929.

② Chinese-Japanese Collection of Harvard College Library at Harvard University：Annual Report of the Librarian（July 1，1930 to July 1，1931），submitted by Hung-tu Tien（Acting Librarian），July 1，1931. See：Chinese-Japanese Library of the Harvard-Yenching Institute at Harvard University：Annual Report of the Librarian，First to Tenth，1927-1936.

③ 哈佛燕京学社汉和图书馆.汉和图书馆1930年年度报告：1930. Cambrige，Mass：Harvard-Yenching Institute Archives.

④ Alfred K'aiming Ch'iu. Letter of Alfred K'aiming Ch'iu to James R oland Ware：April 22，1937. Cambrige，Mass：Harvard-Yenching Institute Archives.

基础。

鉴于国立北平图书馆馆藏资源的绝对优势，裘开明建议燕京大学图书馆应与国立北平图书馆合作开展该项计划，还可与北平所有图书馆合作，复制馆藏图书的目录卡片，形成由燕京大学图书馆和国立北平图书馆牵头的北平所有图书馆卡片式联合目录计划，[①] 这个计划可覆盖当时 90% 的中文图书，不仅有助于节约每个馆单独编目和制作卡片的大量成本，而且有助于解决确定作者、版本、出版时间等的问题。出于种种原因，该项计划最终并未实行。尽管如此，裘开明的建议对后来国立北平图书馆启动的中文卡片目录计划仍有不可忽视的参考价值。[②]

哈佛燕京学社汉和图书馆与燕京大学图书馆联合编制中文卡片目录计划，不仅构筑了中美图书馆间的中文图书编目合作桥梁，而且推动了国立北平图书馆中文卡片目录计划的实施，为当时全国图书馆的联合编目和卡片目录发展作出了有益探索和重要贡献。[③]

六、哈佛燕京学社对教会大学图书馆建筑与设备发展的支持

哈佛燕京学社的经费原则上不资助建筑计划，但在实际运作中，部分教会图书馆由于建筑扩建和设备更新需要会向学社申请特别资助。1930 年，哈佛燕京学社董事会同意将限制资金的一部分用于资助完善华西协和大学图书馆——懋德堂，即赖蒙德图书馆和哈佛燕京博物馆（The Lamont

---

① 裘开明，田洪都 . 哈佛大学哈佛燕京学社汉和图书馆馆长年度报告（1930 年 7 月 1 日至 1931 年 7 月 1 日）: 1931. Cambrige, Mass: Harvard-Yenching Institute Archives.

② Alfred K'aiming Ch'iu. Memorandum on the Harvard-Yenching Institute Chinese Card Project. 程焕文编 :《裘开明图书馆学论文选集》，桂林：广西师范大学出版社，2003 年，第 176 页。

③ 樊书华 :《文化工程：哈佛燕京学社与中国人文学科的再建：1924—1951》，北京：北京大学出版社，2017 年，第 190—191 页。

Library and Harvard-Yenching Museum），包括设备、家具、书籍、地图和博物馆器物、人事费用等。[①]1937 年，哈佛燕京学社社长叶理绥访问齐鲁大学，校方向学社申请资助扩建图书馆，叶理绥批准学社增拨 1 万美元（10 万法币）用于扩建包括研究人员办公室、古物陈列室和专门收藏哈佛燕京学社出版物的图书馆在内的建筑。[②]

1945 年抗日战争胜利后，教会大学图书馆由于战时西迁或南迁，图书资料损失严重，面临着找回和重建的困境。哈佛燕京学社董事会联合中国基督教大学校董联合会制定了 13 所教会大学的战后恢复计划，并于 1946 年拨付 25 万美元的紧急援助金，其中的 17.5 万美元给联合董事会，用于支持其中 11 所教会大学。金陵大学利用哈佛燕京学社资助的 55000 美元搜寻图书馆的藏书，建设书库，修复其他校园建筑等。同时哈佛燕京学社对 6 所合作大学及华中大学的重建给予了特别关注，并追加 25 万美元专门用于其战后及长期复兴，资金优先用于提升建筑、图书馆的修复和建设等。[③]

七、结语

档案资料是开展图书馆史研究非常重要的第一手资料，具有极高的史料价值。教会大学图书馆是中国较早具有近代意义和性质的图书馆，是中国近代图书馆事业的重要组成部分。由于教会大学图书馆特定的社会地位与功能，其在创办和发展的过程中留下了非常丰富、系统的档案资料。因

---

① Report of the Chinese Department to the Harvard-Yenching Institute 1931-1932. 亚联董档案：RG011-281-4424a：798.

② Shantung Christian University（Cheeloo University）Sinological Research Insititute Seventh Yearly Report. 亚联董档案：RG011-246-4017：302.

③ 樊书华：《文化工程：哈佛燕京学社与中国人文学科的再建：1924—1951》，北京：北京大学出版社，2017 年，第 185—188 页。

此利用档案开展民国时期中国教会大学图书馆的研究既具有其重要性和必要性，同时也具备了坚实的史料基础。但由于语言上的障碍以及档案利用的限制或不便，当前直接利用档案开展教会大学图书馆史研究的成果还相对较少，已有的研究所依据的资料也大都局限在国内所藏的档案，对海外藏相关档案利用较少。因此我们必须高度重视对海外藏教会大学图书馆档案的整理、研究与利用，以期与国内所藏档案相互印证，相互补充，共同研究与梳理教会大学图书馆在推动中国图书馆近代化，促进中西文化交流等方面所发挥的重要作用。

网络环境下哈佛大学图书馆信息资源建设初期概况

张岩（北京大学图书馆）

笔者有幸于 2002 年 3 月到 2003 年 2 月由北京大学图书馆派往哈佛大学哈佛燕京图书馆访问学习一年，期间正赶上哈佛大学数字图书馆实验项目（Library Digital Initiative）中重要成果——哈佛大学图书馆联机系统（Harvard Online Library System）开发完成并开始使用。通过亲身感受和学习研究感到，哈佛大学图书馆作为美国历史最悠久、综合排名第一的研究型图书馆，面对数字化网络环境的挑战，在机构设置 、数字资源建设、新系统的启用、资金分配等方面都作了细致的工作。下面分别就这四个方面加以介绍。

一、机构设置

哈佛大学图书馆于 1638 年成立，之后又分别成立了医学院、神学院、法学院、商学院、设计学院、政府学院、教育学院等图书馆，这些图书馆统称为哈佛大学图书馆。它的分馆制度是一开始就形成的，如同美国的州与联邦政府的关系，各分馆在业务上相对独立，行政上隶属各院系。由于资金雄厚，以前对印刷本资源往往不协调，而是根据所在学院教师和学生的需要购买，因而有多个图书馆收藏同一种文献的情况。

面对数字化、网络化的挑战，哈佛大学图书馆的决策者们发现，有许多问题不是一个分馆应该解决和可以解决的，需要成立一些新的部门，为全校的分馆服务。正如时任哈佛大学图书馆馆长指出的“协调的分散”，哈佛各个学院在重点馆藏、馆藏发展政策方面继续支持各自的图书馆，同时在信息技术、数字收藏及保存方面通过哈佛大学图书馆协调。于是哈佛大学图书馆也有了自己的四个实体，它们是：哈佛大学文献存贮中心（Harvard Depository）、信息系统办公室（Office of Information System）、哈佛大学档案中心（Harvard University Archive）、文献保护中心（Weissman Preservation Center）。

1. 哈佛大学文献存贮中心（HD）

哈佛大学图书馆的馆藏从 1988 年到 1998 年增加了 38%，校内图书馆已经没有空间存放新增加的馆藏，于是哈佛大学在距离剑桥 30 公里远的地方建立了一个集中储藏中心，即 Harvard Depository（简称 HD）。HD 采取高密度存储，根据需求，第二天将所需要的文献送到学校。HD 是哈佛大学图书馆的创新，已经为许多历史长、藏书量多的大学图书馆效仿。事实上很多馆藏空间有限的图书馆都可以学习。HD 决不是把馆藏进行高密度储存就万事大吉了，哈佛大学图书馆意识到，当印刷本馆藏不能被浏览时，它的利用率将下降。所以对存放在 HD 的印刷本资源尽可能提供全面的、智能化的揭示，并显示在公共查询目录上，同时在 HD 管理上采取先进的自动化技术，既最大限度地保存图书，又在收到借阅命令后迅速将书调回学校，交给读者，提高文献的利用率。

HD 集合了一系列不同技术，在数字信息资源与印刷资源并存的环境下进行系统与服务的整合，为教学、科研提供最大可能的帮助。HD 的积极意义还在于，它的建立推动了哈佛大学新的图书馆管理信息系统（HOLLIS）的建立，加快了哈佛大学进行数字信息资源建设的速度。

2. 信息系统办公室（OIS）

OIS 是信息系统办公室的缩写，是哈佛大学第一代图书馆信息管理系统的开发者，它当时的主要任务就是开发信息系统和维护计算机的使用，这一系统基于 DOS 操作系统，1985 年开始投入使用。2002 年开始使用基于 WINDOWS 操作系统的新系统 ALEPH，因为系统非常复杂，学校采取了购买的办法，由专业的软件公司根据特殊需求进行开发，那么 OIS 的作用是否下降了？否！因为数字化、网络化使他们更忙了，承担的任务更多了。

OIS 是哈佛大学数字实验项目的具体执行单位，大量基于新系统的辅助系统的开发、测试、培训、使用等工作要做，大量的图书馆网络基础设施也是他们的工作内容，除了这些 IT 技术的硬件外，OIS 还承担了数字信息资源的协调工作。具体讲就是，任何分馆购买电子资源必须通过 OIS，由其代表哈佛大学与联盟图书馆一起与经销商谈判。电子资源购买后，由 OIS 负责安装，并允许每个分馆使用。购买的需求是根据教师、研究生、研究人员的要求，但购买电子资源时技术因素也起了很重要的作用，这就不是教师、研究人员甚至图书馆馆员可以胜任的。OIS 代表哈佛大学图书馆，在综合考虑系统兼容、输入输出界面等技术的基础上，与联盟图书馆成员一起与经销商进行谈判，确定镜像的存储位置，并与成员确定分摊成本的办法等。在购买后，先通过图书馆编目，再由 OIS 设置检索入口放到网上，供各个图书馆使用。

3. 哈佛大学档案中心（HARVARD UNIVERSITY ARCHIVE）和文献保护中心（WESSIMAN PRESERVATION CENTER）

这两个机构主要为数字化文献的保存提供建议和服务，这充分体现了哈佛大学图书馆对数字资源保存的重视程度。哈佛大学图书馆在发展电子资源时非常小心谨慎，尤其对没有印刷本的电子资源，保存是他们最关心的问题之一。毕竟，信息资源的保存是图书馆的重要职能之一，就像时任哈佛大学图书馆馆长所说：“图书馆在某种程度上是被动的，图书馆不创造历史事件，甚至一开始也不记录这些事件，图书馆不出版报纸、图片、杂志。但图书馆收藏这些纪录（包括事件的解释），尽量准确、完整地收藏下来，以便为将来的读者所用，让他们去了解发生了什么。”

二、数字资源建设情况

1. 建设的背景

哈佛大学图书馆数字资源建设是在以下背景下开始实施的：（1）哈佛大学的决策者认为，过去哈佛大学图书馆提供了最好的传统文献服务，在网络环境下仍然要提供最好的服务。应该更多地收藏数字资源，使收藏数字资源与收藏传统资源一样容易。（2）HD 的建立，暂时解决了部分馆藏空间问题，但如上文所述，由于不能进入书库浏览，文献利用率将下降，图书馆急需增加浏览的办法，电子资源是一个很好的出路。

2. 电子资源的引进

哈佛大学图书馆的传统馆藏非常丰富，2002 年哈佛大学图书馆拥有的图书、期刊已经超过 1400 万册，现刊 9—10 万种，还有数百万的缩微胶卷、手稿、地图、照片、幻灯片、音像资料、讲演稿，其馆藏来自全球所有的地区，多达 458 种语言，覆盖所有学科领域，光中东部门就收藏了 40 多种语言的文献。因而，在上世纪 90 年代初期引进电子资源时，曾遭到教授的反对，他们认为“电子资源不是哈佛大学的发展方向”，“担心电子资源的发展会影响印刷本的收藏”。在这种情况下，哈佛大学图书馆发展电子资源时非常小心谨慎，在由各分馆馆长、所属学院院长、教师和学生组成的图书馆指导委员会综合论证后，选择购买那些确实有利于教学、科研，且利用率非常高的数据库。

这些引进的电子资源都是先编目，再由自动化办公室（OIS）设置可链接的网址，读者能在 OPAC 上检索到所有的电子资源。同时，这些电子资源通过用户名和密码登录，这就使读者无论在哪里，只要能上网，就可享用其电子资源，大大方便了住在校外的教师、学生。事实证明，这样的数据库越来越受到教师、学生的青睐。哈佛大学图书馆之所以对电子资源的引进采取谨慎的态度，一方面是因为电子资源的保存、版权等许多问题还有待解决，另一方面是哈佛大学图书馆的决策者必须要考虑如何使哈佛大学的教师、学生利用电子资源像利用传统资源一样容易。

3. 特色馆藏的数字化

在特色馆藏数字化进程中，哈佛大学图书馆首先遇到的是如何选择特色馆藏。正如时任哈佛大学文理学院图书馆馆长所说，“由于特色馆藏很多，选择优先进行数字化的资源是一件困难的事情，特色馆藏数字化的投入效益还不能很好地计算，是根据稀有性还是广泛性还是易损性等需要综合考虑”。鉴于此，哈佛大学将各图书馆、档案馆和博物馆收藏的稀有的、易损坏的照片、绘画、档案、手稿、录音资料优先数字化。

三、新一代图书馆信息管理系统（HOLLIS）

哈佛大学由众多相对独立的图书馆组成，面对网络环境，哈佛大学图书馆的决策者担心一些分馆在进行数字信息资源建设时，由于缺乏集中的基础设施来支持数字信息资源的收藏，可能导致许多分馆的电子资源相互重叠、相互冲突。决策者认为这不仅是对哈佛大学整体资源的一种浪费，同时让读者面对支离破碎的数字资源，是对读者的损害。为此，哈佛大学图书馆决定建立新的信息管理系统（Harvard online library information system，简称 HOLLIS）来整合数字资源，优化数字资源配置。

2000 年 11 月，哈佛大学图书馆经过调研，购买了 Exlibris 公司的 ALEPH 系统。从正式购买到 2002 年 7 月开始启用新系统，历时 1 年半开展系统测试、明确培训需求、撰写培训教材、推荐新系统，还组成了规模庞大的系统培训队伍，负责分馆人员的培训。计划和实施 ALEPH 所需的时间已减慢了其它数字化工作的进程，但哈佛大学图书馆的决策者认为：建立一个可操作的、健全的、适合数字资源整合的平台是必不可少的。没有这样的平台来支持和管理数字资源，所有的努力等于白费。

新一代哈佛大学图书馆信息管理系统即 HOLLIS 既为读者营造了一个“数字资源环境”，又将数字资源和传统资源进行整合，将数字资源并入到传统资源中，实现“无缝（Regardless）”检索。除联机公共查询目录（HOLLIS Catalog）、哈佛商学院联机目录（Baker Library），还建立了 3 个收藏数字化馆藏的数据库（VIA、OASIS、Geospatial Library），并已实现不同数据库之间的跨库检索，使各个数据库能在同一平台上检索。

四、充足稳定的资金来源

哈佛大学图书馆已经有 300 多年的历史，其资源建设的资金由众多的基金提供。每年的购书经费由基金利息的一部分支出，利息的其余部分计入下一年本金，经过多年的发展，数量相当可观。而且每年向图书馆捐款的非常多，从哈佛大学图书馆年度报告中，捐款在 1000 美元以上的人员非常多。各图书馆进行电子资源建设的资金来源渠道有：

1. 馆藏建设资金的重新配置。比如哈佛燕京图书馆为了购买《四库全书》电子版，从原有的购书经费中拨出一部分用于购买。

2. 学校增加的资金。1997 年由资深的各分馆馆长及管理者组成的委员会向学校提交了建立数字实验项目的报告，1998 年校长批准了 1200 万美元用于支持这一项目。

3. 参加图书馆联盟。哈佛大学哈佛燕京图书馆与美国东北部地区耶鲁大学、哥伦比亚大学、普林斯顿大学等 9 个大学的东亚图书馆组成联盟联合购买了中国期刊网。通过联合购买、费用共担的方式，降低了购买成本，相当于间接获得了资金。

亲历哈佛燕京参考服务

汪雁（武汉大学图书馆）

30年前，在考虑读研方向时，我选择师从武汉大学图书馆学系教授詹德优先生，学习参考服务理论与方法。那时的我，认为这是图书馆学体系里面最有学术深度以及最能学以致用的分支之一：人类智慧的精华汇集在古往今来各种中外文参考工具书里面，一旦掌握这些大部头的使用方法，那么在知识海洋里就能够无往而不胜了。虽然这种认知在今天看来十分幼稚，但促成我与图书馆参考服务工作结下不解之缘。

毕业踏上工作岗位，我进入了学校图书馆的信息中心（即参考咨询部，当时时髦的称谓）。除了做文检课教学和科技查新外，这个部门的主要业务就是向校内外读者提供各类型参考咨询服务，我算是专业对口，成为了一名参考馆员。随着时间的推移，我的工作地点先后在武汉大学工学分馆、总馆、理科分馆和医学分馆转换，岗位名称也变成学科馆员，不过从事的业务工作并没有实质性变化，即围绕读者个性化需求提供各种层次的参考服务。

作为一个普通的参考馆员，波澜不兴的的职业生涯延续了20年之后，我却突然迎来高光时刻：2012年5月，我被遴选为下一年度哈佛燕京图书馆文怀沙项目访问馆员！感谢郑炯文馆长和燕今伟馆长，感谢文怀沙先生，2012年底，我满怀朝圣之心，赴美亲历世界顶尖研究型大学图书馆参考服务。

在波士顿期间，郑炯文馆长分阶段亲自安排我的工作，帮助我由浅入深逐步了解哈佛燕京的各项工作环节。结合我的职业背景和哈佛燕京的工作需要，郑先生将我的进修重心放在读者服务和参考咨询方面，并请杨丽瑄老师和马小鹤先生分别担任我这两项业务工作的导师，名师的悉心指导使我受益颇深。工作期间，我还得到王系老师、宋小惠老师、邹宗光老师、刘京京老师等哈佛燕京同事在工作上的指教和生活上的关照，再加上邹新明、龙向洋、刘波、王大学、秦瑞芳等访问学者家人般的陪伴和照拂，我在异国他乡顺利度过了永生难忘的一年。以下就简单记录下让我印象最深的几段记忆。

图 1　参观 HD

一、哈佛燕京图书馆的参考服务

初到哈佛燕京图书馆，周遭的一切是那么的陌生，又是那么的亲切。陌生的是这个闻名遐迩的东亚文献资源重镇的浩瀚馆藏和曲径通幽的格局，亲切的是每一位馆员和善的笑靥和真诚的相助。和我同期访问的北大邹新明老师，戏称自己刚到这里如初生婴儿，懵懂无知，这真是一个很生动贴切的比喻。幸运的是，降生（身）的这个环境养分丰盈，我们得以快速成长。

我在哈佛燕京的工作，主要是两部分：一个是跟随杨老师学习实践 Public Service 各方面事务，并且承担数字化项目的部分数据加工工作，另一个部分是跟着马先生做 Reference。

在美国，Public Services 包括了流通阅览、指向性参考咨询等读者服务。在哈佛燕京图书馆，除了善本阅览服务外，几乎所有的读者服务工作，包括纸本书刊、数据库、缩微资料、声像资料的借阅服务，都集中在 Circulation Desk 提供，方方面面的读者咨询问题（深度咨询除外）也都在此解答。并且，Circulation Desk 类似联系读者和各业务部门的枢纽，读者和采访编目技术部门之间的互动沟通都是借助这里实现的。

我在国内工作期间一直是一个内部工作人员的角色，做参考咨询主要是通过电话、邮件、QQ、CVRS 等形式，与读者面对面的机会极少。刚到哈佛不久，我便被安排在 Circulation Desk 轮值，直面哈佛师生以及慕名而来的全球读者，每天应对各种咨询问题，感觉这份工作充满了挑战。在杨老师的帮助下，我在很短的时间内学习掌握了哈佛燕京的馆藏布局以及相关服务项目的具体运作情况，争取做到值班时能够有问必答。一开始我私心里认为在 Circulation Desk 每周值班时间过长，后来渐渐觉得付出的时间非常值得，有利于我弄清整个图书馆的各个工作环节。因为不时需要就读者提出的疑问与各部门联络，也使我与哈佛燕京的同事们很快熟络起来。

按照哈佛的管理规则，包括本馆工作人员在内的所有人员出入图书馆，必须例行核查 ID 证件以及打开随身背包安检。在哈佛燕京图书馆，承担查验工作的是 Circulation Desk 当班工作人员。这类检查貌似严苛，但值班馆员亲切友好的问候和礼貌热情的态度化解了尴尬，读者也往往以坦诚会心的笑容回应，融洽的氛围反而营造出一种愉快的仪式感。不过这个规则对郑先生例外。郑先生的馆长办公室在图书馆门禁外，有事入馆经过 Circulation Desk 时，他首先向工作人员严肃地颔首示意；接着，系领带、着正装的他会停下来花几秒时间认真地扶正被读者坐歪的电脑椅，或者以一丝不苟的派头整理一下暂存书架上略为倾斜的图书，仿佛在警示工作人员应恪尽职守，用心维护哈佛燕京图书馆严谨的学术风范。

在哈佛燕京 Circulation Desk 的对面，有一张 Reference Desk，每周一到周五下午 1 点半到 4 点期间，各有一位参考馆员在此值守，为读者提供深度参考咨询服务。轮班的除了马先生、杨老师外，还有日文部、韩文部和越南文部的主任。据我的观察，固定时间到访做咨询的读者并不多。后来看了哈佛图书馆网站上列出的所有图书馆的开放时间，才发现总馆和大多数专业分馆都有 Reference Desk 的服务时间安排，这充分体现了作为研究型图书馆的哈佛大学图书馆以人为本、重视专业参考咨询服务的理念。

完成 Public Services 工作之外的时间，我师从马先生学做 Reference，得以了解哈佛燕京的专业参考咨询服务。马先生主要负责中文文献资源建设以及参考咨询服务。如大家所知，他其实是一名资深的历史学家，其深厚的文史专业基础、对馆藏资源和相关网上资源的熟稔，以及提供深度专业信息服务的高效快速，给我留下了很深的印象。马先生在全球东亚图书馆界及文史学界颇有人脉，经常收到来自世界各地的各种咨询问题，他解答问题时会抄送一份给我，或者合适我回复的问题，他也会要我试着解答，令我学到很多。他对我十分关照，我的 Harvard ID 因故好久都没有办下来，不能借书，他借了不少书送给我看，还亲自带我去费正清图书馆、地图部等其他图书馆查资料，开阔我的视野，给予我很多指导。

我出国前的岗位是学科馆员，所以很想了解全球顶尖的哈佛大学图书馆的学科馆员制度是如何运作的。在给燕馆长的汇报邮件里，我提及此事，燕馆长回复说："一年的时间能够把燕京图书馆的各个环节搞清楚，也就算是完成了任务。马老师的工作是很标准的书志馆员的工作模式，跟着马老师做应该会很有收获。我们把学科馆员的概念用得比较宽，他们则把参考馆员分为联络人、咨询馆员、书志馆员等多个层次，只有书志馆员才称得上学科馆员。”燕馆长的指点令我茅塞顿开。从国内图书馆界的视角来看，马先生就是一位资深的学科馆员，中文书刊采选、读者教育、深度参考咨询、专题文献研究等工作样样精通。

马先生向我介绍过，他曾经指导之前的访问馆员，给东亚系教授的课程提供教学辅助专题研究资料：借助哈佛燕京珍藏的东亚研究文献资料，围绕课程的某个专题把相关资料进行深度整合和揭示，从而襄助教学，受到教授和学生的好评。对照国内图书馆的说法，这就是嵌入教学研究的学科服务吧。因为马先生多年积淀的深厚的史学研究功底，使他做起这类服务驾轻就熟，形成的成果堪称精品。而像我这种只学过图书馆学、缺乏其他学科专业背景的馆员，要做起这类知识服务型的深层次参考咨询服务却是先天不足。专业的学习积累非一日之功，如果想要在专业参考咨询工作方面有所作为，必须付出长期的全身心的努力。哈佛借书是没有册次限制的，在 Circulation Desk 工作期间，我发现马先生图书借阅量非常可观，经常借还图书，每天上下班背包里都装着不少专著。这种持续学习持续研究的学者型参考馆员风范着实令人钦佩。

提及哈佛燕京的参考工作，主要负责人除了马先生、杨女士及其它语言部门的主任外，还有一位重量级人物，就是馆长郑炯文先生。哈佛燕京图书馆每学期开学都有一项重要的活动，即 Orientation。活动中向来访的学者和深造者介绍图书馆历史与现状、资源和服务等事项的领衔者，便是郑先生。讲授过程中，郑先生目光灼灼，满是自豪与自信。在学期中，郑先生还会亲自带领几位部主任到哈佛燕京学社开冷餐会，在宴请学社访问学者的同时，征求大家对哈佛燕京图书馆资源建设与读者服务的意见和建议，现场解决学者们在文献资料利用方面的困难和疑问。郑先生率先垂范主动为读者提供参考服务的精神，令来自世界各地的访问学者们称誉不已。

二、幸会参考服务专家戴龙基馆长

2013年1月下旬的某天，马小鹤先生兴冲冲地告诉我，时任澳门科技大学图书馆馆长戴龙基先生联系他，委托代为调研哈佛的中国古地图资源收藏情况，这个事情我可以参与，当时我的兴奋之情油然而生。在我心目中，戴馆长不仅是首屈一指的图书馆学专家，而且是图书馆参考工作界的神级人物。读研时我接触到的第一部专业著作《参考工作导论》，便是戴馆长在北大时主持翻译的，可以说是求学时未曾谋面的师长。我居然能够参与到马先生为他提供的咨询工作里面来，真是意外之喜。

在马先生的示意下，我检索了哈佛的馆藏书目系统HOLLIS，把其中涉及到的中国古地图的馆藏信息进行汇集整理，发给戴馆长参考。戴馆长收到邮件非常高兴，写来热情洋溢的长信谈起他对这项工作的设想，鼓励我以此为起点，做出点事情来。其实当时戴馆长面临着资源、财力和研究人才等多方面的困难，并不确定能否启动和运作这个项目，但是他依然很坚定地想要开始这个事情。在2013年2月5号发来的邮件末尾，他写道："总之，我们先从最简单的开始吧，先收集和摸底，先做预研究，能做多少就做多少，总归是有收获的。好在这个领域对于当前很热的数字化研究中，相对来说，还是算一个'空白点'，还有很多东西有待挖掘。特别是和中外文化交流结合起来，就更有内涵了。我们就从这里开始吧。"

邮件中他还提到这件事情的起源："我也是多年前在哈佛参观该校的地图图书馆，为其巨大之馆藏所震撼，于是想到了有关中国的历史地图，也做了一点调查，同时，也看到了美国国会图书馆东亚部所藏部分有关中国的历史地图（就是由北大历史系教授李孝聪编写的那些资源）。最近在澳门由澳门博物馆展出的早期访华传教士所绘中国地图等，也在学界引起关注。澳门又系中国近现代中西文化交汇之聚点，目前澳门在资源的收集和研究方面也正在一个发展阶段，因此萌发了系统收集一些相关资源的想法，于是就旧话重提，重新开始讨论有关中国历史地图的事情。”

2013 年中，戴馆长带着年轻的馆长助理杨迅凌，风尘仆仆地造访哈佛，调研哈佛中国古地图资源收集和整理事宜，受到了郑馆长的热情接待，我也得以近距离感受戴馆长儒雅谦和的学者风采，幸莫大焉！

最近几年，我从网上了解到，戴馆长搜集整理研究澳门古地图资源的足迹，从北美扩展到了欧洲的英国、法国和梵蒂冈等国家，其工作已然立项命名为“全球地图中的澳门”，被列为澳门科技大学承担的澳门基础研究重大项目“全球史与澳门”下的子项目之一。这一项目如今硕果累累：从哈佛图书馆、美国国会图书馆、法国国家图书馆、梵蒂冈宗座图书馆等处的珍藏中收集了数千幅珍稀古地图以及文献资料，出版了两部专著《驶向东方：全球地图中的澳门》和《明珠星气、白玉月光：全球地图中的澳门》，组织召开了多次国际研讨会和全球古地图珍品展，其成就引起了各界人士的广泛关注和赞许。看网上的报道，戴馆长正计划将此项目继续推进，把系统收集研究古地图的范围扩大到历史上与澳门有密切联系的其他亚洲国家和地区，目的不仅是形成澳门科技大学图书馆的特色收藏，更是为澳门乃至中华历史文化的研究与教育作出贡献。

现在回过头去看这件事情，戴馆长真是用行动诠释了什么是“不忘初心”。虽已年逾古稀，但是戴馆长仍凭着一片赤诚之心，在条件困难的情况下执着于事业上的追求，令人敬佩！从参考馆员的视角来看，专题文献资源的收集整理与研究是一种深层次的研究级别的参考工作，对专业研究水平要求很高。作为一位著名的图书馆学专家，戴馆长以他的真知灼见和超凡的能力及毅力跨界去达成了一项令文史学界研究者都很难企及的成就，着实令人景仰，在现代图书馆史上写下浓墨重彩的一笔，也给予我等凡夫俗辈很多人生启迪。

如果没有 2013 年这次进修机会，我可能此生都无缘与戴龙基馆长谋面，更无从知晓他成就的这个功绩。哈佛燕京图书馆就是这么一个有凝聚力的地方，不仅聚集了一批人才，而且还吸引着全球东亚研究的知名人士纷纷造访。

三、到哈佛总馆参考部实习

转眼到了波士顿一年中最美的季节，秋天美丽的红叶为我带来了好运。郑馆长问我对最后阶段的工作安排有何想法，我提出希望去总馆，了解哈佛的学科馆员如何开展工作，郑馆长认为我这个没有学科背景的学科馆员是无法跟哈佛有 Ph.D 学位的专业学科馆员对等交流的，没有答应我的请求。可是不久后郑馆长告诉我：做好去总馆参考咨询部门实习的准备！原来他为此事联络了总馆学术项目服务部负责人 Laura Farwell Blake 女士，对方热情回应，表示可以接纳我到总馆 Widener 实习，并请总馆参考咨询部主任 Reed Lowrie 先生予以安排。郑馆长真是给了我极大的惊喜！

我在总馆的实习时间被确定为 11 月，Reed Lowrie 先生请年轻的参考馆员 Anna Esty 负责计划并协调我的实习项目。她从 10 月初就开始与我邮件联络，了解我的工作时间安排（11 月第 1 周郑先生安排我们几个访问馆员造访美国东部著名的东亚图书馆）和感兴趣的业务范围，用心规划，以便我能充分利用这段时间学有所得。几易其稿，她为我制作了精确到分钟的日程安排表，体现了良好的专业素养和极高的工作效率。

在总馆期间，我的实习活动主要收获是包括：

1. 参观访问哈佛最有特色的 8 个图书馆

参观的图书馆包括总馆 Widener，本科生图书馆 Lamont（文科馆）和 Cabot（理科馆）、哈佛善本图书馆 Houghton、哈佛档案馆 University Archives、比较动物学博物馆图书馆 Ernst Mayr Library of the Museum of Comparative Zoology、哈佛音乐图书馆 Loeb Music Library、哈佛医学图书馆 Countway Library of Medicine。每次参观前，Anna 都提前联系好各馆的专业参考馆员，他们的认真介绍和专业讲解让我对每个馆的特色馆藏和参考服务都有了深入了解。

Yan Wang Schedule–Widener & Lamont Libraries–November 2013

Schedule for first day, Friday, November lst:

9 AM Tour of Widener Library with Anna Esty

10 AM Go over schedule and expectations with Anna and introductions to reference staff in Lamont and Widener

11 AM desk shadowing at Widener info with Reed Lowrie

Monday	Tuesday	Wednesday	Thursday	Friday
11th Closed– Veteran's Day	12th 9 AM Lamont Desk with Emily Bell 10 AM Widener Info with Anna Esty 11:15 AM tour of Lamont Library with Steve Kuehler (meet in Lamont 210)	13th 11 AM Lamont Desk with Diane Sredl 12–1 PM observing Expos class in the Larsen Room (Lamont) with Ramona Islam	14th 10 AM Widener Reference with David Cort 11 AM meeting about support for faculty research and teaching with Laura Farwell Blake 2:45 PM consult with Fred 3:45 PM consult with Fred	15th 9:30–10:30 AM Tour of MCZ Library with Dorothy Barr 11 AM Lamont Desk with George Clark
18th 10 AM Widener Info with Fred Burchsted 11 AM Widener Reference with Ramona Islam 12:30 PM lunch with History group	19th 10 AM Widener Reference with Odile Harter 11:15 AM tour of Loeb Music 3 PM tea at Widener Café (Ground Floor, Widener)	20th 11 AM Ref Bee questions with Susan Gilman (Lamont 220)	21st 10 AM Lamont Desk with Colleen Bryant 11 AM consult with Fred 2 PM RSLT/SAP staff meeting 3 PM RTLShares (Lamont Forum Room –3rd floor)	22nd 10 AM Lamont Desk with Susan Gilman 11 AM Researcher's tea at Houghton with James Capobianco and Anna Esty 1 PM Lamont Desk with Sue Gilroy
25th 10 AM Widener Reference with Kathleen Sheehan 11:15 AM tour of University Archives with Barbara Meloni 1 PM Teaching Bee (Widener G–55)	26th 10 AM tour/meeting with Reed at Cabot 11 AM follow–up meeting with Kathleen about participatory design–at Kathleen's desk (Widener 220) 1 PM Lamont Desk with Ramona Islam	27th 10 AM Ref Bee questions with Anna Est (at Lamont Desk) 1PM tour of Countway Library of Medicine	28th closed for Thanksgiving	29th closed for Thanksgiving recess

图 2　2013 年 11 月哈佛总馆实习日程表

印象最深的是参观哈佛医学图书馆。该馆坐落在波士顿市区的哈佛医学院 Longwood 校区，我和邹新明、刘波二位老师在感恩节休假前最后一个工作日的下午冒着雨雪乘哈佛穿梭校车前往参观。尽管当天哈佛校方发布了暴雪预警，但是 Anna 写邮件告诉我们，承诺接待我们的医学馆参考咨询部主任 David L. Osterbur 先生会在那里静候我们。刚一进入 Countway 图书馆，我们便被这里恢宏大气的建筑风格和多个还原医学历史事件场景的巨幅油画所折服。哈佛大学医学院创造了医学史的多个世界第一，医学图书馆馆内的壁画油画便是这些第一例医学奇迹的生动记载。Osterbur 先生告诉我们，Countway Library 为哈佛大学乃至整个波士顿地区的医学研究者提供文献服务，他手下的参考馆员都拥有医学博士头衔，个个都是所服务的学科领域里的专家，他们每年的读者培训学时数和参与人数在哈佛一众图书馆中遥遥领先，并通过一对一深度咨询的方式为医学院师生提供学术研究帮助，此外还专注于医学各分支学科的文献资源建设和专题文献服务工作。最后，他带我们来到了图书馆顶层，这里是大名鼎鼎的《新英格兰医学杂志》编辑部办公区，与饶有特色的各种特藏阅览室和读者休闲区相比，这里显得格外朴实无华。

2. 访谈专业参考馆员

在 Anna 精心安排下，实习期间我访谈了 20 位参考馆员，包括 Laura Farwell Blake 女士和 Reed Lowrie 先生，他们拥有不同的学科和专业背景，承担着各种工作职责，涉及的工作面有院系研究与学习支持、学科服务、教学培训、日常参考咨询、政府出版物管理、学科资源建设、数据管理、学生参与的图书馆活动组织等。

3. 观摩各种参考服务工作

亲临各种参考服务活动的现场，近距离观摩了解各项业务工作的开展情况，包括 Widener 和 Lamont 咨询台值班、读者培训课程、一对一深度咨询、业务研讨活动、参考馆员工作会议等。

4. 参加多种形式的业务交流活动

哈佛图书馆的业务交流活动非常丰富，包括：总馆参考咨询部各业务小组组内成员交流、总馆与专业分馆的参考馆员业务交流，以及参考咨询部与其他业务部门之间的工作交流。这些交流会时间控制在半小时到一小时左右，主题明确，资料准备充分，议程紧凑，效率很高。交流形式多样，有下午茶会、中餐会、小组研讨会、部门例会、报告会等形式。

哈佛总馆参考咨询部根据不同的业务分成若干业务小组，每个月这些小组都会开展多种业务交流活动，比如教学交流会、培训交流会、专题文献查找交流会、咨询实务交流会等。为了加强总馆和各专业分馆参考馆员的业务学习和交流，Laura Farwell Blake 女士发起了 RTL（Research Teaching & Learning）Share 活动，即研究教学学习部分享项目活动，由加入项目组的参考馆员志愿者，根据当今大学图书馆最新研究动态，选取某些研究热点，请来已有一定研究心得的参考馆员进行分享，并引发讨论，使馆员们能及时了解、关注和研讨最新的研究议题，以此促进业务水平的提升和服务创新。

虽然在总馆的实习时间只有 3 周，但是由于 Anna 的细致安排，使我得以接触到哈佛图书馆参考服务的各个主要方面。年终我在哈佛燕京图书馆所做的工作汇报，选题为“中美高校图书馆参考咨询服务比较——以武汉大学图书馆和哈佛大学图书馆为例”，就是对这次实习收获的总结。非常意外的是，除了哈佛燕京图书馆的华人馆员参加外，我的 Presentation 迎来了三张西方面孔，他们是 Reed Lowrie 先生、Anna 以及我参观 Ernst Mayr 比较动物学图书馆结识的学科馆员 Dorothy Barr 女士。原来他们在哈佛图书馆活动日历里看到了我的汇报安排，特意牺牲了午休时间来到哈佛燕京的 Common Room。汇报结束后，Reed Lowrie 先生对我竖起了大拇指。美国参考馆员对我这个中国馆员实习及汇报活动的关注，从侧面反映了哈佛大学的包容性，他们对不同文化背景的多元文化交流非常重视。

图 3　年终 Presentation

多年前，我在国图参考服务前辈戚志芬老师的专著《参考工作与参考工具书》中了解到，1883 年波士顿公共图书馆率先设立了参考馆员，是为现代图书馆参考工作的起源。没想到我自己能够在有生之年，幸运地来到参考工作的发源地波士顿，进入闻名全球的哈佛燕京图书馆进修和学习参考工作。

最后，再一次衷心感谢郑炯文先生，以及哈佛燕京图书馆的诸位老师们，一年的访学经历助我开阔视野、启迪心智，荣幸地见证研究型图书馆参考咨询界最优秀同行的风采，鞭策我不忘初心，献身图书馆参考服务事业。

哈佛燕京图书馆的馈赠

杜远东（浙江大学图书馆）

在哈佛燕京图书馆的一年（2016 年 9 月—2017 年 8 月），我觉得受用终身。在美国，身处这个“图书馆比公厕还要多的国家”，我感受到了图书馆作为社会的一个有机组成部分的不可替代的重要性，也看到了图书馆人那份对职业的归属感。当我回忆时，发现很多琐碎的瞬间，会出现在脑海里，让我去思考和确认图书馆对我的意义。特别是郑炯文馆长看似简单的六句话，是我不小的收获。

一、“如果你有够大的私人空间，你可以把图书馆的书全部带回家”

我第一次踏入哈佛燕京图书馆大门的时候，前面刚进去一个穿着夹脚拖、拉着拉杆箱、有点儿邋遢的男孩。后来，在图书馆借还书服务台，我见他正在把一堆书从箱中取出，又装好满满当当的一箱书拖走了。那是我第一次看到这样借还书，而我发现，周围的人都非常习惯这样的场面。新学期，哈佛燕京图书馆会按惯例给哈佛燕京学社访问学者们做一个馆藏推介会，系统地介绍图书馆的历史、馆藏分布、数量、类型以及馆员服务等。我也第一次在现场聆听了郑馆长那风趣而又颇具感染力的演讲。对于大部分学者来说，哈佛燕京图书馆的馆藏量和特色，他们可能都已有所耳闻。然而，当馆长说到哈佛燕京图书馆的借阅规则时，现场都会十分惊异。因为，哈佛图书馆的单人可借阅图书数量和期限是国内任何一家图书馆都无法比拟的，甚至不可想象的——“没有限制。”正如郑馆长说的，可以“把图书馆搬回家”。这样一句豪气万丈的话，背后是强大而近乎完美的馆藏流通逻辑。

哈佛图书馆的流通逻辑，正映射了一个典型的宣扬平等与自由的国度的思维模式：一方面，图书馆极力搜罗图书资源，使馆藏稳居全国乃至全球前列；另一方面，也尽力将作为学术资源的图书流通起来，而从不奇货可居，是一个环环相扣的流通策略设计，简单说明如下：

1. 单个读者的可借图书数量没有限制，借阅期限没有限制（当然，离校前必须归还结清）；

2. 读者每年需要将所借图书送回图书馆进行更新（renew），以确认此书的借阅状态；

3. 若另有读者也预约一本状态为已借出的图书，前者就要在 15 天内归还图书馆，否则将产生罚款；

4. 前者归还的图书被借阅后，可以再预约，如此即可循环利用；

5. 若读者不归还此书，视为遗失，罚款额远高于书价。

2017 年，哈佛图书馆又进行了一次细微的流通服务调整：每年一次的 renew 要求取消；原本定为 1 美元 / 天的归还延期罚款，提高为 2 美元 / 天。可以明显地感觉到，哈佛图书馆为了实现图书的更大流通做出的进一步努力，即：更大限度地满足和便利读者，按自己的意愿获取并保留自己关注主题的馆藏资源；同时，更进一步强调这一行为以不阻碍相同主题关注者的需求为前提，以资源的高效流通来保证每个读者的使用便利。

二、“为了一个人，买了爱如生数据库”

在和哈佛本校或来访学者、学生的见面会上，我时常可以听到郑馆长在简要介绍哈佛燕京图书馆的历史和资源后，也敦促大家多多推荐图书馆购买资源，以满足自身的学术需求。对于很多来自国内的人来说，向图书馆荐购资源，一定程度上是一个耗时费力的事情。无论推荐的资源数量或者价格如何，结果都极有可能会在自己可期待的时间范围之外。而在哈佛燕京，郑馆长则会用一个例子让大家消除顾虑：曾经有一位访问学者（或是学生），跟他提出哈佛燕京庞大的学术资源竟没有爱如生的系列数据库，建议购买。于是，他积极回应这位学者的建议，以很快的速度就买下爱如生数据库，并且持续跟进，目前已经拥有包括基本古籍库在内的十多个数据库，俨然是全美甚至全球该系列数据库最齐全的图书馆。①

能够对学生学者荐购资源有如此的重视度和回应速度，一方面，与图书馆本身拥有来自哈佛大学与哈佛燕京学社的雄厚财力支持有关；而另一方面，是根植于馆长心中那强烈的服务学术的理念。

哈佛燕京图书馆的三代馆长都在恪尽每个时代赋予的使命。裘开明先生在上世纪开创了图书馆的馆藏格局，奠定了它在北美高校研究型图书馆中的地位；吴文津先生承续了使命，在哈佛图书馆的管理变革中，进一步提升了哈佛燕京图书馆的全球地位；郑炯文馆长则在图书馆飞速转型发展的新时代，在数字资源拓展、馆藏数字化和研究整理上做出了辉煌的成绩。现在，在哈佛燕京图书馆的丰富资源里，不仅有巨万的图书资源，还有十分完备的人文社科类数据库，特别是其购买的中国本土数据库资源，在中国最好的大学中，都没有几家可以匹敌。从过去到现在，哈佛燕京图书馆的成就都是图书馆积极作为和学生、学者共同努力的结果。

从我自己的经历中，也能很明显地感受到这种高效的互动。我曾经发email给哈佛图书馆荐购一本书，不到一小时，即获得了回复，知道已经抄送给具体负责购书的馆员并承诺尽快解决；而在这之后，购书馆员在每一个进展中（如收到荐购申请、联系书商、下单、书商已寄出、图书馆已收到、通知先取阅再送回编目处编目等），都会以email的方式通知我，让

① 参见爱如生官方网站简讯：http://er07.com/home/news_308.html。

我保持相关信息的同步。即使是从海外来的书，我也在不到一个月内就取得了。

三、“即使只为一个人，我们也要到齐”

哈佛燕京图书馆持续举办馆藏服务推介会，每年大大小小好多场。曾经有一次，在哈佛大学的另一个图书馆分馆 Lamont Library（拉蒙图书馆，第二大本科生图书馆）做的推介会，由于天气原因，又因为是期中阶段、前期相关专业的读者基本上都已经听过，所以临到开始时间，只有一位姗姗来迟的女生。

即使是为了一个人，哈佛燕京图书馆做中文资源推介的常规阵容也是一个都不少：馆长郑炯文先生，主管数字资源服务与获取的杨丽瑄女士，古籍阅览室主管王系女士，中文资源采编主管马小鹤先生，还有我们见习的访问馆员们。既然是量身定制版的 VIP 服务，大家又临时改变形式，缩短介绍环节，重点做对答形式的交流，解决了这位读者很多非常细微的问题。

四、“随他们去，我们继续做我们的”

在访问的一年里，我一半时间做古籍数字化项目，一半时间体验其他工作。这一年对我来说是十分不同的一年，同时，对哈佛燕京图书馆来说，也是意义非凡的：截止 2017 年 8 月，哈佛燕京图书馆中文古籍善本数字化工程历经十年，终于完满结束。哈佛燕京图书馆的中文古籍善本收藏通过网络，实现了与全球读者零距离。

当大家竞相将各家媒体的报道给郑馆长看时，他总是沉默地浅笑着。十年岁月，已经有力地证明了郑馆长的远见卓识，然而，这并不是终点，是又一个起点。

由于哈佛燕京图书馆所有的古籍书影图像，在网上都是开放获取的，甚至有点击即可下载发送至私人邮箱的功能，不久就有学者们反映，哈燕的古籍电子版，已经在国内网络上看到非法“盗版”售卖的，且价格不菲。我想，这种情况，很是令人担忧和焦虑。然而馆长听后，迅速地回应：随他们去，我们继续做我们的。这个继续，即另一个开始。从这一年开始，哈佛燕京图书馆开始全面关注并规划数字人文方向的工作：哈佛燕京图书馆的访问馆员不再是传统的古籍整理和采访编目类馆员，更多的是兼具数字处理和研究技能的馆员；图书馆内成立了专门的数字人文小组，和馆外的专业人员们，如 CBDB 工作组以及哈佛大学图书馆其他分馆的数字人文工作进行交流学习；尝试以哈佛燕京的数字化古籍为基础，做更进一步的数字人文方向的研究探索；定期举办数字人文讲座，以图书馆为平台，让更多人了解和分享数字人文工作的信息。

在这个数字技术推动图书馆极速变革的时代，哈佛燕京图书馆依然从容地掌控着自己的步伐，既保持自己一贯的沉稳风格，又精准把握学术潮流。

五、“不会的，哈佛燕京不会变成那个样子”

有天，我从剑桥市郊 Belmont 小镇 29 Slade St. 的寓所中醒来，觉得自己做的一个梦，真实得让人恍惚。在例行的每月一次与馆长共进午餐时，我忍不住，还是跟他说起我的梦。我说，在梦中，哈佛燕京图书馆变了样，楼内没有密密麻麻的密集书架和普通书，而是有了宽敞的通道，通道两侧是玻璃显示屏，搭载人工智能系统，读者只需要和显示屏直接对话即可完成电子书的调阅，甚至按照个体需求，获取经过组织整理的相关信息。而实体书们，就只是靠墙放着一排恒温恒湿系统的书架，保存并展示原来在古籍 Treasure Room 里的各个特藏。在空旷而安静的整个空间里，就只有读者和人工智能，也不再有馆员们的身影。

郑馆长听了，笑笑，说：“不会的，哈佛燕京不会变成那个样子。”

这样的梦确实荒诞，但就是深植在了我的记忆中。

哈佛燕京图书馆的占地面积和它的藏书量实在很不相称。因此，在对神学路 2 号的弹丸之地已经做了高度利用的基础上，它还有两处储存书库，一处是哈佛图书馆的保存库（Harvard Depository，简称 HD），另一处是美东学术馆藏保存联盟储备库 ReCAP（Research Collections and Preservation Consortium Shelving Facility）。而哈佛燕京在这两处仓库的存储量，已经压倒性地多于其本馆存储量。HD 是哈佛图书馆系统和波士顿公共图书馆系统共同的仓储；ReCAP 则是哈佛与普林斯顿大学、哥伦比亚大学、纽约公共图书馆共建的仓储图书馆，均为图书馆远程仓储系统的典范，高效运作着，为图书馆流通提供坚强后盾。每天，哈佛燕京都有一箱箱从远程书库运送来的读者预约图书，又送走一箱箱读者归还的图书至相应的远程书库；另外，更多的新购图书，也在经过各语种采购主任的决策后，一经编目即直接送至远程仓库。它们为本馆分担了更多的书库空间，而让它更全面地实现着其作为学术信息中心、交流中心、展示中心的功能。

哈佛是一个既坚守传统，又擅于创新的大学。在电子科技最为发达的美国，“图书馆消亡论”“纸质书消亡论”甚嚣尘上，很多有别于传统图书馆风格的图书馆空间都在不断刷新着人们对图书馆的认知，拓展了图书馆的内涵和外延。而在哈佛燕京，我感受到，它最坚持的，是讲好书和人的故事。馆员、读者和书，都是朋友。

在哈佛燕京最“前线”的读者服务台，我见到过一幕幕日常却又温馨的画面。早已过了退休年龄的全馆最年迈的日本馆员 Nobu 先生，经常都会带一盆靓丽的小花，放在服务台上，让一进馆的朋友们，都能感受到来自鲜艳生命的活力。这位获得了五个学位（其中两个哈佛博士学位）的老绅士，在每天看似毫无变化的借还书工作中，为读者带去了贴心的服务。无论是年轻的学生，还是老迈的教授，和他都会寒暄几句，互相关怀。在哈佛燕京三楼，经常会有来自世界各地的学者申请查阅哈佛燕京名满全球的特藏古籍和档案资料，偶尔还会有东亚系的教授将研讨课直接放在古籍阅览室中。管理珍本室的王系老师（Annie Wang）为人十分爽气利落，即使是中午休息时间，只要读者希望继续在阅览室中研究古籍，她绝不会反对，甚至心忧读者因学术误了身体，热心地准备了轻食。除了在哈佛燕京的图书资料，她也同时提供很多其他哈佛分馆甚至馆外的资源信息给大家，以自己丰富的见识、敏捷的思维，让远离家乡、身在异国汲汲求学的学子们，感受到了无尽的关怀。

这样的一个哈佛燕京图书馆大家庭，无论是人还是书都是那么地有温度。在访问一年之后，我想，这或许就是郑炯文馆长那坚定的微笑的含义，是他和他所带领的这个毫不张扬、低调朴实的团队，拉近了图书馆和我们的距离，拉近了书和我们的距离。

六、“我不想要赞美，想要听更多的建议和意见”

作为哈佛燕京学社的附属图书馆，哈佛燕京图书馆基本上每个季度都会做一次与学社访学成员的座谈，一般是以 lunch talk 的形式，在学社的小会客厅中举行。郑馆长、哈佛燕京图书馆每项工作的负责人，和我们访问馆员都会到齐，在边吃边聊的轻松氛围中，交谈和图书馆有关的话题。三十人左右的座谈，每个人轮番发言，从自己的研究方向出发，诉说对图书馆资源的发现和利用，表达自己对图书馆的感怀。一个人一个故事，分享并传递着图书馆最细微的动人之处。这本意是让图书馆员们更了解学者学生的诉求，却总是让他们在此收获满满的赞许与鼓励，然后更有一份动力去悉心投入自己的岗位。

然而郑馆长会激动地说：我不想要赞美，请给我更多的建议和意见，我想要听“坏话”。无论多小的事情，他都愿意去听，去解决。这让大家都苦于思索，于是有人就说，一楼大厅的一台扫描仪坏了，建议修理。这本来就已经在处理过程中，郑馆长随后即让人再加紧处理此事，联系了总馆相关部门予以尽快解决。

曾经读到过一篇文章，讲中国国家图书馆馆长任继愈先生在2005年的卸任会上，说过："我当了十八年馆长，只做了一件事。办公楼一楼进门玻璃没有标志，有人撞破了脸，我叫人贴上标志。"和任继愈馆长一样，作为大图书馆掌门人的郑馆长，心眼到处，是那些我们认为稀松平常反而不经意的地方。在一片浮华中，总是给予大家一份直抵人心的触动。

从芝加哥大学东亚图书馆到UCLA东亚图书馆再到哈佛燕京图书馆，郑炯文馆长历任北美最为重要的几大东亚图书馆馆长，为整个北美地区的东亚图书馆事业做出了不可忽视的贡献，也对它们都十分了解。作为访问馆员，我们每天在图书馆打开个人邮箱的第一步，就是接收转自馆长的数封关于各图书馆讯息的邮件，包括图书馆管理层任免或招聘、馆际交流、图书馆新政策实施等。初时，会让我觉得应接不暇，想着那么多的讯息，和我这小小的馆员，有什么相干呢？而后，我渐渐理解了馆长的深意，无论我们在做的是哪个方向的工作，他都希望能够超出狭隘的领域，去拥有更广阔的视野，去和外部世界多做互动和联系，来更好地认识自己。在哈佛，他让我们去参观Houghton Library（哈佛古籍珍本图书馆）、Harvard Depository，也让我们去聆听关于OPEN ACCESS的讲座、参加Digital Humanities的工作坊，还有图书馆消防演习、和哈佛图书馆大馆长Sarah Thomas午餐座谈，我们体验了这个全美最好大学图书馆丰富的图书馆文化；而在我们去参加ALA（美国图书馆协会）年度大会时，他会事先联系好当地的相关东亚图书馆或其他值得参考借鉴的图书馆；除此之外，对于文娱活动，他还十分推荐应当去纽约看百老汇歌舞剧。而在我们每次出行考察回来之后，他都会给我们在每月例会上发言汇报的机会，和所有哈佛燕京图书馆的馆员，包括他在内，分享最新的信息。作为来自中国的图书馆馆员，我们的表述中经常会有对中国图书馆、哈佛燕京图书馆以及所见之北美其他图书馆三者之间比较而得的结论，郑馆长都会细心聆听，继而表达他的看法。

高悬在馆长办公室外的罗振玉手书“拥书权拜小诸侯”题匾，常被诸多媒体借为标题来介绍哈佛燕京图书馆，确实恰如其分。执掌偌大一个书籍王国的郑馆长，在大家的眼里自有一派威严。只是我想，这威严，不是出自对已经拥有的成就的自傲，而是因为，对他所布局规划的即将开展的事业的自信。

“持风偶尔到天涯，寄语休嫌去路赊。九万里程才一半，息肩三载便回华。”[①] 这是哈佛大学第一位中文讲师戈鲲化在赴美前期，写给好友陈兆赓的一首诗。他的诗虽豪气万丈，然三载回华终不如愿，却为哈佛收藏中文书籍埋下了生根发芽的种子。如今，无数中国人来哈佛访学就学，利用包括他的书在内的哈佛燕京图书馆藏品，打开一片自己的学术天地，继而壮志满怀地回到祖国的怀抱施展才华，这不正是一个完美的轮回么。

从哈佛燕京回到浙江大学，我带着它给我的馈赠，深怀一份感恩之心投入到本单位的工作中。那些在哈佛燕京听过的每一句话、收到的每一封邮件、看过的每一场展览，都是我最宝藏的经历，也不断提供给我无限的工作灵感，留待我在一生中再细细回味。

---

① 戈鲲化：《华质英文·答陈少白巡检（兆赓）》，张宏生编著《戈鲲化集》，南京：江苏古籍出版社，2000 年，第 24 页。

哈佛燕京图书馆资源获取与公共服务

张晓琳（北京大学图书馆）

哈佛大学作为举世公认的顶尖高校，其教学科研得到哈佛大学图书馆系统的全力支撑。哈佛大学图书馆系统由包括 Widener 研究生图书馆、Lamont 本科生图书馆、分属在院系的学院图书分馆、学科图书分馆以及哈佛远程储存图书馆（Harvard Depository，HD）在内的 79 个图书馆组成（据哈佛大学图书馆 Annual Report FY2013）。这 70 多个图书馆大多分散于哈佛大学校园各处，还有部分分布在其他城市和地区。绝大部分图书馆基于一定的学科特色，收藏相应学科的专业学术文献，在性质上有别于一般的院系图书分馆，更趋于学科分馆的范畴。

2012 年哈佛大学图书馆进行了全面机构改革，整个哈佛大学图书馆系统将原各个图书馆中的相似业务整合，成立专门的业务部门，负责整个图书馆系统中所有图书分馆的相应业务。除极少图书馆因为客观原因仍旧保留有传统图书馆的业务和服务人员外，整个哈佛大学图书馆系统的文献资源采访、资源编目、读者服务、参考咨询、技术支持等业务都由相应的部门负责。每个部门的工作人员不再隶属于某一个图书馆，而是为整个图书馆系统服务；相应的业务工作人员也不再固定在某一场所办公或提供读者服务，人员可以根据业务需要在不同的图书馆之间流动。一般图书分馆不再设置专门的馆长负责全馆业务，而是各个业务部门派出工作人员前往各馆工作，“派驻”馆员只对本部门主管负责。各馆之间实行共建共享的资源建设原则和读者分流的服务方式。

在图书馆文献资源建设的规划上，除去常规纸本资源的建设，电子资源建设也日益成为哈佛大学图书馆文献资源发展中占据重要位置的一部分，甚至出现了没有纸本图书、只有电子资源的“无书图书馆”。为最大力度保障文献资源供给，哈佛大学图书馆整合各分馆、常春藤联盟资源甚至整合全球资源来共同保障读者对文献资源的需求，读者在全校范围内任一图书馆享有到的获取服务都是一致的。无论是在资源建设方面还是在读者服务方面，哈佛大学图书馆的改革为全世界大学图书馆提供给了很好的借鉴模式和经验教训。

哈佛燕京图书馆是哈佛大学图书馆系统中专门收藏东亚研究相关文献并提供读者服务的图书馆。经过 2012 年哈佛大学图书馆系统改革与重组，大多数图书馆取消本地传统采访、编目、流通等服务，取而代之的是哈佛大学图书馆系统“派驻”各类馆员。经历过改革洗礼的哈佛燕京图书馆由于传统图书馆业务的地域特色与语言特殊性，保留了原有中、日、韩等语种的采访与编目馆员，在读者获取服务和参考咨询等方面也沿用之前的工作馆员，这些都使得哈佛燕京图书馆更像一个独立的图书馆。虽然表面上人员变动不大，但许多工作已经集中到哈佛图书馆系统统筹安排，如流通、书刊回架、图书管理系统技术支持等。

作为全球东亚研究重镇，哈佛燕京图书馆读者服务的对象以哈佛大学东亚研究教员与学生为主，同时接待大量来自世界各地的研究人员。哈佛燕京图书馆提供丰富的文献资源服务和多种多样的空间服务。除常规资料的借还预约服务外，哈佛燕京图书馆为读者提供校园范围内的通借通还（HarvardDirect）、文献扫描与传递（Scan & Deliver）、常春藤盟校之间互借（BorrowDirect）、全球范围内的馆际互借（Interlibrary Loan）、教参服务（Course Reserves）、特藏文献预约阅览以及读者证卡服务等。哈佛燕京图书馆地下两层、地上三层共五层书库全部对读者开放借阅，专门设有针对室内阅览（In-Library Use）资源的馆内阅览室、期刊阅览室和缩微胶卷 / 胶片阅读区等，馆内还有数量众多的独立学习座位（Carrels）采用预约登记制提供给读者。哈佛燕京图书馆除固定的工作人员外，还招聘有数名学生助理，按照不同的工作内容将学生划分到不同的工作组，由专人负责指导、培训、排班和日常管理。此外，哈佛燕京图书馆与哈佛大学图书馆数字加工部（Image Service Department）和文献修复中心（Conservation Center）保持着密切的业务往来。

在哈佛大学及哈佛大学图书馆充足的财务预算支持下，哈佛燕京图书馆获得了强有力的图书文献资源建设经费保障，无论是在图书资料的采购环节，还是运输环节都保持着极高的效率。文献资源建设工作在图书馆专业图书采访人员、学院教授、各单位研究人员以及学生读者共同参与下，服务于日常师生和研究人员的教学和科研，成为全世界东亚问题研究人员心目中文献资源获取的“圣地”。

一、获取服务（Access Service）之宽松与严格并存的借阅制度

哈佛大学图书馆将一切与读者相关的服务统称为获取服务（Access Service），在读者服务方面尽可能从读者需求出发，从读者使用图书馆的体验角度出发，除提供常规的文献资源服务外，还为读者提供一切可以提供的资源。在哈佛大学图书馆，几乎所有资源都是可以被读者使用的：各种多媒体资源、缩微资源都可以外借，各种特藏资源都可以无障碍阅览；图书馆提供多种文献资源保障途径，包括哈佛大学 70 多个图书馆系统之间的资源、常春藤高校联盟之间的共享资源、全球图书馆之间馆际互借资源等。从读者使用图书馆的便利角度，图书馆为读者提供笔记本电脑短期出借，SD 卡、U 盘、耳机、手机充电设备、笔记本电脑充电设备、计算器、照相机、音视屏设备、VR 设备、各种研讨空间、学习空间的出借服务，哈佛医学图书馆（Countway Library of Medicine）还提供用于减压治疗的拉布拉多犬（Therapy Dog）供读者短期外借。为方便考试期间和课程结

束期间学生的复习备考和完成课程作业，有的图书馆 24 小时开放（Lamont Library），有的图书馆还配有咖啡厅为读者提供方便。

哈佛燕京图书馆作为哈佛大学图书馆体系中的一员，遵循整个哈佛大学图书馆体系的各种规则。就借阅规则而言，哈佛燕京图书馆实行非常宽松的借阅制度和极其严格的违规处理办法，以保障所有读者对所需文献的公平获取。读者借阅图书资料没有数量限制。普通书借期一学期，如到期后无其他读者预约，系统自动续借一个借阅周期，最多可续借 5 次。特殊流通规则的文献资料，如教参、合订刊、光盘、缩微胶片 / 胶卷等，根据不同文献类型而定，且一般不可续借。由于读者借书册数不限且借期超长（最长为 5 个学期），为保障其他读者用书，一旦其所借图书被其他读者预约，持书读者必须在规定期限内归还，读者可将所借图书归还至任一图书馆。哈佛大学图书馆取消了普通借阅的短期逾期罚款，但如果读者违反特殊流通规则将受到相应的各类罚款：对于被催还但未及时归还的图书，每册每天罚款 3 美元，最多每册罚款 45 美元；对于逾期未归还的教参资料和短期借阅文献，每件每小时罚款 3 美元；若图书丢失或者长期过期未还，将收取每册 100 美元的标准费用。所有罚款都归哈佛大学图书馆专门的部门（Privileges Office）统一管理，必要时可通过学校财务部门直接向读者邮寄账单，或与学生读者各类学籍账单挂钩。

在哈佛燕京图书馆可外借的文献类型中有一类文献显得比较特殊：1795 年之后的中文线装书。哈佛燕京图书馆把清乾隆六十年，即 1795 年之前的中文线装书定为古籍善本（Rare Books），对这部分文献实行最高级别的安保措施，不可外借，只能在特定阅览室阅览，书库警报系统直接与波士顿警局相接，警报一旦被触发，荷枪实弹的波士顿警察几分钟之内就会到达现场。而 1795 年之后的线装书则作为普通书流通，这部分文献在国内几乎都是重点保护的对象，一般读者即便阅览都需要经过重重手续。因此，当许多国内的访问学者看到有读者借走一函函线装书的时候，无不惊讶至极。

二、文献获取服务之校园通借通还（HarvardDirect）

哈佛大学图书馆系统中各个分馆建立的时间和背景不一，提供的文献资源类型和读者服务方式也不尽相同。随着学科的交叉融合，教学科研中所需的文献资源范围不断扩展，单一图书馆在面向读者越来越高的文献资源需求时往往显得力不从心。读者获取文献资源的途径逐渐从校内一个图书馆扩展到多个图书馆甚至校外，这种需求势必打破原有各个图书馆之间的文献流通壁垒，改变传统图书馆资源建设和服务模式。

哈佛大学图书馆提出 HarvardDirect 的文献共享模式，旨在通过全校范围内的文献资源共享，最大限度节约并使用文献资源建设经费、合理配置文献资源典藏。HarvardDirect 可以称为哈佛大学图书馆全校范围内流通文献的通借通还：读者可在校园范围内任一图书馆借阅该图书馆可流通文献，可以将任一图书馆的可流通文献预约至任一图书馆并办理借阅，也可将所借图书归还至任一图书馆。这种没有地域界限的异地借还实现了真正意义上的通借通还：文献不再局限于在文献所在馆内流通服务，读者也不再为了获取或归还某一图书分馆的文献而亲自前往文献所在图书馆，尤其当读者同时获取或归还多个图书分馆文献时，HarvardDirect 更凸显出其优势。HarvardDirect 促进了文献资源在不同图书分馆之间的流通，避免了相同文献在不同图书馆的重复采购，节约了读者获取文献的时间成本，极大地提升了读者的图书馆使用体验。

各图书馆的积极参与、图书管理系统的支撑以及有力的物流保障是确保 HarvardDirect 能顺利实施的三大必须条件。首先，拥有图书资源的分馆愿意面向全校读者开放借书，突破了传统图书馆只服务于各自院系读者的局限，实现了各馆资源的优势互补，利于特色文献的集中收藏。其次，先进的图书管理系统使得读者随时随地获取所需文献变成可能。哈佛大学图书馆使用的图书管理系统可以实现读者按复本预约任何已经出借或在架的文献，可以选取任何图书馆作为自己的取书馆。图书管理系统还通过设置不同图书状态及时追踪和查询读者预约、图书馆员处理以及物流人员运送图书的各种中间状态。最后，多馆之间的图书异地流通涉及到多个图书周转环节，哈佛大学图书馆采用每天两次在全校范围内（包括远程储存库HD）周转的图书物流模式，保障读者所需的文献能及时有效送达。

HarvardDirect 一方面极大方便了读者从不同图书分馆获取所需文献资源，另一方面也存在一些问题，其中比较突出的是异地文献运输的成本问题。以远程储存 HD 的图书为例，由于流通规则允许读者不限量预约图书，一些读者有时会一次性预约几十种 HD 的图书，当图书到达读者指定的图书馆后，图书馆会通过系统通知读者前往取书馆取书。但由于各种原因一些读者常常在规定的保留期限内没有前往办理借阅手续，其所预约的所有图书会被退回 HD。远程储存书库距离哈佛校园有近 40 分钟车程，一般按册计算取书费用并计入整个通借通还物流成本。所有出库的图书不管读者是否借阅使用都需要运输成本，因为读者个人原因没能及时取走的 HD 的书被送回书库后，当读者再次预约同样的图书，运输成本会反复计算，这无疑是财力的巨大浪费。

三、文献获取服务之校内文献扫描与传递（Scan & Deliver）

校内文献传递（Scan & Deliver）服务是针对校内读者开展的一项基于本校纸质文献的电子版扫描与传递服务。如果读者无法到文献所在馆借阅一些非流通文献，或者读者不需要借阅整本文献，只需要其中明确的部分内容，如某篇期刊文章、一本书的某一章节、一幅图或者某一数据表格等，可使用 Scan & Deliver 服务。读者在馆藏目录中检索到所需文献且该文献可提供 Scan & Deliver 服务，便可直接点击文献目录旁的链接按钮发送详细请求。相关工作人员处理后会将纸本文献按读者需求扫描后以电子邮件形式发送到读者预留电子邮箱。Scan & Deliver 服务的响应时间一般在 4

天以内，所扫描的电子文件在 30 天内均可下载。读者通过自己的 Scan & Deliver 账号可以方便地管理自己的服务请求和收到的文件。

在 Scan & Deliver 服务平台上有详细的服务条款，其中明确了 Scan & Deliver 的服务范畴，规定了可扫描和不可扫描的文献类型，对文献版权也有相应详细说明。所有课程教学材料，包括教学参考书、特藏文献、破损或者书况不佳的文献不提供 Scan & Deliver 服务。2013 年全年哈佛大学图书馆为校内读者提供 Scan & Deliver 服务 47000 余次。

四、文献获取服务之常春藤联盟借书（BorrowDirect）

BorrowDirect 是 1995 年由哥伦比亚大学、宾夕法尼亚大学和耶鲁大学共同发起的北美常春藤盟校之间的一项文献资源共享服务。该项服务于 1999 年秋正式启动，2011 年哈佛大学图书馆正式加入，至今已有 13 所北美高校图书馆参与，其他成员还包括布朗大学、康奈尔大学、达特茅斯大学、普林斯顿大学、麻省理工学院、芝加哥大学、约翰霍普金斯大学、杜克大学以及斯坦福大学。BorrowDirect 服务已累计完成 300 万件文献请求服务，现在每年满足联盟成员之间读者超过 27 万件包括图书、乐谱等可流通文献在内的各类文献需求。哈佛大学图书馆的加入无疑使联盟资源得到巨大扩充，同时也为哈佛大学的教工和学生提供了更为广泛丰富的文献资源获取途径。

通过 BorrowDirect 的专有检索平台，哈佛大学图书馆的读者可以方便快捷地检索 13 所联盟大学图书馆近 9000 万册 / 卷文献的目录，可实时获取文献的架位状态以及流通情况。读者通过平台可直接提交文献请求，文献所在馆处理请求后，使用美国国内联邦快递（FedEx）邮寄实物文献，一般 4 天左右读者即可在预约申请时所指定的图书馆获得。哈佛大学图书馆对使用 BorrowDirect 的本校所有用户提供免费服务，承担所有文献邮递费用。以哈佛燕京图书馆为例，每年通过 BorrowDirect 为读者获取文献的数十万美元费用全部由图书馆承担。

哈佛大学图书馆读者可以方便地使用 BorrowDirect 服务，与哈佛大学图书馆图书管理系统良好的兼容性密切相关。所有从联盟图书馆获取的文献在 BorrowDirect 服务平台会被处理为一种“中间状态”，文献到达哈佛大学图书馆后，这种中间状态可以被图书管理系统兼容识别并处理之后，以读者预约文献的形式由系统通知读者前往图书馆办理流通手续，借出后文献信息会同步显示到读者个人账户上，与借出本校图书无异。一般通过 BorrowDirect 服务所借图书的流通周期是 16 周，不可续借。待读者使用完后可将图书直接归还到校园内任一图书馆。所有读者归还的文献将会集中到 Widener 图书馆统一处理后邮寄回文献所在馆。

哈佛大学图书馆的读者方便地使用 BorrowDirect 服务的同时，哈佛大学图书馆也向联盟内其他成员图书馆的读者提供文献服务。BorrowDirect 服务平台会将读者提交的请求分配给文献所在馆，由各馆负责 BorrowDirect 服务的工作人员处理。以哈佛燕京图书馆为例，负责文献获取服务的馆员会处理所有分配到哈佛燕京图书馆的 BorrowDirect 请求，系统检索、书库找书、系统处理请求、打印邮寄信息、称重装箱并与邮递人员联系邮寄等全部流程均由专人统一完成。对于不能满足的请求，工作人员会在系统中及时予以回复。

哈佛大学图书馆为读者提供的 BorrowDirect 服务是校园范围内通借通还服务的扩展，同时，其快速响应和极高的满足率又区别于传统的馆际互借服务，深受读者欢迎。

五、文献获取服务之全球馆际互借（Interlibrary Loan）

对于读者无法通过校内 HarvardDirect 和 Scan & Deliver，以及 Borrow Direct 服务获取的文献，可以尝试通过更大范围的馆际互借服务（Interlibrary Loan，ILL）来提出需求。如果说 BorrowDirect 是将文献资源的搜寻范围从哈佛大学图书馆扩大到常春藤盟校图书馆，馆际互借则是为读者在全世界范围内获取资源，哈佛大学图书馆读者只需登录 ILL 平台提交文献需求申请即可。

一般对于期刊文章的请求，读者在数小时之内就可获得答复，如请求被满足，即可在预留的电子邮箱获得所需期刊文章的电子全文或者扫描文档。对于其他载体的文献资源，一般响应周期是 2 周。当文献到达读者指定图书馆之后，哈佛大学图书馆会发电子邮件通知读者。读者可在任一图书馆借阅或者归还通过 ILL 借阅的图书，一般借期为 16 周，不可续借，但文献借出馆可在任何时候催还本馆图书。被出借馆标记为室内阅览的文献只能在取书馆的阅览室内使用，不可外借。

和 BorrowDirect 一样，哈佛大学图书馆通过 ILL 为本校读者在世界范围内获取文献资源，同时哈佛大学图书馆以其海量馆藏成为全球 ILL 服务借出馆中一员，为全世界读者提供图书外借和文献传递服务。以哈佛燕京图书馆为例，ILL 服务平台会将全球范围内读者提交的文献请求分配给文献所在馆，由各馆负责馆际互借服务的工作人员处理。负责文献获取服务的馆员会处理所有分配到哈佛燕京图书馆的 ILL 请求，系统检索、实物获取或文章扫描、系统处理请求、打印邮寄信息、称重装箱并与 FedEx 快递人员联系邮寄等全部流程均由专人统一完成。对于不能满足的请求，工作人员会在系统中及时予以回复。2013 年度，哈佛大学图书馆共满足 48700 多个 ILL 请求。

六、服务于课程教学的教学参考服务平台（Course Reserve）

哈佛大学教授历来高度重视课程教学，哈佛大学各图书馆对课程教学参考资源的保障力度也毋庸置疑。他们通过教授、教务系统、文献资源保障系统等多方合作，为开设的课程提供优质的教学参考资源，保障教学工作的顺利开展。哈佛大学图书馆教参资源服务主要有两种类型：一是以为本科生提供教参资源服务为主，如 Lamont library 的教参服务；二是为院系课程教学研究提供各类教学参考资源服务，由相应的图书分馆提供服务，如哈佛燕京图书馆教参服务。作为教参资源服务提供者，图书馆责任重大，随着新技术、新设备不断引入课堂，课程所需的教参资源不仅仅局限于传统的纸本教参书。要满足数字信息时代的课程提出的教参需求，专业的图书馆员所需具备的能力不能局限于馆藏资源检索和系统参数处理等基础方面，提供教参服务的图书馆员要处理的教参需求可能包括：纸本图书、电子图书、期刊论文、缩微资料、视听影音多媒体资源、图片档案、古籍特藏甚至实物模型等。

哈佛大学图书馆自 2004 年起使用 Reserves List Service System 教参资源管理平台。它基于 web 环境，面向教师、教参馆员实现对教参资源的共同管理。Reserves List Service 由哈佛大学课件开发团队（Courseware Development Groups）以及图书馆信息系统合作共同开发，于 2005 年春季学期开始在少数图书馆试用。根据来自试行图书馆的反馈进行测试调整，于 2005 年 6 月 15 日正式发布教参服务平台第一版，面向师生的课程平台称为 Course iSite，2015 年 6 月升级为最新的 Canvas 平台。

哈佛大学教参资源平台提供多用户通道，方便不同身份的合法用户在同一平台上管理和使用教参资源，同时不同用户之间具有通畅的沟通互动渠道，便于管理者处理各种问题并及时调整。哈佛大学图书馆的资源在全球范围内都可检索，但所有的教参资源都需通过哈佛的统一认证系统登录后才可以浏览、管理并使用，并且每门课程都仅限选修该门课程的用户和授课人以及图书馆员访问，这保证了教参资源极强的针对性。教参服务平台主要由教师信息提交与管理平台、学生选课与课程管理平台和图书馆员操作平台三部分构成。

高校文献资源发展战略应当把对学校课程教参资源的保障作为重点。从哈佛燕京图书馆的经验来看，其对应处理的东亚语言与文化系绝大部分课程教参的满足率达 100%，这其中包括很多新购买资源：对于有馆藏的在架资源，会在第一时间处理成教参资源；对于远程存储的资源，教参账号具有优先预约权；对于已经出借的资源，教参账号可以快速催还；对于分布在全校范围各个分馆的资源，有畅通的通借通还服务作为基础保障；对于缺藏且能够即刻买到的资源，即使花费高昂的空运费用也会及时采购并加急编目用作教参资料，有时甚至是采访馆员通过私人关系委托代为购买；如不能马上购买，先通过 BorrowDirect 或者 ILL 从他馆暂时借到资源，或者由教师先提供个人资料，同时会通过尽可能多的渠道购买新资源。

七、面向全球读者文献获取需求之珍稀文献数字化项目（Digitization Project）

与目前研究型大学图书馆馆藏资源发展方向相似，哈佛大学图书馆也非常重视特藏资源的建设。哈佛大学图书馆系统中多数分馆都是专门收藏某些领域或某一类型特藏文献的图书馆，如专门收藏地图、手稿、档案的 Houghton Library，专门收藏电影档案的 Harvard Film Archive 等。哈佛燕京图书馆除收藏大量与东亚研究有关的中、日、韩等语种的普通文献外，还收藏有非常丰富的珍稀文献。哈佛燕京图书馆收藏的文献总量超过 150 万件，其中就包括大量中文古籍善本、日文古籍、大量手稿、照片和各类档案。对于这些不可流通的馆藏资源，哈佛大学图书馆系统开发过特藏文献资源管理系统（Aeron），专门用于处理读者对特藏珍稀文献的需求申请，同时该系统还可对每一部出库的特藏文献进行追踪和状态管理，确保每一部珍贵文献的安全使用。

为了让哈佛燕京图书馆藏珍稀文献服务于更多读者，从 2007 年起，哈佛燕京图书馆做出重大决定：将开展哈佛燕京图书馆馆藏中文古籍善本数字化项目（Digitization Project of Chinese Rare Books）并出版。其后十年，哈佛燕京图书馆陆续与台湾蒋经国基金会、中国国家图书馆、广西师范大学出版社、中国社会科学院中国地方志指导小组，以及浙江大学 CADAL

（大学数字图书馆国际合作计划）项目合作，将馆藏精华中的数千部中文善本高精度全彩数字化扫描，并在互联网上公布，同时辅以系列出版项目。哈佛燕京图书馆馆藏中文古籍善本数字化工作由哈佛燕京图书馆与哈佛大学图书馆数字化中心合作完成。从古籍数字化前准备，如建立书目出库清单、系统数据核对、书库取书、书籍预览及预处理等，到扫描图像的质量控制（Quality Control），即对数字化后的书籍图像逐一进行质量检查，检查内容包括缺页、页面图像清晰程度、扫描完整性、有无重复扫描、图像顺序等，再到根据出版方返回的质量控制报告（Quality Control Report）进行修改复核等，全程由哈佛燕京图书馆负责特藏资源的馆员参与。为方便读者使用数字化后的网上古籍资源，工作人员还对数字化后的古籍进行目录标引工作（Page Delivery Service），标引的内容包括序、跋、凡例、目录、各卷次所在的具体位置，为读者阅读提供导览帮助。

哈佛燕京图书馆藏中文古籍善本数字化项目历时 10 年，于 2017 年完成。2017 年 8 月 1 日，哈佛燕京图书馆官方发布，其馆藏中的 4200 部，共计 53000 卷中文善本已经全部完成数字化并对全世界开放，所有资源都可免费在线浏览并下载。哈佛燕京图书馆中文善本数字化项目使得全球范围内的研究人员都能如翻阅实物一般浏览到海量珍稀古籍善本资源，其中不乏大量国内缺藏的善本乃至孤本。该项目的实施和完成，是哈佛燕京图书馆郑炯文馆长“资源属于全世界”治馆理念的完美诠释。

八、后记：追忆哈佛燕京岁月

2014 年 12 月 23 日，我第一次独自一人远赴地球另一端的波士顿，开启了一年的访问求学工作经历。2015 年 1 月 4 日，我正式走进哈佛燕京图书馆，直到 2015 年 12 月 24 日从哈佛燕京图书馆离开。一年的交流学习主要围绕哈佛燕京图书馆 Access Service 与电子资源建设来开展，我参与了哈佛燕京图书馆流通、文献传递和哈佛燕京馆藏珍稀资源数字化项目等工作，此外还到哈佛大学 Widener 图书馆和 Lamont 图书馆实践学习。

一年中，我遇到了波士顿创历史记录的降雪量最大（110.6 inches）的冬天，记不清学校发布了多少次 Storm/Blizzard Alert，记不清多少次走进哈佛燕京图书馆的大门，记不清多少次登录电脑上的 LAN Account，更记不清听过多少次扫描 Barcode 时清脆的声响……但我清晰地记得在哈佛燕京图书馆 Circulation Desk 时听到的每一声 Morning，见到的每个人脸上的微笑，记得从二楼到三楼转角处窗外那棵枫树从光秃秃到冒出新芽，从满树新绿到枝叶繁茂，从秋风渐起时随风摇曳到飘落一地的黄与红，再到圣诞节后铺上的那一层薄薄雪花……

一个人独在异乡，从最初常常思乡、念家，时而感觉孤独、无助，到慢慢熟悉生活、工作的环境，再到最后与哈佛燕京图书馆的难舍难分，随着窗前四季风景的变化，一年的时光也如流水一般在不经意间走到尽头。在哈佛燕京图书馆的一年是让我磨练与成长的一年，是业务能力提升的一年，是充满惊喜与憧憬的一年，感谢我在哈佛燕京图书馆学习工作期间遇到的每一位给予我无私帮助和关心的人们！

哈佛燕京图书馆访问工作中的感悟和思考

朱玲（北京大学图书馆）

一流大学离不开一流的图书馆。定位为实现哈佛大学使命的核心与校园生活的中心，哈佛大学图书馆以其深厚的底蕴和卓越的服务获得了哈佛师生的赞誉和依恋，也成为一流大学图书馆建设的标杆。在赢得口碑的背后，哈佛大学图书馆是如何将师生学者与海量的、有用的资源连结起来，让研究更丰富、学习更有趣、探索与发现更令人愉快呢？2017 年，我有幸作为访问馆员在哈佛燕京图书馆工作一年，在此将访问工作期间观察哈佛图书馆的资源和服务、技术方案和实践、学科服务等所得的一些感悟和思考与大家分享，管中窥豹，希望为国内同仁提供参考。

我在哈佛燕京图书馆承担的日常业务工作主要是资源获取服务（Access Service）部门的馆际互借和教参服务。每天到岗的第一件事，就是打印出当日的 BorrowDirect 粉色清单，到上下共五层的书库中找书和取书，按照流程在 Aleph 系统中完成借出操作，全部送入专用的绿色物流转运箱。随后在 OCLC ILiad 系统中处理馆际互借请求，其操作流程相比之下更复杂一些。由于其跨越馆际互借系统与本地 Aleph 系统，每条记录都需要手工进行信息查找与核实，并且借出操作也需要在两个系统中先后做一次处理，书本处理方式和去向也不同，馆际互借一般使用 FedEx 快递系统逐件打包。在请求成功率上，BorrowDirect 几乎可以完全满足，而馆际互借则可能遇到记录无匹配、类型或状态不可借、请求费用不够等问题，部分请求只能拒绝并反馈原因。处理完 BorrowDirect 和馆际互借借出请求之后，再依次对当天收到的还书进行归还处理，就简单多了。

哈佛大学图书馆机构调整后，所有本校读者的外借请求都由总馆处理，各分馆只负责处理外馆读者的借出请求。虽然如此，哈佛燕京图书馆每天需要处理的借出工作量仍然不小，作为东亚学研究重镇，其独有馆藏资料常常会收到来自全球的馆际互借请求。尤其是馆际互借中的文献传递请求，需要馆员扫描和制作 pdf 上传，虽然有扫描比例限制，但如果遇到一些大部头著作的多页扫描，单一条请求的处理就比较费时费力了。部门负责人 Mr. Kuge 是一位银发老先生，要求非常严格，总是亲自给我们示范如何对记录信息进行分析和尝试多种方式进行系统匹配、如何精心保证扫描质量，以及如何在缩微胶卷中快速浏览和找寻读者所请求片段的技巧。每天能够通过自己的工作，将所需的文献准确地、尽快地传递到常春藤联盟高校以及世界各地读者的手中，是作为馆员非常有成就感的事。

资源查找和获取是图书馆的传统业务，也是核心业务。哈佛大学图书馆的在线目录系统 HOLLIS（Harvard Online Library and Information System）基于 Exlibris 公司的发现系统 Primo 实现，几乎囊括了本校范围内的所有研究资源，不仅能查到图书馆的所有纸本书目、电子资源和特藏资源，还能查到哈佛所有博物馆、档案馆的材料。例如，HOLLIS 中包含了哈佛大学美术博物馆的 22 万多件资料（图片、手稿等），哈佛大学 Peabody 博物馆的 4 万多件资料（图片、档案、手稿等），以及哈佛大学档案馆的 1 万多件档案等等。在一站式检索的便利之外，针对一些资源类型的特殊性，HOLLIS 还提供针对性的垂直搜索服务。例如，Hollis Image 专门查找所有图片类资源，Hollis Archival Discovery 专门查找所有档案类资源。通过上述两种方式，既满足了跨学科、跨类型、大而全的一站式搜索需求，又为有经验的高级研究者提供了基于某种类型资源的、更具有针对性的展示方式和查看功能。

在 2017 年资源发现系统迁移期间，我还观察到一件有意思的小事。当时哈佛大学图书馆开始实施从 Aleph 系统迁移到新一代图书管理和服务平台 Alma 系统，随着原来的 Aleph 系统即将停止使用，基于 Aleph OPAC 的 Hollis Classic 也将不再提供服务。但 Aleph 系统已在哈佛服务多年，部分老用户已经习惯和依赖于 Hollis Classic 的某些传统搜索功能，于是图书馆通过定制技术方案和参数，在新的 HOLLIS 框架下模拟出了与老系统非常相似的搜索功能，例如，按字段浏览功能、按 MARC 数据中的国家代码搜索功能等。虽然是小事，但哈佛大学图书馆坚持为用户提供个性化的、差别化的服务，贯彻以人为本的服务理念，由此可见一斑。

哈佛大学图书馆的资源获取服务也非常强大。除了常规的流通借阅服务，还有一项预约提书（Pick up）服务，只需指定需要借阅的书目和需要提书的分馆，图书馆就会将书准备好，通过校内物流系统尽快送到该分馆，并通知读者可以一次性过来借阅和取书，将“人找书”变成了“书等人”。哈佛大学图书馆有多达 73 个分馆，分布在不同位置，当需要同时借阅不同分馆的图书时，这项服务就尤为便利了。

在本校资源之外，对读者最为便利的资源获取方式当属 BorrowDirect 服务，又被称为直接借阅或快速馆际互借，处理优先级高于普通馆际互借，成功率高，获取可靠。BorrowDirect 是依赖于泛常春藤联盟（Ivy Plus）（由美国 13 所著名大学组成，包括哈佛大学、麻省理工大学、康奈尔大学、耶鲁大学、斯坦福大学、普林斯顿大学、芝加哥大学等）图书馆之间共享合作关系的一项快速馆际借阅服务，通过在 HOLLIS 检索结果中点击请求按钮，读者在 4 个工作日之内即可收到从联盟图书馆其他 12 所大学发过来的书本，并同样可以直接到自己指定的分馆服务台取书。借书和还书的手续和流程也非常简洁，与本馆借阅完全相同。通过 BorrowDirect 联盟，哈佛读者还可以持自己的校园卡直接到其他 12 所大学图书馆借书，无需提前办理手续或抵押证件，没有任何障碍。在这些方便的资源获取服务背后，是底层数据的高度整合和图书馆的大量工作，包括书目以及书目在各馆的状态信息整合等。

除了 BorrowDirect 之外，哈佛大学还加入了由美国东北地区的哥伦比亚大学图书馆、纽约公共图书馆、普林斯顿大学图书馆发起成立的地区性合作型馆藏构建联盟：ReCap，成员可以通过共用同一地理位置的基础设施建立各自的远程书库，帮助解决馆藏空间紧张的问题，并通过合作避免某些资源的重复购买。同时，通过共享馆藏服务（Shared collection service），该远程书库中的书目将可以向任意成员中的读者提供借阅服务，交付时间可以短至 24 小时，成为跨馆资源获取服务的又一种快速通道。

访问馆员的另一项重要工作是哈佛燕京图书馆善本古籍数字化工作中的“质量控制”。数字化项目采用“随扫随加工随上传”的策略，从 2006 年开始就已经陆续向学者提供古籍的在线阅读，由于其原汁原味的全彩扫描和向全世界用户的完全开放使用，一直受到相关研究领域学者的高度好评。2017 年，历时 10 年的中文善本古籍数字化项目圆满完成，实现了共计 4200 部、53000 册善本古籍的数字化和长期保存。中文善本古籍数字化项目取得的成果，首先与其数字化流程的规范性和对质量的高要求是分不开的，以访问馆员参与较多的“质量控制”环节为例，所有的扫描结果，都需要将影像放大至实际尺寸检查清晰度、页面边距、倾斜度等是否符合要求，同时对特殊书页的处理进行仔细检查。例如，原件表面粘贴有其他物品时，先将原件与粘贴物一起扫描，然后将粘贴物掀开，再次扫描。同时，由于重视古籍的保护，在扫描之前，都会先做预检查（Preview），检查古籍状态和纸质情况，避免扫描对古籍造成破坏，并在必要时将部分古籍送到修复中心进行修复。因此，在完成数字化扫描的同时也起到了检查、保护和修复珍贵古籍原书的作用。虽然我没有直接参加这项工作，但同期的两位访问馆员杜远东、张徐芳均为特藏古籍馆员，得以有机会经常讨论交流。工作后期，我也通过数据处理工作辅助进行中华古籍目录数据的核查，因此也有了一些粗浅的理解。

在特藏古籍资源数字化成果的基础上，哈佛大学图书馆进一步为读者提供了良好的在线使用体验。进入图书馆在线目录系统 Hollis，即可以直接检索、在线查看和下载中文善本古籍数字化资源。其中，在线查看功能不仅可以平滑地执行放大、缩小、平移、旋转等常规操作，还提供整本古籍的目录浏览，并对部分通过 OCR 或者人工转录具有文本的页面，提供该页面文本的查看和关联，以及整本古籍的文本搜索与页面定位。系统还对整本古籍和每个页面提供永久链接，所以在引用功能中，不仅可以引用整本古籍，还可将引用具体到每一个页面。在保存和下载功能中，不仅可以按照不同精度和格式保存本页图像，还可以选定需要的页码范围，获取多页组合以后的 PDF 文件进行本地阅读和研究。

上述功能和用户体验得益于哈佛图书馆的一整套针对特藏古籍资源的长期保存和在线服务技术方案和实践。其中，数字知识库服务 DRS（Digital repository service）为整套系统提供底层数据的组织、存储和长期保存。名称解析服务 NRS（Name Resolution Service）为 DRS 摄入的资源对象分配唯一持久标识符，作为 HOLLIS 中在线查看链接和资源传递服务调用的中介。针对不同的资源类型，方案为终端用户提供不同的资源传递和在线使用功能，例如：图像传递服务功能 IDS（Image Delivery Service）、页面传递服务功能 PDS（Page Delivery Service）、文件传递服务功能 FDS（File Delivery Service）、流传递服务功能 SDS（Streaming Delivery Service）等。

数字知识库服务 DRS 的目标是确保图书馆资源的数字化、安全存储和可用性。其最早版本在 2000 年投入使用，其后几经功能增强、重新架构和重新开发，目前在用的是 2014 年版本。哈佛图书馆为此专门下设了一个资源数字化和保存部门（Preservation，Conservation Digital Image Services）来开展工作，可见其重视程度。DRS 通过多年的发展和积累，在技术、流程和服务上日趋成熟，目前已为哈佛大学校内超过 50 个机构提供本地数字资源的长期保存和管理服务，数据总量接近 300TB，类型包括文档、图片、音视频、网页、相关元数据等。DRS 通过在不同地点设立多种载体和访问频率的备份，最大程度地同时保障存储安全性和访问可用性。该服务的特色还包括应用了 METS 元数据、PREMIS 元数据等数字保存最佳实践和标准，通过将资源按照对象 Objects 来组织和存储，实现对象内部的关联，并通过结构元数据为在线查看功能中的目录浏览等功能提供数据基础。在图像格式方面，该服务可以将以 TIFF 和 JPEG 格式存储的现有图像数据追溯转换为 JPEG 2000 编码，从而为读者提供基于 JPEG 2000 的图像动态缩放和平移查看功能。最重要的是，DRS 并不仅仅是一套软件系统和工具，而是包含了一整套适合哈佛的、成熟的流程和服务。例如，在特藏资源数字化项目的开展中，哈佛大学图像服务中心（Image Services）会按照 DRS 建议的规范进行扫描图像和相应元数据的制作，数字化完成后的结果可以按照规范流程被 DRS 摄入。

在特藏古籍资源的长期保存和在线服务实践中，哈佛图书馆还发展出了自己的一套技术工具，并很好地利用了哈佛大学的创新项目成果。例如：数字对象格式识别和验证工具 JHOVE，能够确定数字对象格式，并验证其是否符合格式规范，即由哈佛大学图书馆与 JSTOR 合作开发。而文件信息工具集 FITS 是数字知识库服务第二阶段（DRS2）的直接成果之一，可识别、验证和提取各种文件格式的技术元数据，将多个工具的输出转换为通用格式，比较并合为单个 XML。图像传递服务 IDS 则主要利用了由哈佛大学与斯坦福大学合作开发的图像查看器 Mirador。Mirador 基于国际图像互操作性框架 IIIF 开发，不仅实现了图像查看和操作的常规功能，而且提供了用于引入元数据、图像、结构的工具，并且可以在开放标注格式（Open Annotation Format）中创建、编辑、删除和查看注释。

特藏资源数字化和在线阅读取得了丰硕成果，哈佛图书馆并未止步于此。事实上，在大量数字化图像的基础上，数字时代研究者对大量一手资料内容进行高效查找、快速定位和深入分析的要求和趋势，要求进一步开展资源的文本化和数据化工作。以哈佛燕京图书馆为例，这项工作已经通过多种方式开展起来，在积累过程中，图书馆和学者之间形成了非常紧密的合作伙伴关系。例如，哈佛大学费正清研究中心的 Donald Sturgeon 教授建立了 Ctext（Chinese text project）网站，为全球的研究者提供现代以前汉语文本资料的开放获取和在线使用。正是在哈佛燕京无偿提供的古籍数字化图像的基础上，Donald Sturgeon 教授通过改进中文古籍中的文本 OCR 识别算法，迅速积累了 3 万多种资源，超过 50 亿文字，成为目前该领域最大的开放获取数字资源库。反过来，哈佛燕京图书馆又计划将 Donald Sturgeon 教授的文本识别结果导入数字知识库服务 DRS 中，实现图像与文本的关联，并向读者提供基于 OCR 文本的全文检索。在访问工作期间，我曾参与哈佛燕京图书馆进行的独有地方志 OCR 文本校对的工作，得到了哈佛大学东亚语言文明系 Peter Bol 教授领导的 CBDB 项目组的大力支持。其后，哈佛燕京图书馆与德国马克斯普朗克科学史研究所达成合作，计划未来共同进行地方志的文本提取和研究平台建设，也离不开 CBDB 项目组经理王宏甦先生的引荐和促成。在哈佛燕京图书馆之外，哈佛施莱辛格图书馆（Schlesinger Library）、哈佛法学院等，也在手稿资料的文本 OCR、阿拉伯语文档资料的文本 OCR 等领域取得了领先的探索成果。

在文本化和数据化之外，特藏古籍资源元数据向关联数据的转换，能够提供书籍、人物等实体之间的关联，扩展和连结内外部资源，获得更丰富的揭示和表达内涵。在发现系统的数据清理（来自多个中文古文献数据库商的数据，质量和格式不一）工作中，我和同事一起进行了一些初步的尝试，得到了哈佛燕京图书馆公共获取服务部门主任杨丽瑄（Sharon Yang）女士、中文研究学科馆员马小鹤先生、特藏古籍部主任王系（Annie Wang）女士的指导和大力支持。这项工作完成了古文献元数据作者字段、年代字段从字符串到实体的识别和标定、从文本到规范数据的转换等，以及哈佛燕京图书馆中文善本古籍书目责任者与 CBDB 人物库之间的关联判定，并通过网络分析工具完成了知识关联网络构建。中文善本古籍元数据集除了提交给哈佛大学图书馆，还提供给了 Donald Sturgeon 教授所建立的 textref 数据库和上海图书馆建立的古籍循证平台。

在学科服务方面，哈佛燕京图书馆拥有专业素质极高的学科馆员，其特色可以概括为：与读者联系紧密、线上与线下相结合、正式与半正式相结合。哈佛燕京图书馆与哈佛大学东亚语言文明系同在一栋大楼，馆员与教授之间联系非常紧密。学科馆员一般在所服务学科有一定的研究基础，既负责某个学科的资源建设，也负责为研究者提供本领域的各类学术资源导览、资源检索和访问技巧指导，以及与研究相关的任何参考信息。例如，中国研究（Chinese Study）为读者提供丰富的线上指南：中国研究指南、哈佛燕京图书馆东亚数字人文实验室指南、哈佛燕京图书馆档案材料指南、哈佛燕京学社访问学者图书馆指南、中华人民共和国法律研究指南等。线下的学科服务，则属于哈佛燕京图书馆每周例常安排的一部分，在其流通服务台旁边，另设有专业咨询台，每周的固定时间段，由各专业学科馆员在这里轮值。此外，哈佛燕京图书馆还经常举办各类读书会、学者座谈会和论坛，就某一个主题为学者和馆员提供面对面的交流和碰撞机会。例如，由日本研究学科馆员 Kuniko 女士负责联系召集的读书会，由公共获取服务部门主任杨丽瑄女士负责联系召集的数字人文论坛，以及每年召开三次的访问学者需求和意见沟通座谈会等。这类半正式的学术活动通常在午餐时间进行，跨界的交流既具有一定的学术氛围，又相对比较轻松，东亚学研究领域的教授、学生和图书馆员聚集一堂，拉近了彼此的距离。最重要的是，馆员从中对哈佛东亚学学者的研究需求有了更真切的理解和感受。我在担任访问馆员期间，就几乎参加了哈佛燕京图书馆举办的所有这类活动，可以说获益匪浅。

在哈佛燕京图书馆的访问工作经历，增长了专业知识，锻炼了实践能力，开阔了学术视野，丰富了人生经历，对我的帮助是巨大的，其中感受最深的体会有以下几点：①图书馆必须坚持以用户为中心、面向需求建设的服务理念，并根据需要开展个性化、精细化、差别化的服务；②不管是完成特藏古籍资源数字化项目，还是为长期保存和在线服务发展出一套成熟的技术方案和实践模式，都需要长期的坚持和扎实的积累；③合作释放潜能，维持紧密的联系和伙伴关系是促成合作的前提。

最后，我要特别感谢哈佛燕京图书馆郑炯文馆长提供到哈佛实地访问的机会，和对参加各项学术交流的大力支持，感谢公共获取服务部门主任杨丽瑄女士在访问工作和相关调研中的耐心指导和大力帮助，感谢 Kuge 先生、马小鹤先生、王系女士、邱玉芬女士在具体业务和专业知识上的指导和建议，同时也要感谢所有同事和同期访问馆员杜远东、张徐芳、王晓阳的默契配合。

浅谈哈佛燕京图书馆人文服务

俞德凤（南京大学图书馆）

创建于 1928 年的哈佛燕京图书馆坐落于波士顿美丽的查尔斯河畔，大厅的门廊上方挂着罗振玉篆书“拥书权拜小诸侯”横匾，可谓实至名归。哈佛燕京图书馆馆藏图书 160 万册，其中中文 90 万，收藏着大量古籍善本，不少是稀世孤本。[①] 笔者有幸去哈佛燕京图书馆进行为期一年的访学，深感哈佛燕京图书馆的博大精深，无愧为欧美大学中规模最大、质量最高的东亚图书馆。哈佛燕京图书馆给笔者印象最深刻的是人性化服务。

人性化服务是提供以人为核心的服务，不但注重服务的内涵，更注重服务对象，在服务中体现的是人文关怀。[②] 哈佛燕京图书馆“以人为本，服务至上”的人本服务已成为服务常态，人性化理念渗透到图书馆服务的方方面面，体现在工作的每一个细节中，使读者深切感受到天堂就是图书馆的模样。

一、人性化的环境

哈佛燕京图书馆十分重视人文环境的建设，从图书馆的建筑环境到内部装饰环境充分体现了人文关怀。走进哈佛燕京图书馆，颇有一种温馨、

---

① 哈佛燕京图书馆网站：https://library.harvard.edu/libraries/yenching。

② 张乐：《图书馆人性化分析探究》，《图书馆工作与研究》2017 年第 9 期，第 71—74 页。

舒适的感觉。图书馆布局合理，宽敞明亮，一幅幅字画质朴而富有人文气息。为避免脚步声干扰其他读者，地上铺着地毯。图书馆入口处提示牌上显示“请尊重他人关闭手机铃声”的提示。阅览室书桌上放有一盏盏雅致美观的桌灯，桌上配有电源插座和网线插座、笔、便签，便于读者使用。图书馆提供 U 盘、笔记本电脑、耳机、电子书阅读器等外借服务，打印机和扫描仪免费供读者自助使用。

在书库书架间或拐角空余处，提供小型阅览桌和台灯，便于读者随时坐下读写，体现书中有人、人置书中的氛围。符合人体工学的椅子坐着舒适，电脑桌的键盘高度可根据需要调节。为了扩展学习互动空间，图书馆使用自动密集书架缩小藏书空间，增加讨论间、多媒体空间、DIY 空间、信息共享空间等，并配有投影仪等设备，图书馆作为学习研究交流的功能得到强化。

为了体现自由平等，体现对弱势群体的关怀，图书馆设有残疾人无障碍通道，使得他们可自由出入图书馆。残疾人可得到图书馆员的人性化帮助，只要残疾人有任何需求，图书馆员随时出现在身边提供特殊帮助，甚至把借阅资料送到家里。图书馆设有盲人阅读专用设备、空间，供视力障碍者使用。为了给读者提供生活便利，图书馆提供冰箱、饮水器、微波炉等设施，有自助售货机提供商品，哈佛一些图书馆甚至提供简单餐饮。总之，图书馆尽力给读者提供最大便利。

二、人性化的资源保障服务

哈佛燕京图书馆一直非常重视馆藏质量，认为没有良好的馆藏就好比无米之炊。哈佛燕京图书馆丰富而珍贵的收藏源自于几位馆长的筚路蓝缕，多年的系统收集形成了鲜明的馆藏特色。

1. 尽快满足读者的文献需求

哈佛燕京图书馆历来重视图书的采访，购书是图书馆的首要工作。现任郑炯文馆长注重藏书的系统性、连续性、完整性，为了求得好书，尤其是特藏本和珍藏本，馆长和采访人员多方联系、广罗寻觅，密切关注图书出版动态，系统收藏文、史、哲方面的书籍，馆藏追求高质量，而不仅是数量。哈佛燕京图书馆坚持藏以致用、书籍被利用次数越多越体现其价值的理念，书籍公开对外开放。本着一切为了读者的目的，只要读者提出订购需求，哈佛燕京图书馆基本全部满足，读者可通过网上荐购、电话荐购，或把荐购目录放入图书馆订购箱中。读者的急需文献会加急订购，提供采访—编目—读者服务一条龙服务，到馆后立即编目，以最快的速度使读者获得书籍。采购人员会主动定期和教授学者保持联系，在新学期会召开采访会议听取读者需求，平时电话、电子邮件或直接服务上门，了解需求和建议及科研发展动态等。

2. 提供丰富的数字化资源

在数字环境下，哈佛燕京图书馆不仅重视纸本资源建设，更重视电子资源建设，购买了大量不同类型的数据库。为便于用户利用，哈佛燕京图书馆非常重视资源的数字化工作，进行全方位、不同形式的开发，编制基础信息产品如目录数据库等，采用扫描、拍照、胶卷微缩等方式数字化，形成全文数据库，利用信息技术进行资源挖掘、分析、关联、重组、集成，形成专题数据库。本着“学术乃天下之公器”的开放服务理念，与多个国家及高校图书馆合作开展古籍、方志、拓片以及小语种文献的数字化，具有代表性的是哈佛燕京图书馆与中国国家图书馆合作开展的中文古籍数字化项目，供全球免费使用，此举颇为大度和创新。

3. 为便于利用提供详细的内容揭示

为了便于读者利用资源，哈佛燕京图书馆对馆藏资源进行深层次揭示，而非一般的 MARC 揭示，如采用“寻找助手”（finding aids）程序对一些特殊档案和手稿等进行详细著录，揭示文献的载体数量、内容目录、内容摘要和注释、背景资料等。[①] 内容丰富的文献，进行深层次内容标引，多层次、多主题文献采用多层次的分析主题标引。部分文献采用深层次的分析著录，著录到分卷册，甚至目录单元。

为了便于读者利用古籍，哈佛燕京图书馆安排专家历经数年编撰《美国哈佛大学燕京图书馆中文善本书志》，分析整理，深度揭示，不仅著录书名、作者、版本、卷数，还揭示出原书的内容、版本依据、流传情况等。撰写《民国籍粹》，建立民国文献综合评价数据库，从著者、版本、书评等方面综合评价，体现史料、学术、版本价值，形成专辑供读者使用。这些不仅有利于读者的使用，对于文化传承也具有非凡的意义。

三、人性化的读者服务

哈佛燕京图书馆为了体现图书馆价值，提供多元、不同层次的人性化服务。

1. 及时的文献借阅服务

哈佛燕京图书馆所有馆藏向读者开放，即使是校外读者也可以深入书库阅读资料。本校读者借书数量不限，但如有其他读者借阅，必须在一个星期内归还。图书馆设有预约上门服务，读者开出书目，图书馆可送书上门。对已订购到馆还没有上架的图书，如有读者需要，服务人员迅速调出

---

① 俞德凤:《哈佛大学图书馆信息资源编目》,《图书馆建设》2010 年第 9 期，第 49—51 页。

此书，进行急编，读者 24 小时内即可来馆取书。哈佛大学图书馆设有直接借阅服务（Borrow Direct），这是哈佛“Get It”服务中的一个，其他四个文献获取途径分别为 HOLLIS、经典 HOLLIS、馆际互借以及文献扫描传递。直接借阅服务始于 1999 年，该服务使哈佛师生可以直接借阅哥伦比亚、普林斯顿、耶鲁大学、麻省理工等大学图书馆的藏书，至今已经成功分享了合作伙伴的 100 多万件书籍资料。[①] 哈佛图书馆在 70 多个分馆开展通借通还服务，读者通过网上提交，按读者指定地点取书。如果教师或学生需要某些专题书籍，把书目提交给图书馆，馆员把书籍汇集，也可以根据读者需要复印、扫描传递。哈佛燕京图书馆利用馆际互借为读者从国内外图书馆进行文献借阅传递，记得有读者需要一本《海上生花》，燕京图书馆通过大陆找不到，最后在香港的一所大学找到了，这都体现读者至上的服务精神。

2. 多元、个性化的咨询服务

（1）周到的一般咨询服务

哈佛燕京图书馆工作人员耐心周到的服务态度和认真负责的敬业精神给来访者留下了深刻的印象，工作人员态度热情和蔼，细致专业，服务高效而人性化，使读者真正体会到上帝的感觉。图书馆有一规定，读者寻求咨询馆员的问题，实行首问负责制，即被咨询的馆员要回答或解决读者的问题，假如自己解决不了，要联系专业馆员来解决，这样避免搪塞或推诿。图书馆不仅为读者提供面对面的咨询服务，还提供电话、电子邮件咨询、预约咨询、网上实时咨询等多种咨询服务方式。由于专业的不同，特别专业的、本馆解决不了的问题，借助于图书馆联合咨询系统，请求其他馆馆员解决。为了扩充咨询服务力量，编目或采访资深馆员也每周定期到咨询岗位开展咨询接待工作，可见图书馆对读者服务工作的重视。

---

① 哈佛燕京图书馆网站：https://library.harvard.edu/libraries。

正如郑炯文馆长所言，图书馆就是服务部门，没有比做好读者服务更重要的事了。

（2）富有特色的课程服务

美国大学图书馆在经历传统图书馆服务、数字图书馆后，更加重视对教学、学习与科研的支持服务。哈佛燕京图书馆开展了很有特色的课程服务。课程服务是指围绕着课程教学与学习提供的专项服务。这项服务分为两个层次，一个是基本课程服务项目，包括教学准备服务、技术帮助、课程网站建设等；另一个是课程知识服务。

教学准备服务即每学期开学前，为保证课程教学需要，由教授提交书单，馆员对提交的内容进行收集，查询系统将教参书目状态修改为教参，不得外借，紧急教参用专项经费紧急采购。相对于实体课程资源，电子课程资源服务关注与课程教学有关的网络资源或数据库等，如馆员组织加工的专题库、教参库、特色库、网络课件以及教学信息，包括师资信息、教学计划、课程大纲、试题库、教师个人空间文件夹和课程站点。[①] 课程技术的支持针对不同需求，由专门馆员负责网站设计，选择 Camtasia 或 iMovie 影音软件制作各类在线教学视频，并提供全文链接，使读者能便捷利用课程资源。

课程知识服务是围绕课程开展的全程跟踪的深层次服务，包括一系列贯穿课程的知识服务支持：课程产品的定制、课程情报收集分析、课程决策参考方案、课堂学习项目设计、信息素养教育、协助教授编写教案，甚至和教授一起给学生上课，这种合作性的授课模式在文理学院、哈佛商学院、肯尼迪政府学院比较普及，专业馆员成为教师的助手。

（3）增值化的知识服务

哈佛大学图书馆的服务使命是通过图书馆员的服务理念、服务技能把

---

① 俞德凤：《美国大学图书馆的课程服务及其启示》，《图书馆论坛》2014 年第 8 期，第 71—74 页。

馆藏资源、信息产品、信息服务和知识服务无缝融入读者的学习、教学、科研活动中。① 哈佛大学图书馆一直强调以各种方式和手段对教学、科研和学生学习提供支持，在过去十多年中走过了由强调电子咨询服务到数字化馆藏，到现在全方位地对教、学、研的知识服务支持这一发展轨迹。2009 年哈佛大学图书馆创立了图书馆技术实验室，探索在图书馆服务中运用先进技术。2015 年哈佛大学图书馆成立了用户研究中心，探索为用户提供更高质量、增值化深层次的服务。② 哈佛大学图书馆一直在技术研发、服务创新中领跑全球。

知识服务是用户目标驱动的面向知识内容的解决方案。哈佛燕京图书馆除在咨询台提供一般性参考咨询服务外，还利用学科馆员的专业知识提供深层次知识服务。学科馆员业务精通，专业知识丰富，在用户开展科研项目、撰写学术论文等科研活动中，学科馆员嵌入到项目中，根据用户需求，通过挖掘、分析、提炼，集成为具有独特价值的新知识产品，给用户提供个性化、深层次的专题服务，大大推动了东亚文化学术研究的开展。

四、结语

图书馆人性化服务离不开人文关怀、人性化管理。科学、多元化、开放的服务理念，不断超越自我的创新精神和追求完美的服务思想，始终是这所世界顶尖名校图书馆的灵魂。哈佛燕京图书馆一直秉承这种精神，重视图书馆的服务职能，坚持“以人为本、用户至上”的服务理念，坚持开放与合作的态度，制定一系列科学合理的规章制度以及人员的选拔、激励、

---

① Meghan Dolan. “Framework for Sustaining Innovation at Baker Library, Harvard Business School”. *New Review of Academic Librarianship*, 2017, V.23, No.2–3, pp.275–292.

② Jennifer Kwerber. “Harvard Launches User Research Center”. *Library Journal*, 2015, V.140, No.18, pp.16–18.

培训、评价机制，为图书馆的发展打下了坚实的基础。这一切值得我国高校图书馆去学习、借鉴，结合我国高校图书馆的实践，提高我国高校图书馆服务水平。

桃李不言，下自成蹊

——我对哈佛燕京图书馆的记忆

王建平（上海师范大学人文学院）

哈佛大学是全世界莘莘学子心仪的高级学府，也是培养人才特别是人文俊才的圣地。哈佛燕京学社和哈佛燕京图书馆又是中国大陆学者向往学习和进修的所在地，它不仅是东亚和世界其他地区学者荟萃的研修机构和知识储备的“智慧宫”，而且还是树立终极关怀和崇高知识理念的人文高地。每次有宝贵的机会在哈佛燕京学社当访问学者并置身于哈佛燕京图书馆汗牛充栋的书籍里埋头读书时，幸福的感觉油然而升：我是多么幸运啊，能在条件如此优越和宁静的环境里学习和收集资料，为今后的学术研究打下坚实的基石。

作为上海师范大学宗教学学科的学者，在过去10多年中，我由于研究西方基督教传教士在中国西北穆斯林地区的活动，获得哈佛燕京学社的邀请6次访问哈佛燕京学社，成为哈佛燕京学社学人。除了第一次的课题是“不同文明对话的研究”以外，其他5次都是利用哈佛燕京图书馆的“毕敬士（Claude Pickens）有关中国穆斯林的收藏”和“卡特·霍顿（Carter Holton，其中文名字是“海映光”）牧师有关中国西北部少数民族文化照片收藏”做资料整理和研究项目。所以说，哈佛燕京图书馆对我的学术生涯帮助很大，也对我过去10多年的学术研究成果及著述出版影响很大。我个人的确得益于哈佛燕京学社的慷慨资助、得益于哈佛燕京学社同仁及哈佛燕京图书馆郑炯文馆长及他的同事们的热情支持和非常优质的服务。

我有6次作为哈佛燕京学社访问学者从事哈佛燕京图书馆资料和收藏的整理研究，加起来时间一共是18个月。我还有幸因到美国参加学术研讨会议和做耶鲁大学、康奈尔大学及其他大学访问学者的另外5次机会，短期访问哈佛燕京学社并在哈佛燕京图书馆进行查找文献和档案的学术活动。累计一共有11次亲身光临哈佛大学、哈佛燕京学社及哈佛燕京图书馆，置身于这些高级学林之中进行近距离的观察，参与其组织的广泛的学术活动，可以说，哈佛燕京学社和哈佛燕京图书馆对我的影响是全方位的，也是刻骨铭心的。

每一次访问学者经历都包括哈佛燕京学社的Orientation（认识和自我介绍）以及哈佛燕京图书馆到学社所做的“文献资料利用座谈会”。前者是哈佛燕京学社的社长、副社长与主要职员参加，同时也经常能看到哈佛燕京图书馆馆长郑炯文先生出席，了解燕京学人对图书馆的需求；后者则是郑馆长亲自带着图书馆各部的负责人来参加，并亲自介绍如何更好地利用图书馆各种丰富的资源包括数字资源，甚至解答学者们提出的问题，包括如何改进服务、如何更高效地寻找资料和文献书籍、如何利用馆际互借渠道借阅文献等。这样的活动一般都安排在中午，由哈佛燕京学社或哈佛燕京图书馆提供午餐和饮料等。学人们一边就餐一边听取介绍，参与学社同事与图书馆工作人员与大家的互动。每次参加这样的活动，都使得燕京学人和访问学者们深深体会到学社和图书馆的存在价值及服务理念，也了解到图书馆的目的不仅仅是藏书和保存书籍资料文献，更重要的任务是服务于学者和读者。否则，再好再珍贵的资料如果束之高阁，仅仅被收藏，那么就忘记了图书馆的宗旨和服务精神。所以，郑馆长经常告诫我们：图书文献的价值在于被阅读和被利用。图书馆的精神就是满足学者和学生的学习和研究要求，他们极力改善服务，使得图书馆的收藏和图书资料得到更充分的利用。通过在燕京图书馆的学习和工作，燕京学人们获得了非常深刻的人文主义熏陶和陶冶。

哈佛燕京图书馆在郑馆长的领导下，除了给燕京学人及哈佛大学东亚研究和亚洲研究的师生们提供文献资料的借阅服务以外，他们还定期地、经常性地举办利用燕京图书馆收藏及与燕京图书馆资料相关的学术报告和学社沙龙活动。这些学术活动的主题非常多样，涉及文学、历史、经济、教育、社会、宗教、民族、政治、军事、档案、数字资源等。涉及的地区也很广泛，除了中国大陆以外，还有中国港澳台和日本、韩国、朝鲜、越南以及其他东南亚国家、印度、蒙古等。做讲座的主角既包括哈佛大学东亚系的著名教授、各国来访学者和哈佛燕京图书馆的访问学者，还有与哈佛燕京图书馆的特殊收藏有关的哈佛大学和其他高校的博士后、博士生、图书馆中文部、日文部、韩文部、越南文部和西文部的图书馆员及专家等。这些学术报告和沙龙活动除了精彩的学术内容和热烈的讨论吸引学者以外，郑馆长和图书馆的女秘书安排了不少美味的小点心和饮料，为学术活动添加了舒适温馨的气氛和情趣。来自大陆和东亚地区的燕京学社访问学者及燕京图书馆的大陆高校图书馆访问馆员无不感激这样的学术安排活动，让他们获得更多学习和提高的机会，开阔他们的视野，充实他们的业务能力。所以，每个访问学者都非常留恋在哈佛燕京学社和哈佛燕京图书馆的研修时光。

在我们大陆学者的印象中，郑炯文馆长是一位十分勤奋和干练的图书馆领导。哈佛燕京图书馆在他的领导下有着高效的服务和崇高的服务理念。他本人非常尽职，很早就到图书馆办公室开始一天的工作，下班也比较晚。他平时待人非常谦和、热情，特别是对待大陆学者。他来自香港，在北美获得高等教育，来哈佛燕京图书馆任馆长之前曾在芝加哥大学东亚图书馆服务多年，至今已在哈佛燕京图书馆任职 20 来年。他保留着浓厚的中国文化情怀。遇到中国农历春节，他总是邀请大陆学者和港台学者、甚至他们的家眷们，与图书馆的华裔职员一起，到波士顿唐人街的中餐馆去聚餐，届时他不会忘记带上几瓶五粮液或大陆的好酒，还有几瓶葡萄酒，给大家助兴，让远离家乡的大陆学者们能够感到浓浓的乡情味和年味。不少大陆学者因为在哈佛燕京学社和哈佛燕京图书馆工作研修而远离亲人，由于郑馆长的热情和好客，在异乡异地感受到了故乡的温暖。笔者本人就经历过如此温馨热融的机会，2018 年春节，我到哈佛燕京学社做访问学者没几天，就被郑馆长邀请到波士顿的喜来登酒店吃年夜饭，同行的还有来自浙江大学图书馆、上海交通大学图书馆、复旦大学图书馆的访问学者。郑馆长和华裔同事们点了一桌丰盛的广东菜为大家庆祝春节，席间大家互相敬酒，不能喝酒的同事们就喝果汁及饮料，大家一起畅谈工作、学习和研究，也谈乡情和在北美研修的体会。通过这样的聚会，大陆学者再也不觉得孤独，也就没有乡愁了。郑馆长就是这样富有人情味，善解人意地为大陆学者的工作和生活起居着想的。

我在哈佛燕京学社做访问学者，但我的研究工作却与哈佛燕京图书馆的收藏有关。为此，哈佛燕京图书馆在郑馆长的指示下专门为我配备了电脑和办公桌，甚至安排了幻灯片及胶卷底片的阅读器，方便我进行课题研究。按照要求，每个哈佛燕京学人必须就自己的专业领域做一次学术报告。我在哈佛燕京学社做学术演讲时，郑馆长担任主持，并在演讲前介绍我的学术背景和学术成果。来自大陆高校图书馆及国家图书馆、地方图书馆的同事们由于从事图书馆专业，他们比我更幸运，能够获得哈佛燕京图书馆的资助参加美国举办的图书馆研讨会、参观美国一些高校图书馆或有特色收藏的图书馆。我听这些同事们说，郑馆长努力从各种渠道和某些基金会那里筹措到资金，资助大陆图书馆来的访问学者多参加各自专业的学术活动，以便能够了解美国的图书馆管理经验、数字资源的研发等。从这些中国同事们那里还了解到，郑馆长多次参加大陆高校图书馆和国家图书馆办的学术讨论会，与大陆同行们一起合作，探讨如何把哈佛大学图书馆的馆藏资源更好地用于大陆高校和科研机构。他还与国内不少图书馆签订协议，以便共享双方的馆藏资源，出版或影印一些善本书、孤本书的图像资料等。访问学者们利用哈佛燕京图书馆的馆藏资料出版了不少学术著作。

我个人就有着这样的切身体会。2005 年当我第一次成为哈佛燕京学社访问学者时，通过哈佛燕京图书馆西文部馆员林希文（Raymond Lum）博士全面地接触了美国圣公会牧师毕敬士先生有关中国穆斯林的收藏（Rev. Claude L. Pickens，Jr. collection on Muslims in China）。该收藏总计达 38 个大纸盒子以及一些有关中国伊斯兰教的书籍和资料，分为 4 大类和 29 个小分类。其中包括毕敬士在中国居住 20 多年期间在中国穆斯林聚集区拍摄的近一千张照片。特别是 1933 年 6 月，毕敬士的岳父塞缪尔・宇威默（Samuel Zwemer，中文名知味墨、池维谋等）到上海准备参加牯岭会议，在会议前毕敬士陪同岳父对中国穆斯林聚居区和穆斯林集中的一些城市作了一次长途旅行。在那次旅途中，毕敬士拍摄了许多有关中国穆斯林的照片。1936 年，毕敬士与其他西方传教士对中国西北、华北、华中和华东地区的穆斯林聚集区进行了一次历时长久的考察，在旅途中，他又拍摄了大量的照片。这近千张老照片是研究 20 世纪 30 年代中国穆斯林社会的珍贵图像资料。根据这些老照片，我在好几年的暑假期间到青海、甘肃、宁夏、陕西、北京、山东、河南、江苏、浙江和上海进行调查和研究，编著了《近代上海伊斯兰文化存照：美国哈佛大学所藏相关资料及研究》（上海古籍出版社，2008 年）、《中国陕甘宁青伊斯兰文化老照片：20 世纪 30 年代美国传教士考察纪实》（上海辞书出版社，2010 年）、《中国内地和边疆伊斯兰文化老照片：毕敬士等传教士的视角和解读》（上海辞书出版社，2012 年）等书。毕敬士牧师对中国伊斯兰教和穆斯林有浓厚的研究兴趣，他收集了数量不少的有关中国伊斯兰教的书籍和中国穆斯林的经字画、天方历表、招贴画和笔记。1984 年 12 月，毕敬士夫妇为了纪念哈佛大学研究中亚与中国伊斯兰教关系的著名教授弗莱彻（Joseph Fletcher）博士对中国纳格昔班底苏菲教团研究的贡献，把自己毕生收集的有关中国穆斯林的全部资料捐赠给哈佛燕京图书馆。笔者根据毕敬士牧师捐赠给哈佛燕京图书馆的经字画、天方历表、招贴画和笔记图片等资料，与西北民族大学伊斯兰文化研究所所长马明良教授、兰州大学伊斯兰文化研究所所长丁士仁教授一起，合作编著了《民国时期回族印刷品精品集萃：纪念马魁麟阿訇和毕敬士牧师专辑》（宁夏人民出版社，2015 年）。

哈佛燕京图书馆有关中国穆斯林的图像资料还有一大部分是“海映光牧师照片收藏”（The Photo Collection of Rev. Carter D. Holton）。1923年海映光牧师和妻子海慕德（Lora Newberry）来中国西北传教，先是在甘肃狄洮（今临洮县）学习汉语和撒拉族语言，然后于1926年到达青海省循化县，在撒拉族群众中居住了将近10年，再后来到甘肃河州（今临夏，有中国的“小麦加”之称）传教。他曾多次到循化县街子村考察，并在循化县积石镇外的草滩坝村居住多年。他几乎走遍了河湟地区。他在与撒拉族人民生活一起的时候，与许多穆斯林产生了深厚的友谊。同时他也与藏族、回族、东乡族、土族、保安族、汉族、蒙古族等民族群众保持友好的交往。在青海甘肃生活的20多年里，他拍摄了五千多张照片。这些照片在他去世后由他的二女儿劳拉·赫琳（Lora Heaulin）女士于上世纪90年代初捐赠给哈佛燕京图书馆保存。笔者从有关撒拉族的几百张照片中精选了200多张，与青海民族大学民族学与社会学学院的撒拉族教授马成俊博士和马伟博士一起合作，编著了《影像记忆：20世纪30年代的撒拉族社会》一书（民族出版社，2015年）。海映光牧师的照片集中还有数百张有关甘肃临夏的老照片，笔者从这些老照片中精选了150多张，与甘肃省临夏回族自治州民族事务委员会主任金有录先生和干部周义明先生一起合作，编著了《临夏老照片》（敦煌文艺出版社，2018年）。所有这些出版活动都获得了哈佛燕京图书馆的积极支持，郑炯文馆长应笔者的要求亲自写下照片版权委托书寄给笔者。他在好几次哈佛燕京图书馆为燕京学社访问学人举办的查找和利用馆藏文献资料的座谈会上，表扬了笔者利用哈佛燕京图书馆特色收藏在大陆出版学术著作的成果。甘肃张家川县统战部为了配合国家丝绸之路文化宣传，想举办张家川县历史照片展览。他们想购买毕敬士牧师拍摄的几十张宣化冈和沿途人情风土的照片图像。他们委托我向哈佛燕京图书馆联系此事。我给郑馆长写信后，他立即复信，安排有关人员复制图像，并授予这几十张照片的版权。同年张家川县成功地举办了这次丝绸之路文化的摄影展览，吸引了许多国内外群众和专家参观。展览后，他们还印制了画册并赠送哈佛燕京图书馆。

我多次到哈佛燕京图书馆做研究，与郑馆长接触较多。他对我的工作格外关心和支持。有一次我在耶鲁大学做访问学者，路过剑桥市，拜访燕京图书馆。他很高兴，专门邀请我到哈佛大学教师俱乐部餐厅吃饭。他预订了座位。当我坐下时，他笑容满面地告诉我，这个座位是教师俱乐部专门为哈佛大学校长留的，但她今天不来，所以让你坐了。我真的有些受宠若惊，感到非常荣幸。像这样被他邀请到哈佛教师俱乐部吃饭的机会有好几次。可见他对大陆来的学者们非常尊重，极尽东道主的好客之谊。如果国内高校或重要图书馆的领导人来哈佛大学访问，他必定邀请他们到剑桥市或波士顿的中餐馆会餐，边吃边谈工作和合作事宜。除此以外，他还安排这些国内图书馆的领导参观哈佛燕京图书馆的书库和善本书库等，并赠送哈佛燕京图书馆的纪念品。就是靠这种热情的待人接物之道，他使哈佛燕京图书馆与国内各大图书馆保持着密切的合作与互惠交换关系。

郑馆长也非常善于听取大陆学者的建议。在一次帮助哈佛燕京学社访问学人利用哈佛燕京图书馆及整个图书馆系统的资料和特藏的座谈会上，他征求大陆学者有什么好的想法与建议，以改进燕京图书馆工作。我表示哈佛燕京图书馆不仅要采购大陆的学术出版物，如有可能也要收集一些民间出版物，比如家谱资料等。他立即记在笔记本上。座谈会后，他叮嘱我，如有什么具体建议可以直接告诉他。我牢记着他的嘱咐。我退休后，决定把自己过去20多年收集的中国穆斯林民间出版物捐赠给哈佛燕京图书馆，以回报哈佛燕京学社和哈佛燕京图书馆对我研究和学习的极大支持和关怀。目前这个收藏已有18箱之多。如果没有郑馆长那种海纳百川的包容胸怀和博大精神，哈佛燕京图书馆的一些特藏近年来不会增长得这么快。

如今我已退休，不再教学，但仍然保持着看书和学习的习惯，偶尔也写些文字，或做些研究。但我总是想念在哈佛燕京图书馆的日子，怀念图书馆的同事，特别要感谢郑馆长对我研究工作的大力支持和帮助。有个别馆员像西文部的林希文博士已经不幸故去，留下了深切的怀念。也有一些馆员或退休或调动到其他图书馆。

郑馆长和同事比如杨丽瑄、马小鹤、王系、安德鲁、周先生、邱女士以及两位日本老馆员等，对图书馆事业的兢兢业业和尽职尽心的精神使我们深为感动。哈佛大学之所以伟大，能成为人才的摇篮，就是因为有许多具有崇高理念及伟大人文精神的学者和职员在辛勤地工作和努力着。它是那么地无私，慷慨地向大家提供服务而不讲回报，这种精神确实让人感动。每次看到哈佛燕京图书馆，感觉它是那么质朴无华，百年来它在外表上没有多少变化，却承载着与日俱增的巨量知识和宝藏。它是美国和东亚文化沟通的桥梁，也是知识信息的转换站，从它那里辐射出知识和信息的流量，把大陆高校的各图书馆、东亚各国的图书馆乃至世界高校的图书馆链接起来，形成一个有效畅通的服务网络，把知识和信息源源不断地提供给全世界的学者和师生。哈佛燕京图书馆的今天，是我们国内图书馆明天努力的坐标和方向。

哈佛燕京图书馆：我学术生涯的加油站

陈红民（浙江大学蒋介石与近代中国研究中心）

我与哈佛燕京图书馆（Harvard-Yenching Library）结缘始于1996年，至今已有20余年，而且仍在延续。20余年间，我先后4次在哈佛燕京图书馆从事研究工作，持续时间长，研究成果多。毫不夸张地说，哈佛燕京图书馆是我学术生涯中的一个重要加油站，它不断地给我提供新的研究资料，开拓新的研究课题。

我对哈佛燕京图书馆有极深的感情，结识的人，过往的事，千头万绪，下笔成文时，竟然有不知从何说起之感。在此只围绕重要的合作成果，择要记之。

一、胡汉民资料的整理与研究

1996年，我获选为哈佛燕京学社（Harvard-Yenching Institute）的访问学者（Visiting Scholar），有了去哈佛访学一年的机会。

去之前，我有一个研究抗日战争时期某些“经济复古”现象（包括田赋征实、驿运和“军队大生产运动”等）的计划，也打算就此课题撰写博士论文，并着手搜集资料。

刚到哈佛，我就去拜访哈佛燕京图书馆吴文津馆长，他引导到3楼的善本书室。善本书室沈津先生从保险柜中取出厚厚41册的“胡汉民往来函电稿”，我一见到，就有一种无以言状的兴奋。因为我的硕士论文就是研究胡汉民的，完成后颇得好评，全文发表在《历史研究》上，还与人合作完成了大陆第一本《胡汉民评传》。曾经听说过燕京图书馆有些胡汉民女儿胡木兰女士捐献的珍贵资料，但绝对没有想到数量这么庞大。我当时就下决心，改变在美国的研究计划，先来处理这批资料（当时还没想到要用它们撰写博士论文）。吴文津馆长非常支持我的想法，让沈津先生尽力配合。

那时，哈佛燕京图书馆还没有专门供人阅览珍稀善本书的空间，阅读胡汉民资料必须在善本书室内书架之间一张狭小的桌子上进行。每天沈津先生帮我从保险柜中取出一册资料，我进入善本书室阅读，被“关”在里面工作，如果要出来去洗手间或者吃饭，必须敲击玻璃窗，沈先生再开锁放我出去，极不方便，我戏称每天“坐阅读监”。善本书室仅沈津先生一人，他比我更不自由。我在里面阅读时，他就不能随便离开，有事时必须告诉我几点回来，免得我关在里面有事出不来。这样有差不多 8 个月的时间，他尽职尽责地为我服务。哈佛燕京图书馆的那段“阅读监”，成了我一段美好的回忆。

刚开始接触“往来函电稿”，只希望将它用于胡汉民研究，我自信能判断出哪些函电是“有用的”，做些摘录也就基本满足需要。如此，可以省时省事。但几天后，我意识到，它的价值绝不限于胡汉民本人，每件函电至少还涉及到另一个人，许多人与事是我所不熟悉的，也就不能妄断其价值为“有用”或“无用”。因此，我决定将“往来函电稿”中的每件函电都录下来，完整地保存一份史料，带回国内。下这个决心就意味着放弃赴美国前制定的其他计划，阅读与录入“往来函电稿”成为我在美国一年最重要的工作。

为便于工作，我用一个多月的生活费，买了台当时还十分稀罕的二手笔记本电脑，黑白的，且屏幕较小。我将所有资料逐字录入，函电稿中有难以辨识的各种字体、不知其意的代号，工作进行得异常缓慢。从 1996 年 8 月 20 日至 1997 年 4 月 23 日，8 个多月的时间每个工作日都在哈佛燕京图书馆，将“往来函电稿”一件件地录入电脑。日复一日，坐在燕京图书馆提供的那固定的位置上阅读、录入，在过了一段兴奋期后，工作变得十分枯燥与乏味，尤其是在美国，在哈佛大学这种热闹的地方。

图 1　1997 年在哈佛燕京图书馆门口

在录入工作的后期，眼睛因长期受电脑荧屏刺激，疼痛难忍。有段时间，我常自问：自己的工作方式是否正确？有必要将一些“没有价值”的函电也一件件从头到尾地全部录入吗？最后，凭着惯性，还是将一切都做完了（现在回想起来，不能不为当时的“笨”决定与“笨”办法而庆幸）。1997 年 4 月 23 日下午 3：35，录完胡汉民资料最后一册的最后一个字，我伏在图书馆的桌上，泪水从眼底流了出来。待心绪平静后，敲下了如下一段“感言”：

掩卷而伏案，百感交激，泪已满眶。八个月艰苦的日子，终于告结束。从艳阳普照的丽秋，到桃红柳绿的初春，天天在燕京图书馆。

这是我一生中最用功，最专心于“学问”的日子。曾戏言哈佛燕京图书馆，是我在美国的囚室，绝非矫情。

学海无涯苦作舟。比起许多学者发愤苦读，甚至悬梁刺股的奋斗，我的这段经历实不值一提。在此引用，也“绝非矫情”，只是提醒自己要记住那段特别的时光。

吴文津馆长对中国现代史有很深的造诣，他努力说服胡木兰女士将“胡汉民往来函电稿”捐赠给哈佛燕京图书馆，并无条件地对外开放，允许我阅读并录入。他有时约我共同进餐，询问阅读心得。那次离开哈佛燕京图书馆前，我对他与图书馆表示感谢，吴馆长诚恳地说：“陈先生，应该是我感谢您，我以前知道这批胡汉民资料是宝贝，但不知道宝贝在哪里，您发掘了它们的价值，并且告诉我。”吴馆长对我的工作勤勉也相当赞许。他说，在燕京工作这么多年，也看到不少用功的学者，有哈佛的博士生为写论文，3个多月连续不断地来图书馆，但能8个多月每天都来图书馆的人，“您是我见到的第一位”。

我的“用功精神”赢得了不少好名声，哈佛燕京学社社长杜维明教授特意邀请我参加当年的哈佛燕京学社董事会，向董事们汇报自己的工作与收获。

在完成全部“胡汉民往来函电稿”的录入后，我一面利用资料，完成了自己的博士论文《函电里的人际关系与政治：哈佛燕京图书馆藏“胡汉民往来函电稿”研究》（2003年由北京生活·新知·读书三联书店出版）。同时也向吴馆长提出将全部资料整理出版，供学界共享的想法，蒙他首肯。

不久之后，吴文津馆长荣誉退休，哈佛燕京图书馆迎来了第三任馆长郑炯文先生。郑馆长对我的工作依然十分支持，并于2002年邀请我再赴哈佛燕京图书馆访问3个月，完成胡汉民资料的整理、校对与编辑工作。

2005年，在郑馆长鼎力支持下，15册的《胡汉民未刊往来函电稿》被编为“哈佛燕京图书馆学术丛刊第四种”，由广西师范大学出版社出版。

其时距我接触到这批资料已有十年时间，其间录入、整理与编辑的甘苦，真可用“十年磨一剑”来形容。此书出版后，学界广泛好评，2007 年获得了浙江省哲学社会科学优秀成果一等奖。

哈佛燕京图书馆的胡汉民资料，成为我完成博士论文的重要基础，使我得以深化对胡汉民的研究，在此课题的研究上处于领先位置。

二、蒋廷黻资料的整理与研究

也是机缘，我 2002 年在哈佛燕京图书馆做胡汉民资料出版前的最后校对编辑工作期间，恰好遇到“蒋廷黻资料”（Archives of Dr. Tsiang Tingfu）进入馆藏。

蒋廷黻是知名的历史学家与外交家，逝于美国。他的资料进入燕京图书馆是个传奇的故事。

图 2　2009 年在哈佛燕京图书馆报告“蒋廷黻资料”

1930 年代，蒋廷黻在清华大学历史系任教时，有位专程来学习中国历史的美国留学生费正清（John King Fairbank）与其过从甚密。费正清回到美国后，担任哈佛大学教授，建立了东亚研究中心，成为知名汉学家。1949 年后蒋廷黻与费正清同在美国，却几无交往。因为后者对国民党政权多有批评，作为国民党政权代表的蒋廷黻自然不会与其联络。1965 年蒋廷黻过世后，费正清深知其所藏资料的重要性，一直寻找，却苦无线索。

到了 1980 年代，费正清从哈佛大学荣誉退休。他偶然发现新招聘的秘书与蒋廷黻是亲戚，且知道蒋廷黻的四公子蒋居仁先生就住在哈佛大学附近。费正清遂动员蒋居仁捐出其父的资料。费正清教授过世后，接受蒋廷黻资料的工作由其关门弟子、时任哈佛大学历史系主任的柯伟林（William C. Kirby）教授继续完成。双方最初商定，蒋廷黻资料全部捐齐后，将存放在哈佛最大的图书馆——瓦德纳图书馆（Widener Library）。柯伟林教授等在移交前与相关学者商量，认为瓦德纳图书馆虽是哈佛图书馆的主馆，但蒋廷黻资料事关中国，又多用中文完成，从使用便利的角度考虑，还是典藏在以东亚文字为主的哈佛燕京图书馆更合适。征得蒋居仁同意后，蒋廷黻资料于 2002 年 9 月 27 日全部移到哈佛燕京图书馆。

这批资料入馆时，保存着蒋家捐出时的状态，放在规格不一的纸箱中，每箱里的东西相当凌乱，信件、书籍刊物、手稿与字画、照片等共存，甚至有烟斗、唱片与旧式的录音带。图书馆随机给每个纸箱编上了号码，共 14 箱。

我对“蒋廷黻资料的”整理与编辑工作，经历了三个阶段：

（一）初步意向与筹备阶段。我整理与研究胡汉民资料，深得哈佛燕京图书馆与郑炯文馆长信任，与该馆建立了良好的合作关系。当郑馆长向我介绍蒋廷黻资料入藏情况时，我当即提出应尽早整理，争取在中国出版。郑馆长说，那就请你来做这件事，希望你在结束胡汉民资料的整理后，抽时间整理蒋廷黻资料。在郑馆长安排下，我抽空匆匆浏览了全部蒋廷黻资料，并将大致内容向他报告。我这次访问期间，还与蒋居仁先生首次见面，听他讲他家族的故事，对资料的背景有了较清晰的了解。

（二）实施阶段。蒋廷黻资料入藏燕京图书馆的消息传出，不少学者前去查阅，其间，有清华大学的学者提出可以自费协助整理（因蒋廷黻曾任清华历史系教授），被郑馆长婉言谢绝。他说，已经委托陈红民教授方便时再来整理。2009 年下半年，郑馆长邀我第三次访剑桥，编辑整理“蒋廷黻资料”的工作正式启动。

在哈佛半年期间，我通读了全部资料，重要的均拍成资料片，准备回国后编辑。与此同时，哈佛燕京图书馆、广西师范大学出版社与我达成了合作出版意向。2011 年，“哈佛燕京图书馆藏‘蒋廷黻资料’整理与研究”项目获得国家社科基金重点项目资助（项目号：11AZS001），使得这项工作更具意义。

为使这批藏于美国的珍贵史料早日与研究者见面，造福学术界，我领导的研究团队努力工作，对 2009 年所拍的照片进行分类整理与编辑，大致完成了出版前期的工作（出版社称照片质量不错，基本达到了出版要求）。2012 年 11 月，我带领团队成员再赴哈佛大学，最初是想在通读原件的基础上，拾遗补阙，重拍达不到出版质量的照片。为保证出版质量，我们购置手动扫描仪，将所有的资料重新扫描。那段时间，我们早出晚归，每天在哈佛燕京图书馆善本书阅览室里辛勤而紧张地工作，终于在圣诞节前大功告成。

不料，在与郑馆长沟通时，他否定了我们的意见，坚称为保证哈佛燕京图书馆的声誉与出版质量，必须要以哈佛大学图书馆技术部门的扫描件为出版底本，否则不同意出版。这意味着我们一个多月的辛苦前功尽弃，还要全部重新来过，从每箱中再挑选出需要扫描的文件，做特殊记号，装箱后留待扫描。我们在沮丧中再拾余勇，时间紧张，善本阅览室又是正常上下班，郑馆长就特批给我们在图书馆 3 楼找个房间当成工作室。我们每天加班加点，终于在离开美国的前夜完成了全部工作。

（三）分类编辑阶段。2013 年 10 月，哈佛燕京图书馆将扫描好的电子文档寄至广西师范大学出版社。12 月，我们收到了出版社的打印件（由于版权关系，出版社只能向我们提供打印件）。我们借了一间大会议室，将 13000 多页资料全面铺开，指导研究生重新分类组合，排定顺序，再为每份文件拟定题目，录入编目，最后是校对调整。将如此众多纷杂的资料进行编辑整理，每日从早到晚，工作强度之大，至今思之，仍是难忘。

图 3　2017 年与郑炯文馆长、蒋廷黻的公子（右 3）及哈佛燕京图书馆的朋友合影

2015 年 6 月，24 册的《美国哈佛大学哈佛燕京图书馆藏蒋廷黻资料》（哈佛燕京图书馆文献丛刊第九种）由广西师范大学出版社出版。收入这套资料的，除去哈佛燕京图书馆的典藏，还补充了几年来我从哥伦比亚大学善本与手稿图书馆、蒋廷黻的女公子蒋寿仁女士处搜集来的蒋廷黻资料。

从我 2002 年接触到蒋廷黻资料，到整理出版完成，前后历时 13 年，又是一个“十年磨一剑”。蒋廷黻资料从费正清开始寻找征集，柯伟林接续完成，到我整理编辑与补充，是一场中美学者的接力赛。其中哈佛燕京图书馆扮演了重要的角色。

2017 年，蒋廷黻资料获得浙江省哲学社会科学优秀成果一等奖。我所承担的国家社科重点项目，也以最高等级的“免于鉴定”结项。

因为整理蒋廷黻资料，我涉足对于他的研究，拓宽了自己的研究领域与学术视野，写了几篇相关的论文。我指导的一位研究生则主要依靠蒋廷黻资料，完成了博士学位论文，并申请到国家社科青年项目。

三、学术的传承

短期的过访不算，我在哈佛燕京图书馆工作过 4 次，先后得到吴文津、郑炯文两位馆长的支持与照顾，学术上取得进步的同时，也与图书馆的工作人员结下了深厚的友谊。

前文提到的沈津先生，国学根基深厚，对旧书信体例和书画均有研究，他不仅每天热情地接待我，且在书信体例、字迹辨认等方面给了大量的、直接的帮助。

2002 年访问时，租住在马小鹤先生那里，我们平时一起坐车到图书馆，周末一起买菜做饭，相对小酌。杨丽瑄女士不厌其烦地帮我们找资料，她听说我在搜集蒋介石的文物，返回台北探亲之际，特意将家中的一尊雕像找出，捐给浙江大学蒋介石与近代中国研究中心。现在负责善本书室的王系女士，已经退休的胡嘉阳女士，都给过我许多帮助。

2009 年圣诞节，我应邀参加哈佛燕京图书馆的联欢会，郑炯文馆长在演讲中，特意提到我在馆里半年的工作，并郑重地赠送礼物。我喜出望外，一时不知所措，只能连连称谢。当晚，郑馆长又带我去查尔斯河边的一家餐厅，在高楼上观赏波士顿夜景，吃海鲜大餐。

2007 年，我从南京大学调动到浙江大学工作，浙江大学工科医科等较强，但文科偏弱。我有机会就鼓动郑馆长加强与浙大的联系，将馆员交流计划扩大到浙大。现在，哈佛燕京图书馆与浙大图书馆的联系越来越紧密，尤其是在 CADAL 项目上的合作，以及浙大图书馆派出馆员赴燕京交流。郑馆长等频繁地访问浙大，我们有不少机会一起就餐聊天。这些当然是多种因素促成，相信我不断对郑馆长的游说也有些微的作用。

图 4　2012 年，与浙大同事拜访哈佛燕京图书馆，与郑炯文馆长、马小鹤、杨丽瑄合影

2015 年，我承担国家社科重大项目“蒋介石资料数据库建设”，目标是要尽可能搜集全球所有与蒋介石相关的史料。项目组成员赴美国搜集资料时，得到哈佛燕京图书馆的支持，收获颇丰。郑炯文馆长提议，为了解北美的资料情况，更好地建成数据库，可以将北美各重要东亚图书馆的馆长请到杭州，共商数据库建设大计，他可代为约请。在他的全力支持下，2019 年 2 月浙大蒋研中心与 CADAL 项目管理中心联合举办了“基于 CADAL 资源的特藏建设学术研讨会”，邀请到北美地区 10 余家东亚图书馆长参加，在会上分享了各自馆藏的珍贵资料，郑馆长在会上也对蒋介石资料数据库提出了建设性的意见。

近年，浙江大学创建“双一流”，加强与世界高水平大学的联系，浙大蒋研中心的青年教师与博士研究生也有机会去哈佛大学访问，他们首先会到哈佛燕京图书馆，为科研课题或学位论文查找资料。郑馆长对年轻人给予了最大的协助与照顾，请研究生们吃饭，令他们十分感动。

哈佛燕京图书馆本着“学术是天下公器”的理念与服务读者的热情，过去对我的学术研究提供助力，我们的合作富有成果，嘉惠学界，对中美学术合作有所贡献。现在我的学生也受惠于此，相信未来也能一代代地传承下去。

哈佛燕京图书馆“闭关”三十天

段怀清（复旦大学中文系）

一

20多年前，因为撰写博士论文，我对哈佛大学档案馆和哈佛燕京图书馆有所耳闻，但谈不上有多了解，更没有直接的接触。

十多年前，美国卫斯理学院的魏爱莲（Ellen. B. Widmer）教授来上海、杭州及衢州等地，搜集与清末民初浙籍地方文人詹熙家族有关的文献资料，我曾有幸跟随陪伴过几次。其间涉及到文献资料确认及检索等方面的事宜，魏教授多委托远在美国的马小鹤先生代劳。马先生就在哈佛燕京图书馆中文文献部服务，这大概是我与哈佛燕京图书馆直接打交道的开始。

近十年前，我曾为《浙江大学学报》主持过一期有关中国近代文学的专栏。当期邀约了韩南（Patrick Hanan）、魏爱莲和袁进三位教授的稿子，其中韩南先生的论文《王韬与作为中国文学文本之〈圣经〉“委办本”》（刊《浙江大学学报》，2011年第1期》），是由我翻译完成的。翻译过程中，与韩南先生就论文翻译等事宜多有邮件往还，由此建立了学术联系，后来韩南先生还专门将他由哈佛燕京图书馆代为制作的几种清末来华传教士中文基督教赞美诗歌集的电子版发给我，供我研究参考。这应该是我直接使用哈佛燕京图书馆文献资料的开始。之后，我还收到过魏爱莲教授从耶鲁大学神学院图书馆、哈佛燕京图书馆复制寄来的多种与清末来华传教士中文著述有关的文献资料。这种跨越太平洋的学术往还，当时还不十分便捷，但却能补充国内图书馆收藏之所缺，予我帮助甚多，也让我对大洋彼岸的这一座以中文文献收藏为特色的专业图书馆不免心生向往。

2014 年 8 月至 2015 年 8 月，我应邀到哈佛燕京学社访问研究，在此进出一年，期间绝大部分时间，都是在哈佛燕京学社及哈佛燕京图书馆度过的，而哈佛燕京图书馆事实上成为我此间读书、研究、写作最为重要的文献依托与支撑。某种程度上，哈佛燕京图书馆的收藏一度塑造了我这段时间的阅读与研究格局，甚至对我回国之后的学术研究也产生了持续影响。

不过，无论是哈佛燕京学社，抑或是哈佛燕京图书馆，已有不少专文甚至专书介绍说明，所以此处无意再说些“有之无所补，无之靡所阙”一类的赘言，仅就我个人此间所接触到的哈佛燕京图书馆，尤其是所体验到的服务略述一二。

事实上，每一批哈佛燕京访问学者抵达燕京学社之后，很快就会受邀前往参观燕京图书馆，并与该馆负责中文部、日文部、韩文部以及越南、泰国等文献部的馆员座谈，并由此开启各自在哈佛燕京期间的“书”的故事。

撰写此文之际，我重新检索了一下当年在燕京学社访学的日记，发现其中与燕京图书馆相关的信息甚多，此处不妨摘录几条：

2014 年 9 月 4 日，周四。晴。

去哈佛燕京图书馆，参加专门为本年度燕京学者所举办的燕京图书馆使用说明会，由图书馆长郑炯文先生（James K. M. Cheng）主持。后参观图书馆各个分类收藏。休息时郑先生特意到我跟前询问，并专程到他办公室取来燕京图书馆藏晚清民国间新教传教士中文译著目录提要一书相赠，浓情雅意，感念不已。回寓所后发邮件给郑先生再次表示感谢。

2014 年 9 月 18 日，周四。晴。

与马小鹤先生在燕京图书馆面谈，复旦史地所张晓虹老师来。马先生带我们二人到楼上参观燕京善本书库。注意到有富善的《官话萃珍》三种不同版本，届时来看。

在善本书库韩南先生捐赠书架边，看到张爱玲签名送给韩南先生的《红楼梦魇》一书，拍了照片。

2014 年 9 月 19 日，周五。晴。

接到马小鹤先生邮件。代郑炯文先生约定下周三中午（9 月 24 日）在 Harvard Faculty Club 午餐。回复马先生邮件。

2014 年 9 月 24 日，周四。晴。

今天中午燕京图书馆长郑炯文先生在哈佛教员俱乐部请饭。

中午赴燕京图书馆长郑炯文先生约，在 Harvard Faculty Club 用餐，在座者还有燕京图书馆中文部马小鹤、杨丽瑄二位馆员。饭间郑先生谈到此次请饭的真正目的：邀请我主编哈佛燕京图书馆学术文献丛书之“哈佛燕京图书馆藏晚清新教来华传教士中文文献汇编”（影印本）。我接受了此邀请。这是一件能够给华文社会的学者们带来研究便利的好事，也是我几年之前就计划做的一件事。

2015 年 6 月 1 日，周一。雨。

与燕京图书馆郑炯文馆长以及中文部、韩文部、日文部以及越南文献部相关馆员座谈，这也是本年度燕京图书馆与燕京访问学者、学人三次座谈的最后一次。燕京图书馆如此关注与学者们之间就图书馆文献、服务等意见的反馈与交流，这种工作方式，既是燕京图书馆的方式，也是整个哈佛图书馆系统工作方式的一部分。从这里确实可以管窥到哈佛作为一所世界级大学之所以能成功的根基性的东西。

日记中最后一条与哈佛燕京图书馆有关的记载，时间是 2015 年 8 月 20 日，也就是我离开波士顿回国前 5 日。此日日记中有如下记录：

2015 年 8 月 20 日，周四。晴。

晚上与夫人、女儿一起到查尔斯饭店的海鲜餐厅，出席燕京图书馆长郑炯文先生为我们一家回国饯行的晚餐。同餐者还有燕京图书馆中文部马小鹤、杨丽瑄二先生（女士）。郑先生温和而细心，对夫人、女儿均甚为照顾，很是感慨。

燕京学社访学一年，哈佛燕京图书馆成为我使用服务最多的一座学术型图书馆，郑炯文先生还慷慨赠送了多种由该馆组织或主持编纂出版的文献著作。在我们一家临行回国之际又特为饯行，心中迄今感念不矣。

二

在为纪念哈佛燕京图书馆建馆七十五周年而特别出版的《哈佛燕京图书馆藏精萃》（*Treasures of the Yenching*）一书中，原哈佛大学东亚系中国文学教授、哈佛燕京学社第五任社长韩南（Patrick Hanan，1927—2014）撰有《哈佛燕京图书馆藏基督教中文文献：其书写过程》（Chinese Christian Literature：The Writing Process）一文。该文对哈佛燕京图书馆收藏的这批基督教中文文献之来源、数量等基本情况有过简单而清晰的说明：

> 哈佛燕京图书馆藏 19 世纪末、20 世纪初的新教中文文献，大多来自于美国公理会海外传道部（American Board of Commissioners for Foreign Missions，ABCFM，简称美部会）档案。这部分档案自 1941 年起就一直保存于哈佛，其数量多达近 800 种。哈佛燕京图书馆的收藏，也成为世界上同类文献中最主要的收藏之一。

对于哈佛燕京图书馆的这一文献收藏，自 1960 年代美国公理会捐定之后，美国本土学者即已开始展开调查研究。具体而言，在文献鉴定、编目方面，主要有刘广京、赖永祥二位学者。前者对这批文献的著述者以及相关出版信息进行了审订（迄今这批文献中不少在扉页内仍黏贴有打字机打印的著述者、出版鉴定信息，推测即为刘广京先生之功），而后者则对这批文献进行了著录编目，撰成《新教传教士中文著述目录》（*Catalogue of Protestant Missionary Works in Chinese*），另有《中国与新教传教士——早期传教士中文著述汇编》（*China and Protestant Missions*：*A Collection of Their Earliest Missionary Works in Chinese*），此书由荷兰国际文献公司（Inter Documentation Company，IDC）制作成为微缩胶片。

1985 年，哈佛大学出版社出版了由 S. W. 巴尼特（Suzanne Wilson Barnett）与费正清合编的《基督教在中国：早期新教传教士的著述》一书，这也是美国本土学者利用这批中文文献进行相关研究所取得的初期学术成果之大成。而之后韩南教授撰写的《作为中国文学之〈圣经〉：王韬、麦都思与〈圣经〉“委办本”》一文，以及收录在《19 世纪及 20 世纪初期中国小说论集》（*Chinese Fiction of the Nineteenth and Early Twentieth Century*，Columbia University Press，2004，New York）中的有关“传教士小说”的专题论文，都是对这批文献的进一步研究。

除美国的研究者外，国内亦有学者对这批文献予以关注并做过相关研究及介绍。赵晓阳教授先后撰有《哈佛燕京图书馆收藏的中文基督教书籍》《哈佛燕京图书馆收藏的汉语〈圣经〉译本》等，张美兰教授编撰有《美国哈佛大学哈佛燕京图书馆藏晚清民国间新教传教士中文译著目录提要》。另据燕京图书馆善本书库的图书馆员介绍，迄今来此查阅这批文献的中国国内学者仍不时见到。

上述美、中两国学者迄今为止就哈佛燕京图书馆藏基督教中文文献所做的整理、编目以及研究利用工作，对于了解这批文献的基本情况、判断其学术价值，尤其是对于如何进一步使用这批文献来展开相关专题研究，提供了必不可少的帮助和启示。

而我受邀编纂的《哈佛大学哈佛燕京图书馆藏晚清新教来华传教士中

文文献汇编》，既是上述多位学者已经开启的学术工作的延续，也是我个人学术兴趣的一次落实。

自 2015 年 5 月 4 日开始，一直到 6 月初，前后 30 天左右，我在燕京图书馆的善本书库“闭关”，编纂“汇编”并同时完成“汇编导读”一文。这是我应郑炯文先生及哈佛燕京图书馆之邀完成的一份作业，也是我个人关注的一个研究方向的基础性文献准备。每天上午 9：30 即进馆，一直到下午 4 点闭馆出来，一天将近 7 个小时，基本上被“禁闭”在平素不允许读者进入的“善本书库”中，任由我阅读选编书库中的文献。除了最后几天视力有些下降，我的精神及心理一直处于健旺状态。

这也是我与哈佛燕京图书馆接触最为亲密的一段时间。我的访学日记中对此有不少记载，兹抄录其中部分如下：

2015 年 5 月 4 日，周一。晴。

从今天开始，到燕京图书馆善本书库展开《哈佛大学图书馆藏晚清新教来华传教士中文文献汇编》目录及序言的编撰工作。每天上午 9：30（也是善本书库的开门时间）进善本书库，中午一个小时的午饭时间，下午工作到 4 点离开书库。

今天一天的工作集中于《圣经》中译本，主要挑选了几个官话本、方言本以及文言本。明天将挑选 1850 年代之前的“委办本”、个人译本以及方言译本等。

查阅到 1917 年编纂出版的《基督圣教出版各书书目汇纂》（雷振华纂）一书。这是在伟烈亚力有关早期（1872 年之前）新教来华传教士的个人传记及著述一书出版之后另一部值得重视的书目。

查阅广学会出版书目。

2015 年 5 月 5 日，周二。阴，雨。

下载昨天在燕京图书馆善本书库所拍照片。

9：30 照例进燕京图书馆善本书库，继续文献汇编目录工作。《圣经》中译本、圣诗圣歌、历史等部分已经基本完成。

12:00离开善本书库，回寓所午饭。1点钟再进善本书库，继续工作。今天工作进展顺利。

今天下午从燕京图书馆回寓所的路上，有一种春暖花开的感受。

2015年5月6日，周三。晴。

9点去燕京图书馆，继续在善本书库工作。

继续赞美诗、圣诗文献的考察编选工作。今天主要进行柏亨理—富善本《颂主诗歌》不同版本的考察及编选。同时推进“导读前言”的撰写。

回到燕京图书馆善本书库，继续工作。2:20离开善本书库，因为燕京图书馆今天下午2:30有一个内部会议。

2015年5月7日，周四。晴。

早起。

到燕京图书馆善本书库。

中午12点回寓所吃饭。1点钟进书库。

4点钟出书库，回寓所。

2015年5月8日，周五。晴。

早起。

到燕京图书馆善本书库继续工作。有一些未曾预料到的发现。其一，明恩溥的夫人（明师母）撰著的系列布道著作（六本），在燕京图书馆善本书库中存有两本；其二，秀耀春的发现；其三，花之安的几部汉学著作的发现。

12点回寓所吃饭。1点进书库继续工作。4点出书库。在燕京图书馆门口拍照两棵花树。我称之为“香雪海”。

2015年5月9日，周六。晴。

整理日记。回复顾彬教授70岁寿辰纪念文集委员会邮件，并计划在5月15日之前完成此文。

正是波士顿的春夏之交的季节，客厅阳台上落满树上的花穗，已经是浓荫遮蔽的时日，与夫人一路上见到不少花树，真有些“月满香入夜，风过花沾衣”的意境。

2015 年 5 月 10 日，周日。晴。

早起。阳台窗户外的树荫已经逼近阳台。

午饭。略事休息。为《大公报》成文两篇《君王版圣经》及《明师母》。

2015 年 5 月 11 日，周一。晴。

到燕京图书馆善本书库，开始新一周的文献汇编工作，已经延伸到科技类著述。

12 点出善本书库，回寓所吃饭。

1 点钟进图书馆，在善本书库门口与王系女士谈。继续工作。

4 点出书库，结束今天的工作。工作进展顺利。

回到寓所。饭后与夫人一道去图书馆还书。

波士顿天气白天太阳光比较晒人，但太阳落山之后，马上阴凉下来了。

2015 年 5 月 12 日，周二。阴。

到燕京图书馆善本书库，书库外面是日本文献书库。

继续文献汇编工作。12 点出书库，回寓所吃饭。

1 点进书库，继续工作。

4 点回寓所。

2015 年 5 月 13 日，周三。晴。

早起。

去燕京图书馆善本书库。进库继续工作。

来燕京图书馆路上成如下诗句：

劳动、劳动、劳动

像太阳每天升起

像风动

像花之绽放

像查尔斯河水　不舍昼夜地缓缓流淌

上午一对夫妇进到善本书库，据说他们属于一家基金会，拟捐收藏之当代中国藏品（包括粮票、布票、邮票等）以及清朝官员身上的图案给燕京图书馆。与之略谈。他们曾考察过复旦，拟议合办自闭症治疗机构，后未成。

袁进教授来，下午约去波士顿艺术博物馆参观日本浮世绘展。

12 点出书库，回寓所吃午饭。

1 点进书库。马小鹤先生送来在国内订购之海上潄石生《退醒庐诗抄》以及《鸣社二十年话旧集》二册。甚为高兴。翻拍。

回寓所吃饭。

2015 年 5 月 14 日，周四。晴。

早起。

到燕京图书馆，进善本书库。继续工作。

10: 45 出书库，到燕京学社办公室，与中国图书出版集团来美两位编辑座谈。他们有一个关于中国近现代文化海外译丛的项目，此次来燕京调研考察。由燕京李若虹老师联络，到中山大学谭安奎、民族大学施琳、香港大学朱梦雯还有我。

回寓所吃午饭。

1 点钟进书库，继续工作。

4 点钟离开书库。文献汇编目录工作已经接近尾声，导读序言一并推进，已有 2 万余字。

2015 年 5 月 15 日，周五。晴。

早起。

到燕京图书馆善本书库，继续工作。

12 点出书库，回寓所吃饭。

1 点返回书库继续工作，至 4 点，基本上完成了书架上的全部中文文献的汇编工作。剩下送出去修补的一二十种文献，下周一再来看一天，可以结束文献汇编工作。前言工作亦完成 80% 以上。

2015 年 5 月 16 日，周六。阴。

早起。

赶写顾彬教授诞辰纪念文。

中午 12 点半到哈佛纪念堂底楼，参加燕京学社组织的年度龙虾宴。这也是本届燕京访问学者、学人的最后一次正式聚会。见到裴宜理社长、魏爱莲教授。

饭后回寓所。赶写顾彬教授文，至深夜文成。题目为《顾彬与汉学研究之方法一种》。发给北京外国语大学海外汉学研究中心顾彬教授诞辰 70 周年纪念集委员会。

2015 年 5 月 18 日，周一。晴。

早起。

到燕京图书馆，继续工作。

中午 12 点出书库，回寓所吃饭。略事休息。

1 点再进书库，继续工作。

4 点钟出书库，回寓所。

2015 年 5 月 19 日，周二。阴天，雨。

早起。

到燕京图书馆，进书库继续工作。

发现《中华基督教文字索引》一册。之前没有发现，与伟烈亚力的目录、雷振华《基督圣教出版各书书目汇纂》等目录文献一道，连贯形成有关晚清新教来华传教士中文文献的基本面貌。

中午 12 点出书库，与袁进教授谈。回寓所吃饭。

1 点来图书馆，在善本书库办公室与北京大学图书馆来燕京图书馆交换馆员张晓琳老师谈国内图书馆的保护与利用之关系的把握问题。

进书库继续工作。

4点出书库，发现两种新的基督教出版物目录书，这对了解从伟烈亚力到民国时期的在华基督教团体写作、出版中文文献的状况是有帮助的。

2015年5月20日，周三。晴。

早起。

今天决定在寓所完成“王韬与《艳史丛钞》”一文，故暂停一天去燕京图书馆。

修订“王韬与《艳史丛钞》”一文。燕京图书馆藏有《艳史丛钞》《香艳丛书》及《艳史十二种》，这也是我能够完成此文的基础。在国内曾想完成此文，但文献不足。王韬似乎对这种“艳史”文类及文体类型情有独钟，我将这种书写归类于一种知识分子的亚文化状态，属于一种带有一定隐逸、消极的颓废文化及心理。其中既有对于士大夫正统文化以及大众文化的疏离排斥，也有对于这两种文化的潜隐迎合。

补充《哈佛燕京图书馆藏晚清新教来华传教士中文文献汇编》前言，主要是补充“1876年费城美国国际博览会中国海关藏书展目录”。

晚饭之后继续工作。波士顿5月下旬了，但夜晚气温依然较低，在房间里穿T恤并不能坚持多久。这样看来，这里的暖气一直开到4月底是有道理的。

2015年5月21日，周四。晴。

早起。

到燕京图书馆，进善本书库。继续工作。

12点出书库，回寓所吃饭。

1点进书库，继续工作。

4点回寓所。

2015 年 5 月 22 日，周五。晴。

早起。

今天暂停一天去燕京图书馆善本书库，在寓所整理笔记。

修订王韬与《艳史丛钞》一文。

午餐之后去燕京学社开会。哈佛燕京学社出版之“哈佛亚洲研究学刊”的编辑 Mellisa 以及哈佛亚洲研究中心的 Bob 来谈，介绍该刊以及在美国出版学术著述的一般程序及相关事宜。到者为本年度燕京访问学者及学人十余人。

2015 年 5 月 23 日，周六。晴。

早起。

与夫人一起步行，过 Longfellow Bridge。此桥在 Broadway 1，距离寓所并不远，步行 30 分钟左右。此桥现在正在翻修，但依然可以通行地铁和公共汽车，行人以及自行车骑行也照旧。在桥上看到查尔斯河里有一家野鸭——鸭父母带着 6 只小鸭，状甚悠闲。

下查尔斯河大桥，右转进入到 Charles St.，之前未曾来过这里。在这里一家小店，看到有卖旧书和旧明信片。书不少，大多是 19 世纪的旧书，我买了一本《耶鲁生活札记》(*Sketches in Yale Life*)，另外买了一本《波士顿休闲》(*Recreation in and about Boston*)。

2015 年 5 月 27 日，周三。晴。

早起。

撰写《美国早期汉学：亲历历史与家族传统》一文，完成杜德维、白壁德翁婿部分。

与夫人一道去麻省大道上的 Supercut 理发。

到 Porter Square 的 commuter rail 查询到康科德的通勤车时间表。计划下周去。

顺道到 Somerville Ave 的那家面包店买面包。

继续“美国早期汉学”一文。

2015 年 5 月 28 日，周四。晴。

早起。

复旦校庆晚会，女儿在现场观看，回到宿舍之后发来一组晚会照片。祝福复旦。

处理回复邮件。

今天是哈佛毕业典礼前一天。整个 Harvard Yard 已经布置完毕，供毕业生及家人拍照。明天毕业典礼。

与夫人一道到 Harvard Yard 走走看看。这里正在举行 2015 届毕业生日。学生们通过大屏幕发表毕业感言——此项活动觉得可以引进。我们的毕业季缺乏让毕业生们畅怀感言的形式与场所。

收到麻省理工学院乔姆斯基教授的邮件！乔姆斯基教授的回复邮件全文如下：

Many thanks for your kind thoughts. I quite agree with your great respect for my old friend Howard Zinn.

Noam Chomsky

回复乔姆斯基教授邮件。我给乔姆斯基教授的邮件是今天早上 10: 20，他的回复是晚上 7: 06。说明 87 岁的老教授依然在思考、在写作。

2015 年 5 月 29 日，周五。晴。

早起。

5 点前回到寓所，完成《美国早期汉学：亲历历史与家族传统》一文。

收到乔姆斯基教授邮件回复，称希望看到我对津恩教授著述的评论。

2015 年 5 月 30 日，周六。晴。

早起。

修订中文文献汇编目录给燕京图书馆郑炯文馆长、广西师范大学出版社文献分社雷回兴社长。在燕京图书馆善本书库的工作基本上告一段落。

观看乔姆斯基演讲视频、与福柯对话视频。

2015年5月31日，周日。阴。

早起。

读顾彬《中国古代文人的自然观》。

收到徐侠发来《回忆韩南先生》一文，甚好。转发思和师。回复徐侠。

收到思和师邮件，已经将徐侠文章增补进“纪念专辑”。另我亦将“编者按语”重新修改，增加有关杨光辉、徐侠文事。

下午5点左右开始下雨，昨夜也下了很长时间。这个春天波士顿的雨水不多，远没有去年冬天多。据说美国西部干旱严重。又据说今年全球厄尔尼诺现象将更严重，中国有可能出现北旱南涝的反常气候。

2015年6月1日，周一。雨。

早起。连续三天阴天，且气温下降明显。昨天傍晚与夫人一起出门散步，因衣着过少，觉得天凉，遂中途而返。

思和师邮件告知本辑《史料与阐释》这两天发稿。回复。另回复徐侠邮件。

燕京图书馆郑炯文馆长邮件称收到目录并予肯定。

开始准备“富善与晚清传教士的白话文实验”一文。

2015年6月2日，周二。阴天，雨。

早起。

波士顿连续三天中到大雨，气温回落不少，外出已经需要穿毛衣以及夹克衫。6月初的波士顿室外气温在10度以下，这种体验很少见。

回复燕京图书馆善本书库王系馆员邮件。她已经收到发去的目录。

2015年6月3日，周三。晴。

早起。

继续富善一文。富善一文写作顺利，已经完成第一部分，今晚或明晚应该可以交稿。

三

接到郑炯文先生的邀请来主持整理汇编哈佛燕京图书馆藏新教来华传教士中文文献时间是 2014 年 9 月份，而我正式开始进馆“闭关”则是 2015 年的 5 月份，之所以中间耽延了几个月，是因为那时候我手边还有其他工作。其实，在“闭关”之前虽然没有直接开始汇编工作，但已开始关注并搜集相关文献。譬如 2015 年 2 月 26 日的访学日记中，就记载了与复旦大学历史地理研究中心吴松弟教授就传教士中文著述书目事的往来邮件：

> 吴老师，很高兴在燕京这里又见到您，相信以后还有不少要向您请教的地方。我曾在周振鹤先生主编的“传教士传记丛书”中翻译过理雅各传，对晚清新教来华传教士在语言、文学领域的实践探索有些兴趣，也一直在关注。刚在复旦出版社出版的《王韬与近现代文学转型》一书中，对此话题亦有涉及。此次受邀编辑《哈佛大学哈佛燕京图书馆藏晚清新教来华传教士中文文献汇编》，算是对来燕京学社拟完成的“明恩溥（Arthur H. Smith，1845—1932）研究”的一个大面上的基础性工作的推进，已在计划之中。我之前已经收集到四份较为完善的西方人有关中国著述的书目，您提到的这份书目我还没有见到，方便的话烦请转发。谢谢！段怀清。2 月 26 日。

事实上，除了吴老师，其间我还就上述工作与美国以及国内多位学者有过请教联络，在此不一一赘述。对于哈佛燕京图书馆在学术文献收藏、学术信息公开以及学术服务提供诸方面的卓越表现，因为并非此文之重点，而且相信会有其他专家学者的详细论述，故不滥竽充数、混淆视听，特予说明。

另，谨以此文对哈佛燕京图书馆以及郑炯文先生、马小鹤先生、杨丽瑄女士、王系女士以及其他诸位馆员（包括国内北京大学图书馆、南京大学图书馆、复旦大学图书馆在哈佛燕京图书馆担任访问馆员者）表示由衷敬意及感谢。

2019 年 2 月 14 日沪上

步入21世纪的哈佛燕京图书馆见闻

谷辉之（浙江图书馆古籍部）

我曾作为2000—2001年度哈佛燕京学社访问学者，参与哈佛燕京图书馆主持的撰写该馆清代善本书志的一个合作项目，在哈佛燕京图书馆工作了一年，于紧张而有序的工作氛围中，亲历了这所著名东亚图书馆历史上的首度世纪跨越。二十年来，步入新世纪的哈佛燕京图书馆在推动中美图书馆界的国际合作交流、促进文献资源全球共享进程，以及树立新型藏书志诸方面，成就显著，备受瞩目。今天，感谢国家图书馆出版社搭建了这个中美图书馆交流平台，历年来访学哈佛燕京的诸位同仁得以相聚于此，回顾我们在哈佛燕京图书馆的工作学习经历，分享我们的收获与感受，同时传递我们对郑炯文馆长的深切谢意。

一、推动馆际合作交流国际化

沈津先生在《美国哈佛大学哈佛燕京图书馆藏中文善本书志》序中称，郑炯文馆长继任后“于各处筹款”，用于撰写该馆清代善本书志的合作项目。郑馆长为这个合作项目首先争取到的，是哈佛燕京学社的资助经费。严佐之教授于1999年7月飞抵波士顿，合作项目得以开启。此后郑馆长再度为合作项目争取到哈佛燕京学社提供的资助，我于2000年9月赴美，继续这项工作。

我得知哈佛燕京图书馆在我国大陆地区物色专业人员参与撰写清代善

2001 年 5 月芝加哥会议期间与郑炯文馆长合影

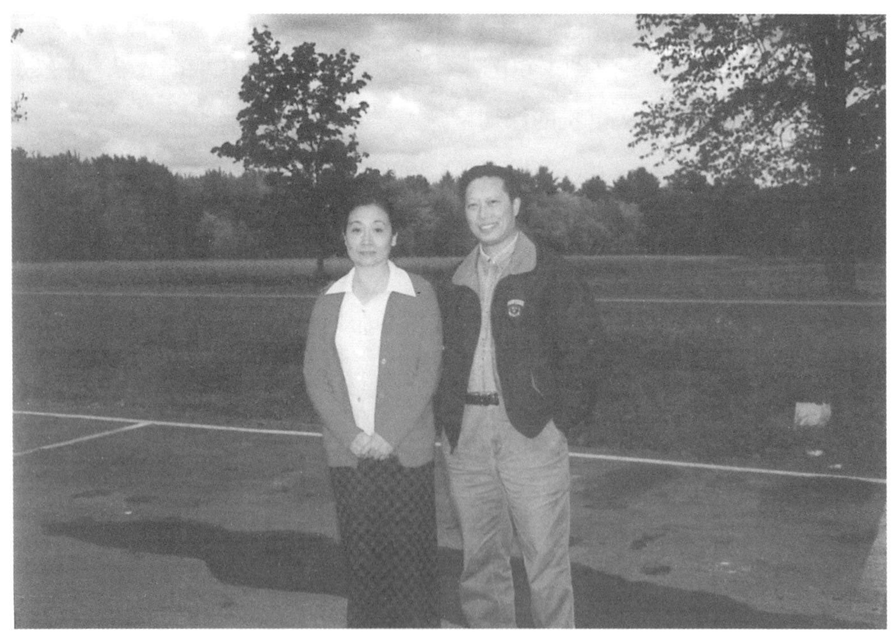

2000 年 9 月在波士顿与沈津先生合影

本书志，是在 1998 年。当年 8 月，上海图书馆前馆长顾廷龙（起潜）先生在北京逝世。起潜先生出任《中国古籍善本书目》与《续修四库全书》主编期间，我有幸两度在先生麾下工作。接到讣告后我即赴京，在八宝山告别仪式现场遇见沈津先生。我与沈津先生在《中国古籍善本书目》汇编阶段一起工作过 8 个月，沈先生是一编室（经部）副主编，我在四编室（集部）承担汉魏六朝唐五代别集类的汇编初审工作。沈津先生返回美国之前，在电话中询问了我自北京汇编工作结束以后 10 多年来的工作情况，告诉我哈佛燕京图书馆有一个合作计划，正在中国大陆地区图书馆物色人选，并说参与这项工作需要具备从事古籍工作 10 年以上的资历（那时我从事古籍工作已 20 多年了），还有一个要求，必须熟悉哈佛燕京图书馆的善本书志撰写体例。由于这一机缘，我后来被哈佛燕京图书馆列为合作项目人选之一。

在哈佛燕京图书馆的一年中，郑馆长对书志撰写工作予以关心支持

2000 年 9 月在波士顿与胡嘉阳先生合影

外，还为我提供了不少了解美国图书馆、了解美国文化的机会。9 月 25 日，抵达波士顿的第四天，郑馆长即安排我参加哈佛大学费正清东亚研究中心的中国研究中心聚会，席间向两位美国教授引见了我。10 天后的 10 月 6 日晚，哈佛大学图书馆、哈佛燕京图书馆二位馆长在中国城为北京大学图书馆戴龙基馆长饯行，在郑馆长安排下，我参加晚宴并初谒著名汉学家、哈佛燕京学社前社长韩南（Patrick Hanan）教授。为加深对美国图书馆的了解，郑馆长要求访问学者参加馆内工作人员例会与图书馆业界会议。馆内例会外，我还参加了在美国中部城市芝加哥召开的 2001 年度（国际）东亚图书馆年会，以及在美国西部加州召开的 2001 年度全美图书馆年会，会议期间有幸先后谒见了芝加哥大学东亚图书馆前馆长钱存训先生与哈佛大学哈佛燕京图书馆前馆长吴文津先生。

当时我国大陆地区图书馆界走出国门的人并不多，跨国馆际交往就更少了。郑馆长在新世纪到来伊始，不失时机地向我国图书馆界传递了开展交往合作的意愿与信息。

2001 年 8 月，第 67 届国际图联年会在美国波士顿召开。会后中国大陆地区代表团于 9 月初组织参观访问波士顿本地图书馆，其中包括哈佛燕京图书馆。郑馆长在欢迎中国代表团仪式的讲话中，向代表们介绍，该馆正在开展一个与中国图书馆的合作项目，提及我来自浙江图书馆，目前正与沈津先生合作，撰写哈佛燕京图书馆的清代善本提要。中国图书馆代表团的代表来自各省市图书馆，郑馆长希望他们把哈佛燕京图书馆愿意与之开展合作交流的信息带回去，有所反响与响应。当时中美图书馆界的合作交往还在起步阶段，这个讲话同时传递了开展图书馆界国际合作这样一种开放的观念。这一观念缩短了历史上由于地域、社会制度等原因造成的距离感，以眼前看得见的事实，指出中美两国图书馆进行跨国馆际合作的可行性与远大前景。

今天，哈佛燕京图书馆与中国大陆地区图书馆的合作交流，无论是项目类型与规模，还是双方参与人员的数量，都已经成为该馆国际合作交往项目的主流。基于哈佛燕京图书馆在中美图书馆界合作交流中所起的重要作用，及其为中美图书馆事业发展所作的积极贡献，e线图情于2012年对郑炯文馆长作了专访。[①] 在回答对中国图书馆同行有什么建议这个问题时，郑馆长首先提到中美图书馆界的合作交流，表示“我们尽量和中国的图书馆合作”，同时强调“我个人觉得中美图书馆界的交流是值得提倡的”。郑馆长向e线图情采访者介绍：“我们现在与中国的一些重要大学的交流非常密切，来往的机会也非常多。我们现在有个访问馆员的项目，每年和国内一些重点院校图书馆合作，相互派馆员到对方进行交流、互访和工作，期满后馆员再回到自己的图书馆。目前，哈佛燕京图书馆和北京大学图书馆、南京大学图书馆、武汉大学图书馆等都有人员交流合作项目。这是哈佛燕京图书馆与中国大陆大学图书馆合作的一个特点。”

在这次专访中，郑馆长还重点介绍了哈佛燕京图书馆与中国国家图书馆的数字化合作项目，该项目于2009年签订。这个由中国国家图书馆对哈佛燕京图书馆馆藏中国古籍善本进行数字化的计划，当时已经完成了经部和史部善本的扫描，计1700余种。郑馆长特地说明，中国国家图书馆将“把这些数字化的善本向全中国开放”。这就是今天中国国家图书馆网设有“哈佛大学哈佛燕京图书馆藏善本特藏资源库”的缘由，在这里，我们可以免费浏览与下载哈佛燕京图书馆所藏中国古籍善本的数字化资源。

哈佛燕京图书馆在中国大陆地区的合作伙伴，已从多所高校扩展及公共图书馆，以及图书馆系统以外的各类机构，合作项目成果的辐射范围与影响力亦愈益广泛。在历年来与北美地区、中国大陆与台湾地区、韩国各机构间开展的各项合作中，对于哈佛燕京图书馆来说，最为重要的一项国际合作，或许莫过于该馆的中国古籍善本数字化工程。这项工程包含上述与中国国家图书馆的数字化合作项目，其工程合作伙伴包括中国国家图书

① 见《沉思与对话：城市图书馆运营创新》第二部分专访。刘淑华、刘锦山著：《沉思与对话：城市图书馆运营创新》，北京：国家图书馆出版社，2014年3月。下同。

馆在内的五家不同类型与性质的重要机构。

美国当地时间 2017 年 7 月 31 日，哈佛燕京图书馆在 Facebook 主页公布了一则消息，称“哈佛燕京图书馆的全部中文善本藏品（4200 种约 53000 册）已经数字化，现在可以在 HOLLIS 进行检索”，同时提供了哈佛大学图书馆网址。这则消息用了一半以上的篇幅来公布其合作伙伴，充分说明该馆认为这部分内容意义重大：“该项目历时 10 年完成，获得了以下合作伙伴的资助：台湾蒋经国基金会、北京中国国家图书馆、桂林广西师范大学出版社、北京中国社科院中国地方志指导小组、杭州浙江大学大学数字图书馆国际合作计划（CADAL）。”这五家合作机构提供的合作方式包括资金资助、馆藏资源开发共享与技术资助等方面。

哈佛燕京图书馆主持的这一历时 10 年的重大国际合作成果充分显示，国际化已经成为新世纪图书馆事业发展的趋向与重点。近几年来，中国与其他国家的国际合作明显增多，受益于国家划拨经费用于国际合作和研究交流项目的地方机构，已经从高校和科研单位，扩大到省市一级图书馆。对于正在或即将走出国门的图书馆来说，寻求共同点和合作伙伴，创造机会，不失为谋求图书馆事业持续性发展的一个重要途径。哈佛燕京图书馆 20 年来致力于中美图书馆界的国际交流合作，是图书馆馆际交流合作国际化的倡导者与先行者。

二、引领馆藏资源共享全球化

哈佛燕京图书馆在馆藏文献数字化与网络传播，以及国际网络采购渠道的使用方面，起步比较早，这几项工作在世纪之交时期已被该馆列为工作重点。

我曾旁听了 2000 年 12 月 2 日在哈佛燕京大礼堂召开的第十五届中国文化研讨会，会议主题是“全球化：文化资源与汉语网络”，着重讨论中国文化的数字化与网络传播。

哈佛燕京图书馆郑炯文馆长在开场致辞中，介绍了该馆在文献数字化与网络采购渠道方面的开发与进展。在文献数字化开发方面，哈佛燕京图书馆参与的，有北美地区的合作项目，以及中国台湾地区的一个全文数据库建设项目与另一个拓片数字化项目。在开发使用国际网络渠道方面，郑馆长提到了中文资料的采购工作。由于西方对中国文化认识不深，在西方环境下引进中文资料会遇到困难。郑馆长向会议报告了哈佛燕京图书馆是如何通过国际网络渠道，将中文资料（主要是中国大陆地区的电子文献）引进哈佛的。在会议现场还以清华“中国期刊网”为例，说明“中国期刊网”收有 5000 种以上中国大陆地区的核心期刊全文，这类光盘文献信息量大，已经成为该馆继缩微胶卷之后的又一馆藏文献新类型。

哈佛燕京图书馆多年来一直采用与出版社合作出版影印本的方式与途径，来保存与传播珍藏文献，同时满足读者与图书市场在这方面的需求。哈佛燕京图书馆与广西师范大学出版社等出版机构合作，以影印出版《美国哈佛大学哈佛燕京图书馆藏中文善本汇刊》为开端，陆续编印出版了文献种类丰富的“哈佛燕京图书馆文献丛刊”系列等影印本丛刊。然而，在保存与传播馆藏文献尤其是中文古籍善本方面，哈佛燕京图书馆始终将馆藏资源的逐步全文数字化与网络传播置于首要位置。

哈佛燕京图书馆曾与美国国会图书馆、普林斯顿大学葛思德东方图书馆、台湾“中央研究院”史语所傅斯年图书馆四馆合作，共创一个基于数字化的区域性的馆藏珍稀古籍善本资源馆际共享项目。上述四馆中，哈佛燕京图书馆与美国国会图书馆、普林斯顿大学葛思德东方图书馆为北美地区中文古籍善本收藏量最高的三家藏书机构，“中央研究院”史语所傅斯年图书馆则是台湾地区中国古籍的主要庋藏机构之一。这一基于文献数字化的馆际交换与共享项目的开展，促进了海外在藏中文古籍的数字化与馆际局域网络的建设，四馆部分馆藏古籍珍本的流通范围由此进入区域性的馆际资源共享模式。今天哈佛大学网站有“傅斯年图书馆中文善本特藏稿钞孤本系列”275 种，注明为“傅斯年图书馆合作项目”，应当就是四馆珍品特藏共享项目的成果之一。哈佛燕京图书馆同样没有止步于这类区域性的馆藏资源的馆际共享形式，而是有计划有步骤地逐步接近通过数字化网络化途径向全球开放馆藏资源的目标，从而得以于当初的四家合作馆中脱颖而出。

半个多世纪以来，有关“人类文献共享”的概念与目标，在“现代化”“标准化”“数字化”“网络化”等藏书机构行业目标的冲击下，不可避免地被边缘化。例如文献著录的标准化，往往脱离了其作为实现文献共享目标之条件与步骤这一实质与意义，被孤立地、片面地作为一项主要目标。在图书馆的大环境下，哈佛燕京图书馆始终将数字化、网络化与现代化作为实现文献共享目标的手段，该馆推进馆藏资源共享全球化的目标是十分明确的。

与开放馆藏一定数量的藏品包括珍品不同，哈佛燕京图书馆向全球开放的 4200 种约 53000 册中国古代典籍，为该馆闻名于世的馆藏资源主体，一个文献价值最高、保存时间最久的藏品系统。因此，这一资源系统整体地以四个“零”，即零距离、零门槛、零收费、零保留的形式向世界开放，标志着图书馆馆藏资源共享全球化进程进入了一个新阶段，具有里程碑意义。

“零距离”指文献通过数字化与国际网络获取，无空间与时间障碍；“零门槛”指文献无条件向全球所有人开放，包括无须注册；“零收费”指文献免费开放；“零保留”指馆藏文献系统的整体公布与全文公布。享有这四个“零”，人们无须不远千里地到哈佛燕京图书馆看书，只要从该馆提供的网站主页进入 HOLLIS 目录，就可以进行检索、阅览与下载。查阅界面有“图像视图”“书本视图”“滚动视图”“图库视图”等多种视图效果供读者选择。

馆藏资源共享全球化目标的实施，出于一种先进的开放性办馆理念。郑炯文馆长在 2012 年的访谈中阐述了这一理念，希望能够为中国同行所接受并达成共识。郑馆长说：“我们哈佛燕京图书馆要把馆藏尽量数字化，让读者使用，这样会大大方便读者。如果中国的读者要用我们的善本，没有数字化之前，要飞 7000 多里路到哈佛大学去看，我们把这些善本数字化后放到网上，中国的读者不用出门就可以看得见我们的东西了。因此，书当然是哈佛的财产，但它的内容不是哈佛的财产，而是全人类的财产。”采访者将这段话概括为“书是哈佛的，知识是全人类的”，并将此作为这篇访谈录的题名公诸于世。

从先进的图书馆办馆理念出发，借助数字化技术与网络化手段，最大限度地开发与开放馆藏资源；从区域性的局部的馆际资源共享，走向馆藏文献资源的全球共享——哈佛燕京图书馆的馆藏文献共享历程，有力地推动了中国古籍资源的全球共享进程。

2019 年 11 月 17 日，广西师范大学出版社在桂林主办“海外古籍文献的收藏研究及整理出版国际学术论坛”。我看了会议报道，中国国家图书馆副馆长张志清在发言中称，“现在，在网上大家已经可以无偿看到 72000 部古籍了”，并指出“国家图书馆有 60% 的古籍已经在网上免费供大家参阅了”。浙江图书馆馆长褚树青也于 2018 年就任后提出，浙江图书馆所庋藏的中国古籍善本将逐步通过数字化网络化途径向全球开放。中国古籍藏品资源的全球共享，正在新世纪进入一个迅猛发展的历史进程。

三、树立 21 世纪的新型藏书志

上述哈佛燕京图书馆的馆藏文献影印出版项目，以及中国古籍善本的数字化网络化工程，皆基于近 30 年来该馆在馆藏中国古籍整理研究开发方面所拥有的优势与成就，无论选目、版本鉴定、著录，还是选本的提要撰写等环节，都直接获益于该馆的中国古籍善本提要目录——哈佛书志的编纂。

哈佛书志不仅让世界见识了闻名遐迩的哈佛燕京珍藏中国古籍善本的面貌，其影响与作用，还在于引领中国古籍书目的编制从简目向提要类目录的全面转型，以及推动中西方中国古籍整理开发工作的持续进展。而哈佛书志所创例的新型藏书志类古籍提要模式，即其编纂体例与写作方式，亦在新世纪得到广泛应用。

历史曾经出现巧合。20 世纪 90 年代初期，中国古籍提要目录的编纂同时被我国国家古籍整理出版规划小组与大洋彼岸的美国哈佛大学哈佛燕京图书馆列入议事日程。

美国藏书机构对于在藏中文古籍善本提要目录的编纂，起步早，起点高。王重民先生所著《美国国会图书馆藏中国善本书录》（袁同礼修订）与《普林斯敦大学葛思德东方图书馆中文善本书志》（屈万里校订）对美国东亚图书馆产生过重要影响。哈佛燕京图书馆在中文古籍善本的收藏具备一定规模时，首任馆长裘开明（闇辉）先生便有了编著提要目录的打算。继任吴文津馆长在《美国哈佛大学哈佛燕京图书馆中文善本书志》序言中称："闇辉先生任内，时以出版馆藏中文善本目录为念。余接任后，曾编印馆藏中、日文书籍目录，中文部分亦包括善本，然终有未加提要为憾。"

2001 年 8 月加州会议后谒见吴文津馆长时留影

时至 1991 年，吴文津馆长于香港中文大学重逢沈津先生，近半个世纪以来哈佛燕京图书馆善本提要目录撰稿人位置虚席以待的局面，毫无悬念地结束了。

1992 年 5 月，哈佛燕京图书馆启动了在藏中国古籍善本提要目录的编纂之役。

同样在 1992 年 5 月，于北京举行的第三次全国古籍整理出版规划会议讨论通过的《中国古籍整理出版十年规划和“八五”计划》，顺应时代发展需要，将《中国古籍总目提要》的编纂列为重点项目，由国家古籍整理出版规划小组主持实施。说此举顺应时代发展需要，是指上世纪 80 年代初，我国大陆地区各藏书机构在《中国古籍善本书目》的编纂进入集中汇编阶段之后，相继转入编纂出版馆藏善本目录的工作，而这一时期的古籍目录编制虽然尚有较大提升空间，然及至 80 年代末，图书馆界仍没有适时地呈现出向提要目录编制转型的趋势。国家古籍整理出版规划小组于 1993 年启动了《中国古籍总目》编纂工程，该工程以古籍善本联合目录《中国古籍善本书目》为编目基础，编纂体例有据可依。而作为与之配套的《中国古籍总目提要》项目，则负有完成目录转型与创例的重任。1993—1994 年间，国家古籍整理出版规划小组暨《中国古籍总目提要》编纂委员会出台《中国古籍总目提要编纂纲目》，迈出重要一步。

1994 年，哈佛燕京图书馆藏宋元明本提要目录脱稿。1999 年，这部哈佛书志题名“美国哈佛大学哈佛燕京图书馆中文善本书志”，在上海出版。

哈佛书志出版后，美国本土图书馆的跟进速度比较快，相继而起，形成编纂中国古籍善本书志热潮。我回国后，2005 年就接到上海古籍出版社责编顾美华先生寄来的《柏克莱加州大学东亚图书馆中文古籍善本书志》。从该书志《后记》获悉，这部书志的编撰在 2001 年 8 月就开始了。

历数于哈佛书志出版后的 20 年间陆续出版的美国包括北美地区藏书机构所编中国古籍善本提要目录，有《柏克莱加州大学东亚图书馆中文古籍善本书志》（2005 年 3 月出版）、《加拿大多伦多大学东亚图书馆藏中文古籍善本提要》（2009 年 7 月出版，增订本 2019 年 9 月出版）、《美国国会图书馆藏中文善本书续录》（2011 年 8 月出版）、《美国斯坦福大学图书馆藏中文古籍善本书志》（2013 年 7 月出版）、《美国芝加哥大学图书馆藏中文古籍善本书志·集部》《美国芝加哥大学图书馆藏中文古籍善本书志·丛部》（2019 年 6 月出版）等多种。又有哈佛燕京图书馆中文善本书志的增订本《美国哈佛大学哈佛燕京图书馆藏中文善本书志》（2011 年 4 月出版），以及《美国哈佛大学哈佛燕京图书馆藏善本方志书志》（2015 年 12 月出版）。

此前美国各藏书机构用于中国古籍编目的标准不一。哈佛书志使用《中国古籍善本书目》所确立的在收录范围、著录规则与分类系统等方面的善本编目标准，为哈佛燕京图书馆等美国藏书机构的中国古籍编目工作与 20 世纪后期我国大陆地区古籍编目成果的及时接轨，提供了机遇。以上其他 6 家 7 种中国古籍善本提要目录，在诸如采用传统藏书志体例、运用《中国古籍善本书目》的善本编目标准、注重反映书籍全貌与提供版本信息等方面，对哈佛藏书志多有参照与借鉴。于此也充分显示，哈佛藏书志的编纂体例与写作方式普遍适用于中国古籍藏书志类提要目录的编制。

哈佛书志在我国的影响，并不局限于藏书志类提要目录。以上述及的《中国古籍总目提要》与此后的《续修四库全书总目提要》，都旨在对传统学术做出总结，其中《中国古籍总目提要》项目没有得以实施，而《续修四库全书总目提要》的编纂于 2008 年正式启动。对比这两个提要目录的编纂体例，《续修四库全书总目提要·凡例》对《中国古籍提要·编纂条例》提出的基本框架没有作改动，依旧分设为四个部分，但对这四个方面的内容有了一个较大幅度的提升与充实。从简略到详实，从笼统到具体，其可操作性亦大为增强。从拟定《中国古籍提要·编纂条例》的 1993、1994 年至《续修四库全书总目提要》编纂工作正式启动的 2008 年，在这 15 年间新出版的综合类古籍提要书目中，1999 年面世的《美国哈佛大学哈佛燕京图书馆中文善本书志》以其规范化系统化的体例模式与大量提要实例，为《续修四库全书总目提要·凡例》在“著者生平”“内容要旨”“学术评价”“版本情况”等四个方面的发凡起例，提供过及时的、必要的参考与借鉴。论及哈佛书志这一新型古籍提要目录的创例意义，不可忽略了这一点。

哈佛书志对我国国内公藏机构藏书志编纂所产生的重要影响与推进作用，书志本身所起到的范本作用外，还包括沈津先生多年以来对藏书机构的呼吁，以及对哈佛书志体例模式所做的各种形式的推行。

沈津先生曾称，其在上海图书馆接受的30年专业训练，对写作善本书志起了很重要的作用。沈先生不仅以“三十年磨一剑”为譬喻，将其铸就哈佛藏书志的创例之功，归结于国家的培育，更以带动国内的古籍整理开发事业为己任，怀有高度的使命感。

哈佛书志增订本2011年出版之际，国内主要古籍藏书机构除了少量的选本提要外，仍没有自己的馆藏善本提要目录，甚至没有这方面的编纂规划。正是有鉴于此，沈津先生对国内主要古籍收藏机构发出呼吁，在哈佛书志增订本序言中指出，“中国是收藏中文古籍最多的地方……可惜的是，以公共图书馆藏善本书为对象撰成书志者却不多见，中国国家级大馆如国家图书馆，省市馆如上海、南京、浙江，以及重要的大专院校图书馆，都没有自己的善本书志”。沈先生还以《苏州市图书馆藏古籍善本提要》与《武汉市图书馆古籍善本书志》为例，提倡“小馆也可以做大事，可以做大馆一时半会儿做不到的事，那就是将数量有限的馆藏善本写成书志”，同时向大型藏书机构发出倡议：“大型图书馆编著善本书志，不仅是对馆藏古籍善本文献的详细记录，使家底清楚，同时可以提供给研究者各种资讯，也可为其他图书馆编目人员核对版本提供依据，那不仅仅是扩大影响，而且是开发古籍文献、实现资源共享的最好方法。从另一个角度来说，也能训练、培养古籍版本人才。”

近年来，国内的古籍藏书志编撰包括相关研究正在逐步兴起。由国家图书馆（国家古籍保护中心）主编的版本目录学刊物《书志》第一辑已于

2017 年 1 月出版，这是我国首个兼有书志学研究与书志撰写实践的交流平台，展现了藏书机构古籍善本提要目录编制工作的现状与成就。沈先生接到《书志》创刊号的约稿后，曾于 2015 年元旦日撰就《古籍书志及书志的写作——我对写作古籍书志的一些思考》一文。该文首先指出："《书志》创刊号即将出版，这是一件大好事。我以为，国家古籍保护中心自成立以来，做了大量的工作，在全国古籍普查的基础上，各种专业训练班连续举办，其中'书志的撰写与实践'，更是深入的举措之一。保护中心的大作为，正在逐步改变目前图书馆及学界中古籍保护、整理、编目、鉴定等工作青黄不接、后继无人的局面。"《书志》编委会在创刊号发刊词中专门提及，哈佛大学等以汉籍收藏著称的美国名校在藏书志编纂方面"开风气之先"、而"模式高悬"（"观乎今日，书志之体，播风异域，北美地区开风气之先，举凡汉籍藏弆为世瞩目之家，若哈佛若柏克莱若普林斯顿诸名黉，皆重书志编纂，模式高悬"），多有赞许。

沈津先生对其创例——哈佛书志模式的推行，迄今已经 20 年了。最初的形式，可以追溯至哈佛燕京馆藏清代善本集部以外四个部类的书志撰写工作，这是在沈先生指导下开展的对哈佛书志模式的实践与运用。此后的推行形式，主要为在国内的授课与讲座，包括举办培训班。

2019 年 9 月 23 日，应国内藏书机构与藏书家的需求，中国古籍保护协会与复旦大学图书馆 / 复旦大学中华古籍保护研究院联合举办的"古籍书志高级培训班"在复旦大学开班。首期学员中大部分为来自绍兴图书馆、安徽师范大学图书馆、广东省博物馆等公共图书馆、博物馆、大学和科研院所藏书机构的古籍工作者。沈先生时任复旦大学图书馆与复旦大学中华古籍保护研究院特聘教授，于当天下午作了"谈古籍书志及书志写作"的主题报告，为学员讲授《美国哈佛大学哈佛燕京图书馆藏中文善本书志》等古籍善本提要目录。有关哈佛书志模式的推行由此在国内进入一个新阶段，与在职古籍工作者的专业培训、与古籍高端人才的培养规划紧密地结合起来。

沈津先生曾在接受采访时指出，"我们今天能看到大量的馆藏目录、参考工具书，可以利用的资源远比过去要丰富得多，这是前人没有的条件，我们应该加以充分利用，走出一条自己的新路”[①]。哈佛书志的编纂，正是朝着这一目标，在目录学版本学实践中走出了“一条自己的新路”。哈佛书志是对迄于20世纪的传统藏书志的总结与发展，是20世纪目录学版本学的一项重要成就。

哈佛书志所赖以树立的文献基础，在于4000余部中国古籍善本之藏品规模。吴文津馆长在《美国哈佛大学哈佛燕京图书馆中文善本书志》序言中着重指出：“创馆初期，馆长裘开明（闇辉）先生，致力于汉学典籍之蒐集，并得北平燕京大学洪业（煨莲）教授及该校图书馆顾廷龙（起潜）先生之助，在北平书肆代为选购中国古籍经年，中颇多善本……现藏中文善本四千余部，始于南宋，迄至清代，均闇辉先生之功绩也。”当年漂洋过海的这些中国古代典籍，被完好无恙地保存下来。今天，它们中的宋元明清善本，已经通过数字化向全球开放，并被编制成哈佛藏书志，在海内域外发挥其用于研究与编目诸方面的不同功用，这是足以告慰裘馆长、告慰起潜先生的。

在波士顿工作期间，身处异国他乡的我，有幸承蒙沈津先生夫人、上海图书馆前辈赵宏梅先生与哈佛燕京图书馆中文部主任胡嘉阳先生诸多帮助照顾，藉此机会，谨向二位前辈，同时，向马小鹤先生以及吴文辉、高青、张凤等曾经对我热心施以援手的哈佛燕京图书馆同仁，一并深致谢忱。

最后，遥祝哈佛燕京图书馆文运长久，于声誉日隆之时迎来她的百年华诞。

2019年于杭州

---

① 何朝晖：《半世纪师缘书缘，千万言叙录缥缃——当代著名版本目录学家沈津先生访谈录》(三)，《藏书报》2018年6月11日第3版。

哈佛燕京图书馆访学忆往

宋灏琳（北京大学图书馆）

2003 年 12 月 1 日至 2004 年 11 月 31 日，我成为第二位北京大学图书馆与哈佛燕京图书馆交流项目的北大馆访问馆员，在燕京图书馆工作一年。当时美国签证的通过率跌入低谷，我被选中也是考虑到年龄较大，有孩子，容易排除移民倾向，当然也是领导看重。真是幸运之神降临，果然我签过了。

2003 年 11 月 28 日晚，我满怀期待，第一次踏上美利坚的土地。当地时间接近午夜，当时的哈佛燕京图书馆中文部主任（Librarian for the Chinese Collection）胡嘉阳女士不辞辛劳，到 Boston Logan International Airport 接我。我带了两件行李，又重又大，波士顿刚刚下过雪，行李拉出来沾上了水和泥，就这样塞进了胡嘉阳干净的汽车后备箱和后座上。胡嘉阳把我送到提前为我租好的房子，房东 Connor 太太不停地介绍着房子，然后问听懂了吗？我说是的，她连连说着 amazing，amazing。胡嘉阳把我安顿到很晚才离开。

位于新英格兰的波士顿，四季分明，但冬天很冷很长。我住在剑桥市的 Dana 街，离哈佛燕京图书馆很近，房子像是英式的老宅，灰色基调，坡屋顶，很大，我住楼上的一间阁楼。这条街的两侧大都是老式的房子。从我的住处向东偏北方向步行约 10 分钟，就到了最近的地铁站——红线地铁的 Harvard Square 站。Harvard Square 是位于剑桥市的一个三角地，是一个文化、商业、餐饮、建筑汇集的地方，也是游客必去的地方。哈佛大学的其中一个校园 Harvard Yard 就在这里，校园里有精美的雕塑和古典的西式建筑。这个三角地有 Cambridge Information Center、CVS 药品及杂货店、银行、书店、服装店、礼品店，有中餐、美式西餐、墨西哥餐、意大利餐、印度餐等世界各地不同风味的餐厅，有咖啡厅，有酒吧，街头有时有艺人表演，这里更像一个热闹的广场。Harvard Square 是反映美国多元文化存在的一个角落。Harvard Square 的礼品店我常常去逛，里面的礼品都有些贵，大部分是有关哈佛的纪念品，其中有一款印有 Harvard 的帽衫，哈佛燕京图书馆在我离别时送给我一件，我至今仍在穿。

从我的住处向北步行约 10 分钟左右，就到了著名的哈佛燕京图书馆。这是一个左右对称的两层红砖建筑，门的两侧醒目地矗立着两尊典型的东方石狮。我最初 8 个月的工作是在中文部，在哈佛的 Aleph 系统上做书目校验、书目订购、图书接收和支付发票。我的指导老师最初是胡嘉阳女士。胡嘉阳是位善解人意的大姐，她不仅在工作上给予我耐心细致的指导，更在生活上给以无微不至的关怀，有了她的帮助和指导，我很快在生活上安顿下来，顺利地投入了工作。胡嘉阳退休后，杨丽瑄女士成为我的指导老师，她业务娴熟，对于我提出的几乎所有问题，都能给出满意的答复。

给我印象最深的是哈佛燕京图书馆的馆长郑炯文先生。燕京图书馆从开馆到今天，总共有过 3 位馆长：裘开明先生（1928—1965 在任）、吴文津先生（1965—1997 在任）和郑炯文先生（1998 后在任）。郑炯文先生是广东籍人，个子不高，厚厚的眼镜片后面有一双深邃的眼睛。郑先生是一个有远见的人，是一个十分专注的人。他永远有着对未来的美好愿景，并且从当下起、从一点一滴起，一步一个脚印、脚踏实地的去接近那个愿景。他是一个极端的完美主义者，凡事喜欢亲力亲为。我做的每一项工作，郑先生都了如指掌。有一件小事我印象深刻。那是我刚到燕京最初投入工作时，郑先生给了我一些书目，安排我做书目校验，熟悉 Aleph 系统。一个星期后，在中文部的工作例会上，郑先生问起我的工作，听说给我的书目都做完了，大概觉得有些快了，又听说我下班以后还在做，转告我说，哈佛不提倡加班，上班时间能做多少就是多少，不要加班。

郑先生把哈佛燕京图书馆定位为研究图书馆，所收文献主要面对研究生以上读者，他对中文书的选择都亲自过目，每一份发出的订单郑先生都看过，到馆后验收过的图书郑先生也要看过一遍才入库，书商也是郑先生亲自选定的。使用哈佛燕京图书馆的师生主要有东亚、历史、政治、法律等学科，图书馆首先要了解系里开设的课程，选择有关的图书。教员对选书热情不高，主要是图书馆员来选书，特别昂贵的图书则征求一下教授的意见。郑先生经常和教授一起吃工作餐，了解他们的需求。他们也有一个教授委员会之类的机构，每一两年开一次会，讨论图书馆的选书方向。

除了教学和研究需要的图书以外，郑先生最重视第一手史料的收集，并且一直都是这么做的。郑先生到燕京这几年，补了许多中华人民共和国成立后出版的方志和年鉴，郑先生认为，研究历史、文化、社会，这些是最基本的资料，具有永恒的收藏价值。方志从纵向来讲，有省志、市志、县志、乡志、村志等；从横向来讲，有各种专业志，例如人物志、环境志、公安志、财政志、气象志等等；从年代来讲，从古代到现代，例如某某县志，从明代崇祯年—清代康熙年—民国—现代，连成一条线。郑先生认为，省志是官方的文章，要分析地看，村志是最有价值的。

如果说裘开明对哈佛燕京图书馆的重要贡献是从战后的日本买了许多中文古籍，吴文津的贡献是收集了现代史料，那么郑先生的贡献就是地方志和年鉴的大量收藏。我感觉，在中文地方志收藏方面，郑先生朝着世界之最的方向努力，可谓一网打尽，尽全力做到覆盖的历史时段最长、覆盖的地理范围和专业领域最广，这是他留给燕京图书馆的遗产之一。郑先生的下一个目标是要收集家谱，他认为，家谱也是最基本的研究资料，是记载本宗族人物和事迹的历史典籍，是中华民族悠久历史文化的重要组成部分。但至今对存世的中国家谱数量仍缺乏完整的统计，家谱的收集困难更大。

郑先生还是一个十分好客的人。我在燕京图书馆工作期间，恰逢北大图书馆两位副馆长到访，郑先生亲自安排所有访问日程，往来接送，陪同，翻译等等，并在家中举办了盛大的 Party。几乎所有国内来访的图书馆同行，郑先生都给以同样的安排接待，而且凡是中美两国图书馆交流和文化交流的事，郑先生都乐此不疲。

在中文部工作 8 个月后，郑先生安排我到燕京图书馆的西文部工作，指导老师是 Raymond Lum 博士。Raymond Lum 是当时哈佛燕京图书馆的西文部主任（Librarian for the Western Collection），同时也是哈佛 Widener 图书馆的 Asian Bibliographer，Widener 图书馆是哈佛大学最大的一个图书馆，是一个人文社科类图书馆。

Lum 博士有一半中国血统，他的父亲是广东人，姓林，他的中文名字叫做林希文。他告诉我，他父亲入籍时，移民官问 Family name，他父亲操着他的广东话说，“林”，“OK”，于是移民官就写上了英文姓氏 Lum。Lum 博士长着浓浓的黑头发，留着黑色的胡须，戴着深色框的眼镜，长长的睫毛，黑色的大眼睛。他每天换着不同颜色的有型西装上衣，配搭着亮色的衬衫，调换着不同颜色的领带，给人帅气干练的感觉。从他的脸部轮廓看，他的美国血统占优势，他的肤色更接近亚洲人。他学识渊博，风趣幽默，平易近人。他是一个朋友们都喜欢的人，是很受同事尊重的人。“Everybody Loves Raymond”（美国情景喜剧名），同事和朋友都叫他 Ray，我也叫他 Ray。

Ray 鼓励我尽可能多地了解哈佛大学图书馆以及美国的生活，并且应该建立起自己的人脉网络以便回北大工作时可以联络，他甚至在哈佛 Widener 图书馆的希腊语（Modern Greek）部门为我安排了一个工作台，让我有更多的机会与那里不同语种、不同部门的图书馆员用英语交流。他还安排我参加 Widener 图书馆的一些会议，以便我了解哈佛大学图书馆的运行方式。

有一件事我印象深刻。Ray 安排我参加 Widener 图书馆 Technical Service 部门的一次例会，我说担心自己听不懂。他说：没关系，你就当是希腊语。果然会议中间有人问我，我们谈的你能听懂吗？我说："It's Greek to me." 所有人哈哈大笑。我回来后学给 Ray 听，逗得他哈哈大笑。他又说给我办公所在的希腊语部的图书馆员 Rhea K. Lesage 听，Rhea 也是一阵哈哈大笑。Rhea 笑道：你知道我们希腊人这时候是怎么说吗？ It's Chinese to me！真有意思，希腊文化和中国文化同样历史悠久，彼此却是如此陌生。

我访学结束离开哈佛前，Rhea 送给我一个宝石蓝色像琉璃一样的小艺术品，桃型，上面还有一个像某种果实似的金黄色装饰，她说这是我们希腊人挂在门上用来辟邪的（她说"to keep bad things away"），这点倒是很像中国文化的趋吉避凶。十几年了，我搬了两次家，这个吉祥物一直挂在我家门上。

我一有机会，就和 Ray 聊聊天。他觉得我没有明白的话题，有时候还会补发个邮件给我。通过聊天，我了解到，采访（Acquisitions）指的是文献采访中的技术环节，即采购业务，是对所选的资料进行技术上的处理，包括订购、收登、催缺、付款等等。选书馆员属于馆藏建设（Collection Development），叫 Selectors 或 Bibliographers 或 Librarian for…。在 Widener 和哈佛燕京图书馆，选书馆员都叫 Bibliographer 或 Libarian，他们水平都很高，一般有一个学科背景，常常是某一学科的博士，同时还必须有美国图书馆学的硕士学位。专业背景和图书馆学背景是美国图书馆员认证的基本条件。

另外还了解到，美国学术图书馆馆藏建设的组织模式不是单一和固定的，有些按学科、有些按语言、有些按地理区域来组织。在某种程度上，每一个图书馆根据其人员配备的水平和支持馆藏建设的水平来确定图书馆如何组织、馆藏建设如何组织。馆藏建设的组织是一个自然而然、水到渠成的事。哈佛大学图书馆分散式的组织本身，就具有馆藏建设的学科取向。Widener 图书馆是支持社会科学与人文科学教学与科研的，其馆藏建设的组织结构按照语种和地理区域来划分。

我们还谈起过大学教材，当时国内大学兴起了使用外国原版教材的热潮，时兴“双语教学”，我顺便问起哈佛大学的教材。他笑着说，哈佛哪里有什么固定教材，学生完全有能力自己阅读各种教材，哈佛不是照本宣科的地方，哈佛教导学生怎样思考。

Raymond Lum 博士虽然有一半中国血统，我感觉他身上更多的是美国文化，他的思维是美式思维，他的朋友以美国本地人居多，他的妻子是美国人，他的第一语言是英语，他和我交谈是用英语。他曾说，他的中文不如我的英语。为了让我更多地体验美国中产阶级的家庭生活，他和他的妻子 Susan 特意为我在家中举办了一个 Party，邀请了他的朋友和哈佛燕京图书馆之外的图书馆员。其中一位图书馆员后来送了我一本当时的流行小说 *Life of Pi*，因为 Ray 聊起了这部小说，我为此还买了中译本，到现在，我只看了个开头。Party 中有个凉菜我一直记得，Susan 做的沙拉放了不少中式小白菜，小白菜生吃还是第一次，还真是不错，感觉是中式蔬菜西式吃法，中西合璧，别有风味。

一年的访问很快到期了，我和 Ray 建立了深厚的友谊，离别时，他送我儿子一本童话书，上面写着“石石小弟……”。他有着一颗单纯的童心。回国后，有时互相写个邮件，他抬头写 Hi Lao peng you，我写 Hi Lao Ray。再后来，联系就越来越少了。直到 2017 年偶然得知他已过世，我无比悲伤。往事只能回味，哈佛燕京门前的石狮依旧，我亲爱的朋友、尊敬的导师 Raymond Lum 博士却不在了。2016 年，*Journal of East Asian Libraries* 发表了纪念文章——“In Memoriam：Raymond David Lum 林希文 1944—2015”（vol.2016，no.162，artical 8），他在哈佛大学工作了 41 年，经历了哈佛燕京图书馆的三任馆长，退休后的第二年就过世了，令人惋惜。

我和我的三位导师：胡嘉阳（左一），Raymond Lum 博士（左二），杨丽瑄（右一）

（图片取自 Wen-ling Liu，Tribute to Raymond Lum on His Retirement，Journal of East Asian Libraris，vol.2014，no.158，article 6）

我在写这篇文章的时候，哈佛燕京图书馆的同事们不时生动清晰地闪现在我的脑海中，当年那些生活上、工作上温暖的细节历历在目。Hello，哈佛燕京的同事们，十几年了，我一直珍藏着我们的友谊，你们在业务上的引导、英语语言方面的指点、生活上的支持与帮助我都一一记得。还有，不知 Jessica 家的拉布拉多 Hershey 和 Poco 怎样了？在此祝愿我曾经的哈佛燕京同事们身体健康、家庭幸福、工作顺利，期待我们有机会再见！

2019 年 4 月 15 日

我的哈佛燕京工作经历

姚伯岳（天津师范大学古籍保护研究院）

2005年1月1日至12月31日，根据北京大学图书馆和美国哈佛燕京图书馆的有关协议，我被北大派出作为美国哈佛燕京学社访问学者，在哈佛大学哈佛燕京图书馆工作一年，将该馆所藏全部1066种中文拓片编目完成，同时还完成了68种拓片影印本、12种墨迹影印本、25种古籍善本的编目工作。

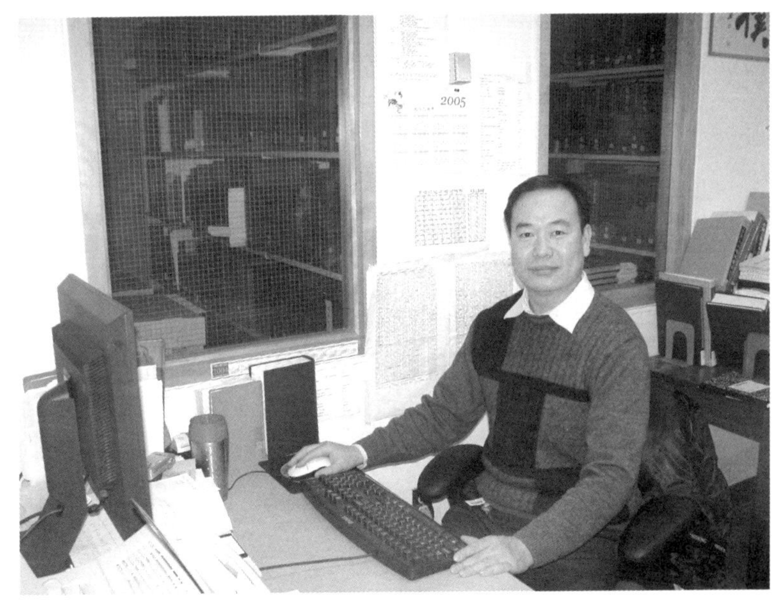

图1　姚伯岳在善本办公室

在哈佛期间，我还分别在哈佛艺术图书馆、哈佛燕京图书馆、哈佛燕京学社举办了三场关于拓片的讲座，题目分别是“Chinese Rubbings”“中国的拓片”“拂去历史的尘埃——哈佛燕京图书馆藏中国金石拓片巡礼”。三场讲座均大受听众欢迎，获得圆满成功。

在哈佛的时光是丰富多彩的。哈佛大学图书馆有总、分馆多达近百个，我参观了总馆（Widener Library）、西文善本图书馆（Houghton Library）、地图图书馆（Map Collection）、本科生图书馆（Fung Library）、商学院图书馆（Baker Library）、音乐图书馆（Eda Kuhn Loeb Music Library）、哈佛图书馆储藏书库（Harvard Depository）等等。

哈佛校外，我还走访参观了普林斯顿大学东亚图书馆（East Asia Library of Princeton University）、芝加哥大学图书馆（Chicago University Library）、芝加哥的西北大学图书馆（Northwestern University Library）、耶鲁大学图书馆（Yale University Library）、纽约哥伦比亚大学东亚图书馆（The Eastern Asian Library in Columbian University）、卫斯理学院图书馆（Wellesley College Library）、波士顿公共图书馆（Boston Public Library）、纽约公共图书馆（The Public Library of New York）等等。

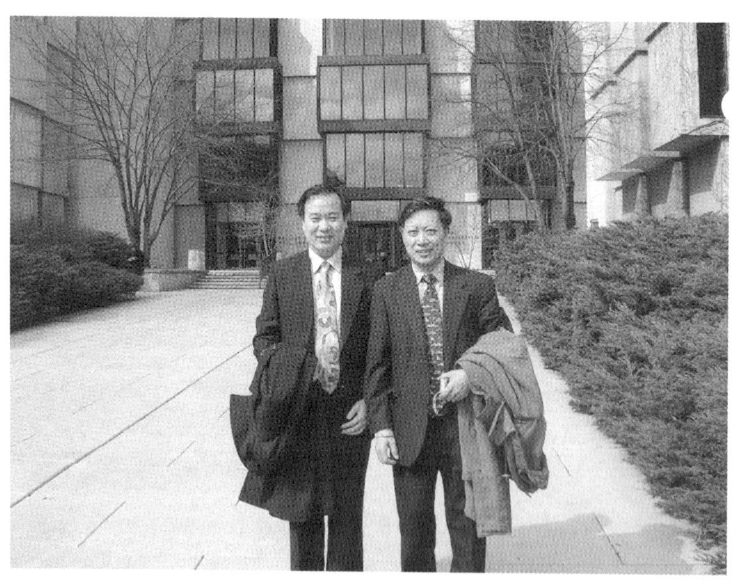

图2　与沈津先生在芝加哥大学访问

2005 年 4 月和 6 月，我两次参加在芝加哥举办的美国亚洲研究协会年会暨美国东亚图书馆协会年会（AAS & CEAL）和全美图书馆年会（ALA），学到了许多东西，同时结识了北美的许多专家学者。

由于同在一个办公室的哈佛燕京图书馆善本室主任沈津先生突然患病，自 2005 年 5 月起，在从事拓片和古籍编目工作的同时，我还承担了哈佛燕京图书馆善本阅览室的读者服务工作。哈佛燕京图书馆给我留下的深刻印象，是她那种“学术乃天下之公器”的胸襟和气度。读者在哈佛燕京图书馆无论想阅读何等珍贵的图书文献，要求都可以得到满足，读者复制善本文献也不向其收取底本费。我为哈佛点赞！

最令我难忘的，还是在哈佛期间那些从各方面热诚帮助过我的同事和朋友们。

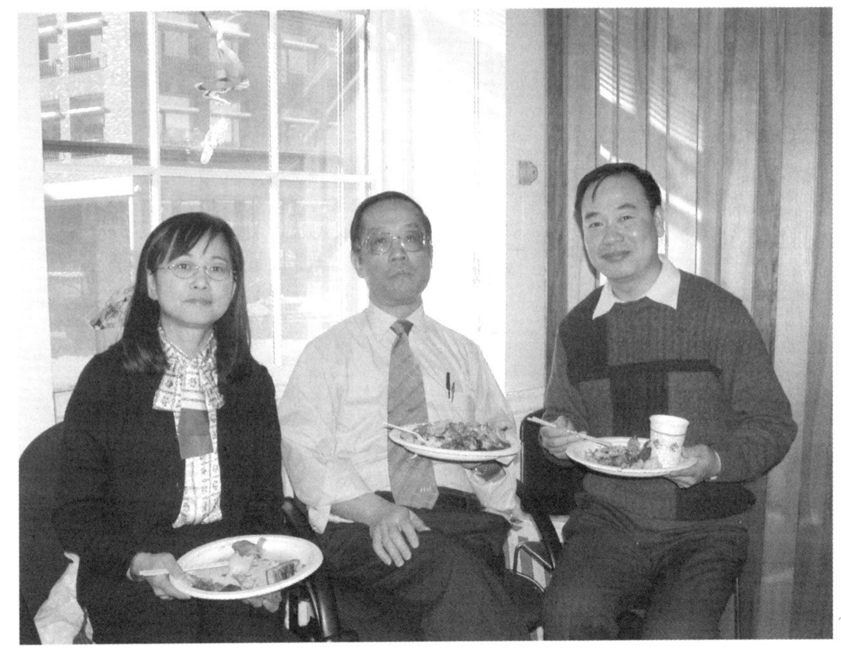

图 3　与郑炯文馆长、邱玉芬女士在派对上

郑炯文馆长不仅在工作上给我指明方向，悉心规划，使我圆满顺利完成任务，而且在生活上也对我关心备至，体贴入微。

沈津先生在业务方面给予我诸多的指导，使我获益良多，少走了不少弯路。

邱玉芬女士在编目系统的使用、问题的解决、记录的校对等方面密切配合，认真负责，保证了编目工作的顺利进行和数据记录的质量。

马小鹤先生在古代一些少数民族语言如突厥文、回鹘文、契丹文拓片的编目上，对我多加指教，并找来许多重要的参考文献，使我能够对这些拓片正确编目。

杨丽瑄女士在提供各项设备保证方面，总是适时给予热情帮助，为拓片编目工作的顺利进行创造了有利的条件。

宋小惠先生在有关工具书和拓片参考资料的查找和提供方面，积极主动，出力甚多。

高青、吴文辉、张凤、黎慧玲等诸位女士也始终对我热心照应，随时相助，施以援手，令我感动。

图 4　与杨丽瑄女士、吴文辉女士在告别派对上

回首往事，虽然已经过去 10 多年了，但当年我在哈佛工作和生活的情景，那些同事和朋友们的音容笑貌，宛如昨日，历历在目，终生难忘！

在哈佛燕京穿越时空之门

乐怡（复旦大学图书馆）

2006年8月1日，我作为复旦大学图书馆与哈佛燕京图书馆的交流馆员，来到了位于波士顿哈佛大学校园中的哈佛燕京学社小红楼，踏入那由石狮守护的神秘大门，也同时开启了一段“穿越时空之旅”。

我的第一个遇见是清末民初的“二齐兄弟旧藏”。彼时哈佛燕京图书馆的这批藏书尚未经编目，需要进行清点并编制详细机读目录。在此之前，我需要从零开始，首先熟悉美国国会图书馆编目规则、汉和图书分类法，及哈佛大学图书馆机读目录编制规则。为此，郑炯文馆长安排了编目部主任林国强先生来对我进行培训，并请资深编目员邱玉芬女士担任我的日常指导。在两位老师认真而严格的指导下，经历了懵懂的三周时间，我终于可以坐在电脑前进行真正意义上的机读目录编制了。记忆中满满的是林先生儒雅的台式普通话和大嗓门，他在讲解中常会穿插自己经历中的一些小故事，对于我这个晚生而言，那些可谓是精彩的掌故了。邱女士的特点则是严谨和善解人意，常常问题才提了一半，她已了然并开始娓娓讲解相关技巧。两人的共同特点是对存在的问题毫不客气，会直接指出来。一开始颇不习惯，常常自感羞愧难当。慢慢习惯了，可能脸皮也厚了，反而喜欢上了这种直截了当的交流方式。

“齐氏兄弟旧藏”的清点工作，以馆内原有的“齐氏家藏写本清册”为主要依据，另有不多的旧卡片可作为核对参照。清册原著录有图书506种，在接下来的3个月中，经过与这批藏书的亲密接触，逐种清点及重新编目（合并部分原有条目），最终统计得 413 种 1208 册。比较有趣的是，“齐氏兄弟旧藏”仅有 2 种刻本，其余均为稿抄本。清代著作 345 种，民国及以后著作 68 种。内容则涉及传统的经、史、子、集，四部皆备。编目过程中，有时会在题名、著者、版本信息的提取上产生困难，故常常会从半地下的办公室跑上 3 楼，去善本部找沈津先生求教。每次当我一路气喘吁吁地奔进善本部，看到的都是沈先生微笑的脸，内心就已安定了一半。沈先生的耐心及举一反三式的点拨，常令我受益匪浅。

400 余种“齐氏兄弟旧藏”，当时只是从手中匆匆一过，除了必备的书目细节外，仅仅来得及在笔记和脑海中留下一个模糊的印象。待编目任务全部完成后，便迎来了我的第二个遇见——哈佛燕京图书馆全部中文善本的校架清点。

校架之初，由于全无经验，与郑馆长、邱女士反复讨论了相关方案，并制定了计划。校架时，先进善本书室内读架，两人一组，以卡片箱内卡片为据，遇书卡不符者则做笔记。读架后再至编目系统内校对记录，以卡片及所做笔记为据。最后使书、卡、记录均相符合。记得是每日上午读架，下午校对机读记录。读架时的助手是来自香港的欧太太，她略年长我几岁，用带有浓重港味儿的普通话与我交流，人极聪敏干练，我们配合得很默契，工作效率提高不少。校架时，触手的是各类专藏、各时代版本，往往有种书与人的神奇感应。

校架的工作持续了 7 个月，也是与这些古籍耳鬓厮磨的绝佳机会。最终，形成了一份较为清晰的哈佛燕京图书馆中文善本书目清单，同时也对各时代版本、各类型文献进行了统计和分析，为日后开展工作提供了必要的基础。

2007 年 8 月，一年的交流工作结束，回到复旦，但与哈佛燕京图书馆的合作则持续至今：基于中文善本目录的影印目录选目，与广西师范大学出版社合作，出版稿抄本、明清文集影印丛刊等。期间出版社何总、马艳超编辑等，都曾给予我很多帮助。

2017年7月，受郑馆长之邀，对“二齐兄弟旧藏”进行选目影印，并撰写前言。时隔十年，再次回到哈佛燕京图书馆，仔细核对“二齐旧藏”，这是与哈佛燕京藏书的第三次遇见。这次得以对这批藏书进行较为深入的阅读，每一种书不再只是模糊的印象，对其藏书成因、藏书构成、特点及价值有了更为清晰的认识。

十年来，两入哈佛燕京，徜徉于古籍宝库，结识了优秀的同行。回首过往，这一段经历对于自己的成长而言，可谓弥足珍贵。

在与哈佛燕京图书馆的合作交流工作中，无处不得到鼓励和有效的引导。在每次彷徨挣扎的时候，在迷茫而踯躅不前时，善解人意的哈佛燕京同事们，总能找到方法支持我前行。这一段经历，成为我学术成长历程中非常重要的一个阶段。

在哈佛燕京图书馆的工作，也为我学术研究习惯的养成指明了方向，即严谨、求实、开放。在郑馆长、林先生、邱女士的指导和影响下，我也逐渐学会了遇到工作先做评估和计划，在工作进程中，不盲目激进，也不拖拉，并始终秉持实事求是的原则，直面自己存在的问题，积极寻求解决的方法。同时，经历了哈佛燕京图书馆的工作，与相关学者和同行们的交流，也为我拓宽了研究思路，开阔了研究视野。

在哈佛燕京图书馆的工作，对我产生的最为重要的影响，是明确了作为一个专业图书馆员的责任。在此之前，我对于图书馆员功能的认识还仅仅停留在简单的读者服务和编目层面。经历了与哈佛燕京的交流后，我深深感受到，身为一个专业馆员，应以整理馆藏、揭示馆藏特点与学术价值为己任，只有这样，才能更好地、更深层次地做好读者服务。我们从哈佛燕京图书馆三代馆长裘开明先生、吴文津先生、郑炯文先生的身体力行中可以看到，从哈佛燕京优秀前辈沈津先生、马小鹤先生、杨丽瑄女士等正在从事的工作中也能看到。

此时此刻，我想我需要感谢我们复旦的老馆长秦曾复先生。14年前，当我泪眼婆娑地坐在他面前，为了不忍离开家人和幼儿，而试图放弃赴哈佛燕京的机会时，是他鼓励我，告诉我在儿女情长之外，还有更为广阔的世界，推动我开启了这段神奇之旅。我也要特别感谢哈佛燕京的郑炯文馆长，是他在此后这10余年的历程中，始终给予我鼓励和关怀。感谢所有哈佛燕京图书馆的新老同事们，在我重要的人生阶段陪我成长。

哈佛燕京图书馆——大洋彼岸的另一处精神故园。

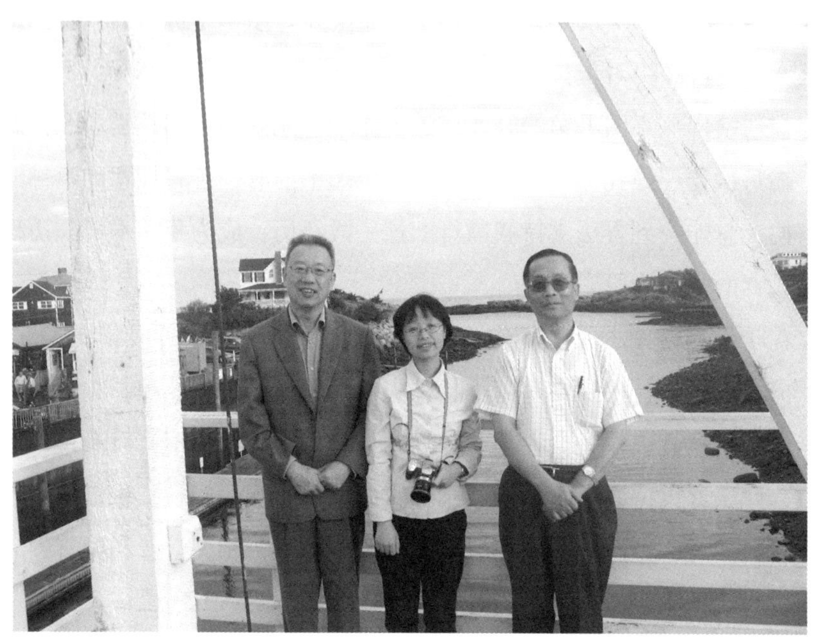

2006年9月24日与郑炯文、秦曾复两位馆长在缅因

难忘哈佛燕京

胡钺芳（复旦大学图书馆）

2010年8月28日，我乘坐的航班降落在波士顿洛根国际机场，走出机场大厅，一眼看到前来接机的邱玉芬女士，忐忑的心情顿时放松下来。作为一名复旦大学图书馆的编目馆员，此次来到哈佛燕京图书馆学习交流，玉芬是我的工作顾问。玉芬本人毕业于台湾大学，女儿刚刚进入哈佛大学就读大一，两代学霸让我羡慕不已。

每天清晨上班，先乘坐公交车来到哈佛广场，从一个不起眼的小门进入校区，穿过久负盛名的哈佛校园，碧绿的草坪、标志性的哈佛雕像、悠闲嬉戏的小松鼠，尽收眼底。哈佛的校园建筑古朴典雅，普遍采用红砖结构，一般楼层不高，每一栋都风格独特，处处显示着它丰厚的历史文化底蕴。哈佛大学作为美国最古老和最著名的大学之一，是我心目中仰慕已久的神圣殿堂。怀着对它深深的敬意，感受着优美的校园氛围，空气中仿佛充满了文化和智慧的气息。

哈佛大学图书馆拥有一百多个相对独立的分馆，每个分馆各具特色。哈佛燕京图书馆以丰富的东亚馆藏著称，收藏了很多在国内看不到的各种载体的资源，吸引着众多的海内外学者前往进行学术研究。图书馆坐落于哈佛大学校园内，是一栋红砖楼房，门口的一对石狮子凸显中国特色。图书馆的藏书面积不大，很多使用频率相对来说略低的文献资源，被转移到了剑桥市郊外一个高度密集式的储备工场，简称哈佛书库（Harvard Depository，HD）。为了缓解图书馆的物理储藏空间压力，美国的很多高校和公共图书馆修建了这种远程存储书库。读者通过网上预约，收到通知后便可前往读者服务部（Access Service）的借还书处获取文献。HD 实行封闭式管理，外人进入需要申请。我有机会参观了这个神秘的仓库，里面有若干个大型书架，每个书架上整齐地摆放着带有编码的书盒，我大致数了一下，至少有 18 层书架。工作人员通过操作升降机来搬运书盒，存取所需文献资料。为了有效地长期保存文献，和很多美国图书馆一样，HD 也常年保持一定的温度和湿度。

我所在的部门是中文编目部（Technical Services，Chinese cataloging），中文编目员只有 3 人，工作效率极高，电脑里不安装和工作无关的程序，上班时间不谈论和工作无关的内容。所有的编目流程，从头至尾单独完成。所有的编目记录，由信息系统办公室（Office for Information System，OIS）统一定期提交给 OCLC。玉芬于我亦师亦友，从她身上我学会了很多东西，工作上严谨细致但不刻板，既重视规范又灵活运用。

图书馆有很多地方值得我们学习和借鉴，既有人性化的服务，又有严格的管理制度。例如：读者能够借阅未经编目的图书，编目员只需对图书做一下简单处理就可以出借，等读者归还以后再进行编目；借阅册数没有上限并且借阅时间很长，一般不设超期罚款，可是一旦个人账户内的图书被别人预约，则必须在 10 日内归还，超过一天罚款 2 美元（现在已升到 3 美元）；还有，读者出馆的时候要打开随身携带的书包或者手提包给工作人员查看。我认为，这样的制度看似苛刻，实则维护了绝大多数读者的权益。

郑炯文先生是一位令人敬重的馆长，温文儒雅而又平易近人。在哈佛燕京图书馆一年期间，能够见到郑先生的时间不是很多，郑先生总是很忙，经常在国内外出差或者开会。让我印象深刻的是，郑先生每次谈到哈佛燕京图书馆和中国国家图书馆合作的中文善本特藏数字化项目的时候，喜悦之情溢于言表。如今，这项规模宏大的工程已经全部完成，其馆藏的 4200 部约 5.3 万卷中文善本正式上线提供免费在线查阅和下载打印，此举不仅更好地保存了这些珍贵的古籍善本，而且方便了海内外学者利用这些资料进行研究，更为重要的是，对传承中华文明和弘扬传统文化的意义尤为深远。在郑先生的安排下，我参观了很多知名图书馆，开阔了视野，增长了见识。有幸获得这次机会来到哈佛燕京图书馆，完全受益于郑先生的帮助和支持，在此，我要向郑先生表达我深深的谢意！

这是我图书馆生涯中最快乐的一年，在这里我认识了很多可爱的朋友，带给我无数的欢乐和惊喜。时隔多年，再次回想起那段一起度过的美好时光，依然历历在目，宛如昨日：感恩节的晚餐、DIY 的美食、愉快的周末、哈佛广场的演奏、上下班蹭车的温暖……这些令人难忘的片段，将会永远深深地烙在我的记忆里。时光荏苒，愿你们一切安好！

哈佛燕京图书馆一年琐忆

邹新明（北京大学图书馆）

人过五十，记忆力不大好，上午做的事儿，常常晚上就想不起来了。但是，说来奇怪，回国已经8年有余，我在哈佛燕京图书馆一年的记忆却依然清晰。

北大图书馆与哈佛燕京图书馆签署的访问交流计划，至今应该已经有10多年了。据统计，派去哈佛燕京图书馆工作的，前后加起来一共11人。老实说，我从来没想过自己会是这11人中的一个。我还记得那天在员工通道外遇到朱强馆长，他跟我说准备派我去那边的情形，我当时的反应真的是难以掩饰的惊喜。

我在波士顿的时间，算来应该是一整年零两天。我是2013年1月5日晚上大概10点左右到达波士顿机场的，是马小鹤先生和马太太接的我。2014年1月8日，我从波士顿机场返回，也是马先生和马太太送的。马先生不会开车，辛苦马太太了，至今铭感于心。

我还记得刚到波士顿的兴奋与茫然，以及当离开的飞机爬升到波士顿城市上空时心中的一丝不舍。说个小插曲，我订返程机票时，原来订的大概是7号，反正不是8号，王系老师说黄历那天不宜出门，就让我改成8号了。事有凑巧，1月7号那天因为波士顿大雪，航班都取消了，果然是不宜出门。8号那天顺利从波士顿登机，结果在纽约肯尼迪机场转机时，我又出了小漏子，咨询时把国航Air China说成台湾的China Airlines了，结果安检进去后找不到国航的班机，再问才知道自己搞错了，于是又坐通勤车狂奔到国航那边，害得我重新安检了一遍，而且安检排队的人不少，真有些着急了。跟我同时在哈佛燕京图书馆访问的武汉大学图书馆汪雁老师，被我叫作“小迷糊”，想来我比她迷糊多了。

在哈佛燕京的一年，有太多的记忆，一时都不知从何说起，既然是到那里学习交流的，就先从工作和学习谈起吧。

去之前，郑炯文馆长跟我谈，希望我到那边帮助整理红卫兵等资料。到了之后，经过马先生、Sharon 和王系老师的推荐介绍，再与郑先生商量，改为整理钢和泰书信和洪煨莲个人档案资料。此外，刚到时还整理了一些蒋廷黻的资料。

由于在北大图书馆整理过胡适藏书，我对哈佛燕京馆藏胡适有关资料非常感兴趣，于是有幸看到了哈佛燕京馆藏胡适手稿和书信等珍贵资料。其中胡适留在哈佛燕京图书馆的关于几种《水经注》版本的跋文手稿原件引起我的注意，经过与《胡适遗稿及秘藏书信》比对，我推测胡适当年为考证“《水经注》案”而在哈佛燕京图书馆、哥伦比亚大学东亚馆、普林斯顿大学东亚馆等处借阅《水经注》，作为报答，将所写跋文手稿原件赠送给了各馆，因此现存社科院近代史所档案馆的相关文章是影印件或他人手抄件。此推测在我后来到哥大和普林斯顿参观时，基本得到证实。此外，我还根据台北胡适纪念馆网站上的“胡适档案资料库”中胡适与裘开明的往来书信中的线索，找到一些胡适题赠哈佛燕京图书馆的图书。

蒙郑先生信任，我开始编辑哈佛燕京图书馆藏胡适书信手稿一书，资料主要来自钢和泰、蒋廷黻、恒慕义、吴相湘等人的档案资料或捐赠，此书稿的编写占去了我在波士顿一年的大部分业余时间。令人遗憾的是，因种种原因，此书至今仍搁置广西师大出版社。此外，郑先生还与广西师大出版社商定，经我整理后的钢和泰和洪煨莲往来书信，也由我负责编辑，由广西师大出版社出版。我在哈佛燕京的一年时间，如期完成了钢和泰和洪煨莲档案资料的整理工作，书稿是在 2014 年回国之后利用业余时间陆续编辑完成的，前后大概用了两年半的时间，其中《美国哈佛大学哈佛燕京图书馆藏钢和泰未刊往来书信集》已于2016年3月由广西师大出版社出版。洪煨莲往来书信的书稿，也已于2016年6月前后完成编辑，该书稿也很不顺利，至今不知何时能够出版。

回想在哈佛燕京图书馆一年的工作，应该说收获很大，我想跟现在工作的最大不同，在于人事上的简单和工作上的单纯，基本上只需要认真做我喜欢的书信整理工作就可以了。值得欣慰的是，经过一年的认真努力，由于语言环境和资料查找的方便，我在英文手写书信的辨识以及与钢和泰、洪煨莲有关人物的了解方面都有了不少的积累和提高。资料整理中发现重要材料的惊喜，和破解某个“谜题”的兴奋，至今难忘。

此外，我还到圣地亚哥参加了美国图书馆界的会议，跟同在哈佛燕京交流的武汉大学图书馆的汪雁老师、国家图书馆的刘波兄一起参观了耶鲁、哥伦比亚、普林斯顿等大学图书馆和美国国会图书馆，可以说是大开眼界，感受颇多。去圣地亚哥开会时，跟马先生一个房间，马先生每天会拿出一美元作为小费给服务员，促使我也注意这个不成文的规矩。Hyatt酒店服务还是很不错的，就是把我跟马先生的房费算得乱七八糟，我们回去报销前才发现，最后几经周折，才给解决了。这些都是其次，最主要的是，这次开会让我对马先生在学术上的执着追求佩服不已。马先生在哈佛燕京图书馆没有Publish or Perish的压力，但他一直坚持做一种比较偏门的学问，自得其乐，而且处于前沿水平。我想这大概是我退休后追求的境界吧。回国后，马先生时有大作赐阅，每次拜读时，马先生在酒店伏案工作的情形就会浮现眼前。

在美国一年的生活，如今回忆起来也是丰富多彩，这其中有一个很重要的原因，就是哈佛燕京图书馆有一位非常热心、乐于助人的王系老师，她真的像大姐姐一样关心帮助我们，帮我们订机票，带我们听音乐会、参观学校、逛书店、吃馆子、购物……，至今回忆起来，心里还是暖暖的。而且我很幸运地跟王老师在古籍办公室工作一年。除了生活上的照顾，王老师在为人处事和人生追求方面也给予了我很多启发和影响。回国后一直跟王老师保持联系，并且在很多方面得到王老师的热心帮助。

此外，郑先生、Sharon、马先生、宋小惠老师等，也都在生活和工作上给予我很多照顾。Sharon 听说我住的公寓有些冷，就从家里拿来毯子给我用；郑先生曾不辞辛苦开车带我们去摘苹果，还邀请我们到他家里过感恩节。此外，我曾到查尔斯河边看划船比赛，到哈佛体育场看哈佛大学对阵布朗大学的橄榄球比赛，到市中心看独立日游行，到教堂感受圣诞节的气氛……

波士顿城市不算大，据说公共交通在美国城市里算是方便的，不过我基本坚持步行上班，一开始走的是 Mt. Auburn Street，后来“开辟”了一条新通道，走 Brattle Street，后者两边有不少漂亮的房子，四季风景令人有美不胜收之感，我拍了不少照片。8 月份国图的刘波兄也来哈佛燕京访问交流，住在我隔壁，我们白天一起沿 Brattle Street 步行上班，晚上各自忙着编书稿，他编赵万里年谱，我编胡适书信手稿，中间聊聊天，交流切磋，乐在其中。

到了周末，我一般都要到 Chinatown 的中国超市买菜，就得坐公交了。印象中比较有意思的事儿，是赶上地铁某段维修，就得坐一段地铁，然后从地下出来，坐一段摆渡车，然后再钻进地铁。波士顿公交最令人感动的，是对残障者的照顾，公交大巴为了方便坐轮椅者，车身可以向路边倾斜，门口斜放下一块搭桥，这样轮椅可以方便地上下，而且每当有轮椅上下，总有热心人出手相助。最为细心周到的地方，是轮椅上车后，有专门停放的位置，而且有固定装置用钩子把轮椅固定住，以免轮椅因大巴的变速产生移动。当地对残障者的尊重和照顾，由此可见一斑。

波士顿空气好，也没有北京那么干燥，比较适合跑步，我先是在附近的 Fresh Pond 绕湖跑，后来有一天被一只没拴的大狗吓着了，虽然主人解释，那只狗只是 Say Hello to me，小时候被狗咬过的我还是改为在查尔斯河边跑步了。虽然坚持跑步，大概吃的东西热量太高，刚回国体检时，体重竟然超标了。

在波士顿考驾照也是一件有趣而且有益的经历，虽然最后没拿到本。考交规的时候，选了英文，可以直接出成绩，分数不多不少，刚好过了。后来就在 Chinatown 一个中国人办的驾校报了名。开始一个老先生教我，跟国内驾校不同的是，第一次摸车，师傅告诉你方向盘、油门、刹车、车灯等操作，体验一下油门的感觉，然后就让你开着车摇摇晃晃上路了，而且没有专门的练车场地，就在 Chinatown 附近的街上练。我本来就胆子不大，当时的紧张可想而知，死死攥着方向盘，于是车就走成曲线，教练老先生说“像蛇一样”。

王系老师为了让我多练，还请她的朋友、北大著名马克思主义哲学家黄枬森教授的女儿黄频频用王老师的车陪我下班练习。因为这个原因，我称黄频频老师为“教练”。“教练”胆大心细，有一段时间每天下班陪我练车，帮助我提高不少。中间也出过一次小状况，我在停车时因为后面有车来，一紧张误把油门当成刹车踩了几秒，还好有惊无险。感觉对不起“教练”的是，我两次路考都没过，一次侧方停车没做好，一次见到 Stop 标志没彻底停下来。2014 年回国后，我总算在“海淀四大名校”之一的海淀驾校拿到了驾照。因为有在美国开车晃悠的经历，路考不怎么紧张，比较顺利地过了。所以，这事儿还是要感谢王系老师和黄频频教练。

古人说“纸上得来终觉浅”，我想我对美国的认识也是如此。去哈佛燕京之前，我没去过美国，虽然看了不少关于美国的电影、新闻，读了不少文字，但这一切都加入了自己的想象。一年的经历，我不敢说有多了解美国，但我有了自己真切的感受。每个人都有自己关注的焦点，每个人也都有自己的盲点，所以我的感受不一定客观。我印象最深的是美国人的热情和乐于助人，我曾经不止一次在稍微偏远的地方步行时，开车经过的人停下来，问我是否迷路了，有没有事儿。有一次，与我们同行的一个朋友不小心摔了一跤，马上有人过来问，有没有事儿，要不要送医院。这样的事儿，还有很多。

在波士顿一年，还有一个很大的收获，就是结识了不少师友，除了当时得到很多帮助，有的至今仍保持经常联系。可以说，不是朋友圈点赞的那种朋友，而是突然某一天会想起，即使不常联系也不会忘记，关键时刻能够互相帮助的知己。有时觉得人生的因缘际会真的是有些奇妙，第一个跟我合租的访问学者，竟然是在国内就认识的同学的老乡；一位老师的亲戚是我曾经工作过的单位的同事，她的另一个亲戚是我现在单位的前辈；某一天在 Widener 图书馆竟然偶遇坐在轮椅上的北大英语系博士……

大概每一个访问馆员在那边都会买不少东西，我也不例外，真的是满载而归。其中比较满意的是凑齐了一套 Philips 的《莫扎特全集》CD 唱片，还有两只定焦镜头。我给美亚贡献的钱，七七八八加起来也不算少了，直到现在还时常买点儿东西，请朋友托人带回。

有时想，人生的经历，很多时候不在于时间的长短，而在于做了多少事情，留下了多少值得回味的记忆。在哈佛燕京图书馆虽然只有一年，但常常会不经意地想起，想起那些简单充实而充满乐趣的上班的日子；想起那些给予我帮助，跟我一起欢笑过的朋友；想起可以让我想跑就跑的蓝天和清新空气，想起波士顿的皑皑白雪，想起留下自己很多足迹的 Brattle Street，甚至想起 Chobani 希腊式酸奶……我想，这一年大概就像一杯意浓咖啡，量不大，却浓烈芬芳，回味悠长。

哈佛燕京读志记

刘波（国家图书馆古籍馆）

8 年前，承蒙中国国家图书馆和哈佛燕京图书馆的安排，我有幸以访问馆员的名义前往哈佛燕京图书馆，撰写善本方志书志。从 2013 年 8 月 30 日从北京起飞，到次年 8 月 30 日回到北京，为期整整一年。那段时间，抛开了单位的工作和家庭的责任，置身陌生的环境，集中几乎全部精力去做一件事，是我人生中一段难忘的经历。

一、埋首书城读方志

老实说，去哈佛燕京图书馆的时候，我心里是有些紧张的。原来我们两馆间有一项合作，由国图出资进行哈佛燕京中文善本书的数字化，并同时在两馆的数据库中发布文献图像。遗憾的是，在项目完成经部和史部的时候，由于某些原因意外中止了。后来我听说，那时哈佛校方对合作中止很不满意，打算照合同走法律程序，端赖郑炯文馆长费心费力地上下协调，让哈佛校方取消了打官司的计划，两馆之间的关系才没有变坏。

在这样的背景下，我一个国图馆员前往哈佛燕京，心里自然有些惴惴不安。当杨丽瑄老师带我走进哈佛燕京图书馆地下书库一侧的办公室，看到门上还贴着 NLC Project（中国国家图书馆项目）的标牌，脸上差点出汗。不过，我马上发现，这种紧张是多余的。郑炯文先生和馆里的各位老师对我都非常热情，完全不提那些不愉快的事，好像它们没有发生过。给我提供的工作条件，也非常便利。一切都让人觉得轻松愉快，于是，每天从挂着 NLC Project 标牌的房门进进出出，也就不再觉得紧张了。

哈佛燕京图书馆的访问馆员都有明确的工作安排。我的任务是接续同事李坚老师的工作，撰写善本方志书志。哈佛燕京依照通行的善本标准，把乾隆六十年（1795）年之前刊刻的古籍划入善本，方志部分共 725 部。此前，沈津先生主持撰写哈佛燕京善本书志，又从国内延请严佐之、谷辉之、张丽娟、刘蔷四位老师前往协助，分别工作一年，经过十几年的不懈努力，于 2011 年 4 月在广西师范大学出版社出版了《美国哈佛大学哈佛燕京图书馆藏中文善本书志》。这部煌煌巨著没有包括方志。我们的任务，就是延续沈先生等几位前辈的工作，补上这一部分。

沈津先生等前辈的实践，形成了书志撰写的“哈佛模式”。典范具在，体例等方面有现成轨迹可循。李坚老师先我两年到访，制订了详细的体例细则，完成了三百多篇书志，和我分享了不少经验。框架已定，我只不过需要依葫芦画瓢，无非是面对的材料和之前的几位老师不同而已，工作任务上的压力并不大。到馆的第一天，郑炯文馆长见面便送我一整套《美国哈佛大学哈佛燕京图书馆藏中文善本书志》，还有其他几种相关著作。把沉甸甸的一摞书抱回办公桌，便开始工作——算下来每个工作日要完成接近两篇书志，工作量并不小，不能耽误时间啊。

最初一段时间，写作速度并不快，每天只能完成一则。我整日待在地下室那间需要刷卡才能开门进出的办公室里，很少出来露面，不久就得了一个“小和尚”的诨号。一段时间以后，对方志和书志的特点都更熟悉，写作速度就快了起来。到第 11 个月快要结束的时候，我已经完成初稿，留出一个月用来做复核和全稿的整理。一年访学结束时，稿子大体上达到了出版的“齐清定”要求。2014 年 9 月回国以后，和李坚老师所撰部分合在一起，很快便提交给国家图书馆出版社。次年 12 月，我们合作的《美国哈佛大学哈佛燕京图书馆藏善本方志书志》便出版了。

方志的显著特点，是结构与内容都有相对固定的模式，那么意在揭示文献的书志，各篇之间面貌也难免大体相似，撰写或者阅读会有千篇一律的感觉。结构既然接近，我们尽量在书志内容上有些新的东西。

比如纂修人的介绍，尽我所能写得详实一些。方志大多是地方官员主修、当地文士主纂，他们如果不是名流，史书上没有传记，生平介绍并不容易查到。幸运的是，他们往往在方志里面留下了繁简不同的记载。地方官一般是外地人，有的可以从原籍方志中查到功名甚至传记，还可以在别的地方志中查到曾经担任的官职。主纂文士在所纂志书中一般不会立传，但却往往在当地晚些时候纂修的志书中有较详细的传记。摸到这些门路，就能勾出很多不太知名的纂修人的生平。介绍人物时，和修志有关的内容是重点，比如官员的任职起止年、他们在别处的修志作为等。

对于志书的内容，我试图把它放在当地方志纂修史的脉络中进行介绍。一般来说，一个地方前后所修的多部志书，内容上往往是沿袭或者接续的。后修的志书，或者补充前志修成之后若干年间的新资料，或者囊括了前志的资料并加以扩充；对于前志资料，有的一字不改地袭用（甚至沿用旧志版片），有的进行过文字修饰，有的重定全书体例而将沿袭的资料散入相应门目。诸如此类的种种不同情况，在介绍时都略加提示，以便读者了解该志书在当地修志史中的地位。我始终以为，书志或者提要、叙录不能满足于客观信息的描述，还应该尽可能做一点“辨章学术、考镜源流”的工作。大部分方志可能都不具备方志学上的标志性意义，不必从方志学的高度加以论述，但它们在当地的修志史上，无疑都有其价值与地位。那么，理想的方志书志就应该对这方面的情况稍加讨论。

刷印频繁是方志的又一个特点。方志是有资于治道的资料，地方人士、到任官员、上级衙门都不时有查阅使用的需求，因而隔若干年便有重印的必要。方志大概是中国古籍中重印频率最高的品类吧。藏书家们往往看重初印，主要缘故是书版刻成之初的印刷品笔画清晰，版面美观，用于校对的蓝印本、朱印本也因此大受收藏界青睐。后印本虽然不如初印本赏心悦目，不过有时候内容会有增补，文献价值不一定低于初印本。完备的古籍著录，不仅要准确著录古籍的雕版时代，对后印本也应关注其印刷时代。

后印本往往存在内容的增补删改。后印增补的资料，经常可以提供一些有用的信息。有的志书在刻成若干年后重印时，后任的地方官员会将成书以来的地方官员和中举士子名单补在“官师”“科举”之类门目的末尾。雕版良工不常有，而为了区区几个条目，也很难大费周章，从远方礼聘工匠，或把板子送到远方去修补，因此这类补刻条目的刻工往往字迹较拙劣，因陋就简的痕迹非常明显。某些不合时宜的字句，在重印时则会遭遇剜改。这类补刻或剜改，为确定重印时代提供了非常直接的证据，一般来说，增补条目的记事下限大致就是重印时间，而剜改的避讳字更是直接的时代证据。

哈佛燕京图书馆所藏地方志中，后印本、剜修本非常多。比如明嘉靖刻隆庆增补本《宣府镇志》（T3269/3104.7），卷中“皇明”剜去“皇”字，明代诸帝庙号均剜去“皇”字，“嘉靖”前“今上皇帝”四字剜除，“北虏”剜去“虏”字，间亦有剜改未尽者；但“玄”“弘”“历”等字均不避讳，可知剜修重印时间当在清初。乾隆四十四年（1779）因安徽巡抚闵鹗元奏请，乾隆皇帝谕令“各督抚将省志及府县志书悉心查核，其中如有应禁诗文而志内尚复采录并及其人事实书目者，均详悉查明，概从芟节”，于是大批志书的文字遭到剜修窜改。比如乾隆三十五年刻本《应州续志》（T3150/0332.83），卷九收元好问《三岗四镇》诗：“南北东西俱有名，三岗四镇护金城。古来险阻边陲地，威镇羌胡万里惊。”末句剜改为“到处皇威颂编氓”。明人田蕙《边耀夕照》诗：“塞上层峦渐夕阳，汉人胡马过沙场。谁知一抹天边锦，枕甲尤堪醉百觞。”第二句剜改为“汉唐争战旧沙场”，第三句改为“霞光一片天边锦”。剜改时间当在乾隆后期无疑。诸如此类，我都一一将剜修重印时间著录在案，以便尽可能多地为读者揭示出一些有用的信息。

在做这些工作时，我充分利用了现有的一些方志数据库，比如爱如生的中国方志库，它的好处是能全文检索，但是搜罗还不够广泛；又如中国国家图书馆的数字方志数据库，几乎囊括了国图的所有方志收藏，一个地方往往收有多部，资料齐全而系统，特别方便开展对比研究。例如我能辨认出《［雍正］临汾县志》（T3150/7632.82）的旧序、目录、凡例、图、图说及铺司、后妃、窃据、进士、人物、列女等门目大量沿用了康熙五十七年《临汾县志》的书版，靠的就是将国图数字方志数据库所收的康熙本与哈佛燕京藏雍正本放在一起逐叶对比。没有这些数据库，我们的工作效率和工作成绩，都会打些折扣。

方志中还有很多特别的资料，仅就书籍史研究者感兴趣的方面说，就有不少有意思的记载。北方大部分地区，刻书业不发达，很多州县的志书往往送到省城甚至南方雕版。比如《［乾隆］镇安县志》（T3155/8834.83），凡例有一条说："山中无梓工，剞劂为艰，是志偶因荒年梓工入山就食，不能久留，随纂随镌。"聂焘后序记刻版经过："是志之刻，兴工于乾隆十七年十月，停工于十八年四月，续刻于十九年七月，至二十年五月载其板赴凤翔，再刻于是年之九月，复载至西安省城，于十一月全刻竣。"可知这部志书的刊刻历经四年，书版分别在镇安、宝鸡、西安三地刊雕，成书非常不容易。

又如《［乾隆］成县新志》（T3160/7569.83），书后《刊志辑略》谓："壬戌冬，命长男极往长安延工设局开雕。"也是在西安刊刻的，时间是乾隆七年。《［乾隆］雒南县志》薛韫跋中说："乾隆十年六月，明府范君启源寓稿本以书来广韶商订，并谋梓焉。韫时方引疾，旋落职，翛然旅处，乃得反复䌷绎，旁搜考证，逾今年春粗定。夏五月权韶篆，随奉恩旨实授，于是选工锓板。凡自定义书讫梓竣，越十有五月。"可知这部志书刊版于广东韶州。书中有同治年间增刻的内容，那么书版必定又从广东千里跋涉，运回了陕西雒南。

更多的是南方刻工、绘工到北方去刻书。比如：《［乾隆］沈邱县志》（T3145/3172.83）末叶载刊工姓名："刊刻江南江宁府江宁县江自浚、韩文裕、韩鸣凤、许世德、许佳玺、袁大富、江自元、许世魁。"《［乾隆］甘州府志》（T3159/4730.83）书后修志姓氏载刻工姓名：“刻字江宁县监生徐起元（铤扬）、吴万盛（汝藩）。”《［乾隆］重修平遥县志》（T3150/1433.81）纂修人员名单之末载：“江宁剞劂氏邵春题、张国驭，订裁田锦彪，刷印赵明辅、绍荣宗。”《［乾隆］鄌城县志》（T3145/7245.83）《修志姓名》末载：“缮书昆陵江鸿，刻工金陵俞化龙、许建升、苏思迁、许振国。”昆陵即常州，金陵即南京。乾隆五年《陵川县志》（T3150/7422.83a）纂修姓氏：“江南刊刻人邓德臣。”《［乾隆］凤台县志》（T3150/7141.83）《修志姓氏》绘图项载：“监生方松龄，江南泰州人。”钞本《［乾隆］两当县志》（T3160/1296.83）屠文焯跋后有刊工姓名：“姑苏李桂芳刻。”《［乾隆］四川通志》（T3178/6122.82）修志姓氏载：“绘图江南苏州府昆山县布衣陆澐”。

类似的例子还有很多。《［康熙］灵邱县志》（T3150/1172.81）岳宏誉序：“邑故少镂刻匠艺，走他处鸠工又苦力不赡，迁延久之……甲子夏，适梓人陈奎甫与予有乡里之旧，从长安来，遂留之……诠次毕付梓，凡五阅月事竣。”查岳宏誉系江苏武进人，刻工陈奎甫是他的同乡。《［顺治］尉氏县志》（T3145/7474.80）高桂《梓邑乘纪事》载：“然下里写刻率多笨伯，恐贻累作者，因之遣使四出物色南工，付之以剞劂之任……自戊戌中秋肇始，至己亥中春而始杀青焉。”所谓“南工”，指的就是南方来的刻工。《［康熙］徐沟县志》（T3150/293.81）纂修姓氏末记：“剞劂氏汪浩（仁和）、郭起凤（阳曲）”。仁和在今杭州市，阳曲今属太原市，可知这部书是杭州刻工与山西本地刻工的合刻作品。

从这些资料看，山西、河南、陕西、甘肃一带，都有江南刻工、绘工在从事刻书业。更多的书，或者没有留下刻工姓名，或者有刻工姓名但没有署籍贯，我们不知道它们是南方刻工还是北方刻工的作品。推测起来，这里头一定还会有部分南方刻工的作品。那么，南方刻工在北方执业，至少在清初是比较普遍的现象。

这些南方刻工的雕版技术比较好，他们的作品版面整齐、字画工整。

我们从志书中可以看到一种常见的现象：增刻、补版、剜修部分字迹往往非常拙劣，和原版相比工艺水平差距非常大。这说明，志书刊刻的时候往往从外地邀请良工，修版则因工作量较小很难特意外请刻工，只能交给本地工匠，造成工艺水平的强烈反差。古代刻书业的流动执业现象，可以从方志的记载与刊刻中略窥一斑。

当然，北方也不乏刻工，有的甚至形成了家族产业。比如明万历刻天启崇祯增修本《潞城县志》（T3150/3645.7），冯惟贤后叙末载刻工姓名："北畿梓人裴九垓、裴九乾、裴一元、裴国翠、裴一鹗、裴国明。"从姓名行辈看，他们似乎出自同一个家族。

又如《［康熙］太平县志》（T3150/4314.81）书后"附记"载："稷山县缮写管惟谦、葛之纯，稷山县刻字葛世珍、葛之统、葛兴暑、葛世宠、葛当暑、葛丕佑、葛佐谦、葛贵谦、葛辉祖。"这几位葛姓人士，可能来自同一个世业刻书的家族。

稷山县从事刻书业的葛氏族人，从清初到清末代不乏人：《［康熙］朝邑县后志》"姓氏"门载："梓人稷山县葛良枢等。"《［乾隆］汾州府志》"协办志事"项下载："梓人稷山葛吉瑾、璋。"这两人似乎是兄弟行。《［乾隆］太谷县志》卷八载："稷山县葛大年镌刻。"《［道光］大同县志》卷尾载："梓人稷山葛英全镌刻。"《［同治］稷山县志》卷六《孝义志》："葛为衣，业剞劂。性好善，遇孝子悌弟，悉记其事而详述之。"从人物排序看，葛为衣是道光时人。《［光绪］浮山县志》"历年纂修浮山县志姓氏"项下载："梓人稷山县葛步廷镌字。"

从这些资料可以看到，从康熙至光绪二百多年间，稷山县都有葛氏族人从事刻书业，他们的事业几乎与清朝共始终。他们主要在山西各地执业，偶尔也有出省的（陕西朝邑）。这个家族可以称得上是传承久远的刻书世家了，他们的执业经历、雕版作品、技艺传承，是非常有意思的话题。可惜我没能看到更多的资料。我试图找寻稷山葛氏的族谱——想来一个传承200年的刻书世家，为自己刻一部家谱的可能性应该是存在的——可惜各种书目上都没能查到，又托山西朋友代为访求，至今也没有什么结果。希望以后能找到更多的资料，揭示出这个刻书世家的更多故事。

和《永乐大典》有关的一些资料引起了我的兴趣，后来花了很长时间、跑了一些图书馆，搜集了更多的相关材料，写成三篇文章作了更系统的介绍。

其一是《永乐大典》纂修人的考证。明初纂修《永乐大典》，征调全国文士二千余人，他们中大部分人的文章功名都不算显赫，正史没有记载姓名。前辈学者们对《永乐大典》纂修人非常关注，经郭伯恭、王重民、朱鸿林、张金梁的努力，已经勾稽出三百余人。它们所用的资料，主要是方志和明人文集，尤以方志为最，王重民先生的研究便是如此。这是非常容易理解的事，纂修人们虽然难登国史，但就一州一县来说，能参与如此规格的大工程，已然是地方人物中的翘楚，因此在州县志中留下一笔也是情理中的事情。我在翻阅志书的时候，偶然看到有“与修大典”之类的记载，有的在王重民先生等人所得之外，便随手摘录下来，渐渐积累了些条目。后来扩大搜寻的范围，不限于做书志的哈佛藏本，最后竟然得了九十余人，对几位前辈所辑，有了幅度不小的补充。后来整理成《〈永乐大典〉纂修人续考——以方志资料为中心》一文，已经发表在《版本目录学研究》第 9 辑。

其二是明嘉靖朝重录《永乐大典》参与人员的考证，这其实是搜罗《永乐大典》纂修人材料的副产品。嘉靖后期多达数百人参与了重录《永乐大典》，但我们对他们的了解比永乐年间的纂修人少得多。之前李红英、汪桂海两位同事以现存各册的附叶题名为依据，罗列出 166 人，可惜大部分人生平不详。捡寻方志，可以补出 18 人的生平仕履，另外还能补出 6 人。据《［光绪］慈溪县志》所收陈升《明故光禄大夫柱国少傅兼太子太傅户部尚书建极殿大学士赠少师谥文荣袁公神道碑铭》，载袁炜曾充任纂修《永乐大典》总裁，可知当时在总校官之上设有“总裁”一职，从而对重录事务的组织有了新的了解。

其三是清人自《永乐大典》中辑佚地方志的史料。从明末清初起,《永乐大典》便被视为辑佚古书的宝库。乾隆初年李绂与全祖望相约辑佚，提出以经、史、志乘、氏族、艺文等五类文献为重点。赵万里先生总结《四库》馆臣辑《大典》的成绩，认为艺文、经史都各有所得，志乘则几乎完全放弃。其实清人并不是不重视辑佚方志，只是因为所得大多融入各地后修方志中，很少单独成书，因而鲜为人知。我从方志中看到了一些典型的事例，比如李绂辑宋代临川地方志、周永年辑明初东昌志、孙星衍辑松江府史料、袁锡光辑宋嘉定《袁州志》、李天秀校勘《华阴县志》等，可以补充学界对《永乐大典》辑佚史、流传史的认识。这篇文章即将在《中国典籍与文化》发表。

以上举出的，只是方志中与书籍史有关的一些有趣史料，其他方面的那就更多了，不能尽述。因为这些五彩缤纷的资料，结构单调的方志读来也就感觉妙趣横生。直到一年读志时光的尾声，我仍然没有感觉到一丝的枯燥与厌倦，这倒有点出乎意料。

二、意外的种种收获

在撰写方志书志的工作任务之外，我还有大把的时间可以自己支配。一个人孤悬海外，不需要照顾家庭，也没有多少社交，正好可以做一些自己的事情。最重要的额外收获是，这一年完成了两本书的初稿。

一本是《赵万里先生年谱长编》，这是在 2010 年加入赵万里先生文集整理团队之后一直想做的事，当时已经积累了一些资料。在哈佛燕京期间，利用方便的借书用书条件，大体上完成了资料搜集与排比的工作。回国以后再经过三年多的补充修改，2018 年由中华书局出版。同时我还做了《赵万里往来书信集》的初稿，不过由于版权问题，短期内恐怕不可能出版。

另一本是《敦煌西域文献近人题跋辑录》，这是 2010 年几位前辈同事命我承担的一项国家图书馆科研课题，拖了几年仍是个半成品。当时早已超出了 2 年的结项时限，甚至连延期 1 年结项的时限也过了，不得不努力完成。好在哈佛燕京藏书齐全，用起来也方便，回国前的几个月，我集中时间增补校录，最后搜集到近千通，录文加注释、说明有将近 30 万字，规模初具。2014 年秋天回国以后，便申请结项，卸下了这份压力。不过，从那以后，新资料不断公布，我对自己的校录和笺证也信心不足，至今仍在补充修订中。希望未来一两年能把它最终完成。

这两部书稿，是多年来压在我手上的石头，能在一年内把它们做出个模样来，实在是幸事。如果没有这一年的时间，恐怕观成无日。回国这么多年，《题跋辑录》还没能写定，就是一个明证。这两本书占用了我的大部分晚上和周末，别的活动便参加得很少。这也留下了一个遗憾：在英语环境中生活了一年，我的英语竟然没有什么长进，仍然是听说读写一抹黑。这份遗憾今生恐怕没有什么机会弥补了。

承蒙郑炯文馆长的信任，回国以后我延续与哈佛燕京的合作，参与了几种文献丛书的选目、编辑或者编务工作。主要是《哈佛燕京图书馆藏稀见方志丛刊》《哈佛燕京图书馆藏稀见书目书志丛刊》两种，它们其实是哈佛燕京图书馆和国家图书馆出版社的合作项目，选目也是和编辑共同商定的，郑馆长却命我署名为编者。此外，还有《哈佛燕京图书馆藏古籍珍本丛刊·经部》《哈佛燕京图书馆藏古籍珍本丛刊·史部》《哈佛燕京图书馆藏二齐旧藏珍稀文献丛刊》，我只是做了一些联络工作，也厕身编者之列。郑馆长一向谦逊，组织出版了哈佛燕京图书馆三个系列的丛书，功成不居，从不署名，总是推美他人，让我这样的小辈屡屡出现在封面。郑先生常说：年轻人多点出版品有好处。这份厚爱，我永远铭记在心。

郑先生自 1998 年起担任哈佛燕京图书馆馆长，二十多年来组织实施了多项重要的工作，比如：完成该馆所有文献的编目，全面清理馆藏家底；系统采购大陆各省市新修方志、年鉴等资料，使得哈佛燕京同类文献藏量冠绝全球，较中国国家图书馆还要丰富完整；完成馆藏中文善本书的数字化，通过网络与全世界共享，广受学者和业界的赞誉；策划组织交换馆员项目，一方面运用交换馆员的智慧完成一些项目，另一方面为大陆多所研究图书馆培养馆员；出版“哈佛燕京图书馆书目丛刊”“哈佛燕京图书馆文献丛刊”“哈佛燕京图书馆学术丛刊”三种丛书，规模宏大。郑先生和哈佛燕京的事业成就，在北美东亚图书馆中堪称首屈一指，在大陆图书馆界也有深广的影响。郑先生热情接待来访的读者和学者，热情鼓励和支持他们利用哈佛燕京的馆藏和服务开展研究，成就了很多学者，我个人受惠良多，满怀感激。

为了开阔我们的眼界，和更多的同仁建立联系，郑炯文馆长安排我们这些访问馆员走访美国东部的几家主要的东亚图书馆，包括耶鲁大学、普林斯顿大学、哥伦比亚大学以及美国国会图书馆亚洲部，还安排我们参加每年亚洲研究协会（AAS）和东亚图书馆协会（CEAL）的年会。在这些例行安排之外，郑先生还特别让我访问芝加哥大学和布朗大学的东亚图书馆。在芝大，承周原馆长的厚意，我拜观了他们收藏的一件敦煌卷子，为《敦煌西域文献题跋辑录》搜集资料；又由周原馆长陪同，到富地博物馆（Field Museum）看他们收藏的吐蕃统治敦煌时期写本《大乘无量寿经》，后来他们在新辟的中国展厅展出了这一件敦煌文献。在布朗大学，承王立馆长招待，通览了该馆所藏中文古籍，主要是贾德纳藏书，为完善其编目数据出了点力。

最大的惊喜，是去洛杉矶汉庭顿图书馆（Huntington Library）看《永乐大典》。2014 年 8 月，马小鹤先生转来汉庭顿图书馆中文馆员杨立维的邮件，说他在该馆新发现了一册《永乐大典》，卷次是 10270 和 10271。这两卷是此前的各种《永乐大典》现存卷目表中从没著录过的，我大喜过望，希望能去加州看看。更巧的是，郑炯文馆长和汉庭顿图书馆馆长 David S. Zeidberg 是二十多年前在加州大学的同事和好友，郑馆长安排我在哈佛燕京的所有工作结束后飞往洛杉矶看书。

十几天后，我在杨立维的办公室看到了那册打开的《大典》。宽大的书叶、工整的楷书，所有的细节都和在我馆见过的其他册一模一样。封面已经换过，新书皮仍然是黄色的。书后明显有缺叶，然而到底是损失了一叶还是更多，已经无从判断了。这一册是二纸韵子字，内容是《礼记》“教世子”“文王世子”两篇的注，没有别的内容。其中引书共十二种：郑玄注、陆德明音义、孔颖达疏、要义、卫湜集说、吕伯恭音点旁注、陈栎详解、陈澔集说、朱申句解、黄震日抄、彭氏纂图注义、史驷孙经义，初查似乎有4种是佚书。随后，又在杨先生的办公室看了一册陆德明《经典释文》，以前有人说是刊刻于10世纪，这显然这不可能的，我看像是元刻本。

在和他们负责馆藏和对外交流等事务的同事分别交流过之后，汉庭顿图书馆对这册书的真伪和价值有了更多的把握。回波士顿之后，我又查了一些资料，写了份报告发给汉庭顿图书馆，供他们参考。随后不久，他们便对外发布了这一新发现，并且很快完成了数字化，在官网发布了高清图像，供世人浏览、下载。后来他们还特意为这册《永乐大典》举办了一场展览，据说在当地影响很大，观者如云。

David S. Zeidberg 馆长邀我们一起午餐时，我提议将这册《永乐大典》交给国家图书馆出版社原大仿真影印出版。那年11月，杨立维到访北京，我们一起访问了国家图书馆出版社，商谈出版事宜，他对国图社的《永乐大典》系列出版物赞赏有加。最终，《美国汉庭顿图书馆藏〈永乐大典〉：卷一万二百七十之一万二百七十一》在2016年由国图出版社仿真影印出版。

这个新发现也引起了国内媒体和学者们的注意，很多报纸、网站都刊发了报道，发表的学术论文至少有4篇：杨琳《新发现的一册〈永乐大典〉述略》（《寻根》2015年第3期），李成晴《〈永乐大典〉：从翰林院到亨廷顿》（2017年4月17日《文汇读书周报》第3版），李建军《新发现〈永乐大典〉本〈文王世子〉考辨》（《图书馆杂志》2017年第6期），瞿林江《新见〈永乐大典〉残卷引“礼记类”诸书及版本考》（《文献》2018年第1期）。通过我们的推动，珍贵文献能得到社会关注，并被学者们充分研究，这是我作为图书馆员最乐于见到的事。

三、感受异域殊俗

在麻省剑桥的日子，心思和时间虽然主要放在工作上，不过置身异国，耳目所及都是新鲜事物，不免有些好奇心。阅读书库里的旧籍新书之外，也蜻蜓点水似的翻了几页美国社会这本“书”。

初来乍到，便感受到社会环境的不一样。第一印象是各种公共设施都非常坚固，住处附近的桥梁、栏杆、路灯无不如此，好像打算用一百年不换似的。美国人非常热心。到达那几天，正好是劳动节假期，为了熟悉上班的路，我步行到神学街 2 号哈佛燕京图书馆门前，站在路边看地图熟悉方位，没一会儿就有两位路过的女生停下车来，热情地问要不要帮助。还有一天晚上和两位朋友走过哈佛工程研究院门前，一位朋友不小心被铺路的石头绊倒，几个路过的小伙子马上过来，问要不要帮忙，确认不需要送医院之后才离开。这让我们在初到异国他乡的时候，感到非常温暖。

以我粗浅的观感，美国的社会管理和我们中国也很不同。交警不查酒驾，聚会喝酒之后仍然可以开车上路跑。记得感恩节晚上郑馆长在家设宴款待我们，然后开车送我们回住处，路上的车很多都走得歪歪扭扭的，看着让人有点担心，然而他们都习以为常。虽然恐怖袭击的阴影一直不散，很多地方治安并不好，总能听到深夜不要独自出门的告诫，不过地铁还是不需要安检，火车站也只是有个 LED 屏滚动播放“if you see something, say something”的提示语。建筑物所有的门都开着，门口也没有保安看守，进出很随意。似乎美国的社会管理，注重的是保护人的自由，真有事情发生也是因事施策；这和我们中国注重预防、强调“防患于未然”、力图避免发生任何不良事件，是很不一样的。观念的差别，反映在所有的社会生活细节上。

接触到的大陆学生或者访问学者，无不盛赞美国各图书馆的便利和服务。其实不光图书馆如此，其他类似行业也一样。有次旅途中听一位同行谈起，如果服务做不好，乏人问津，一旦财政紧张，职位可能首先遭裁撤，那么工作也就不保了。因此图书馆、档案馆等机构都尽力提供方便，唯恐读者不来看书查档；读者多，工作就显得重要，职位也就更稳固。这种隐形的压力和鼓励，便是做好服务工作的动力。我们有“事业编制”的人群，显然缺乏这样的压力和动力：饭碗既然是铁打的，事儿当然越少越好。听香港大学历史系的徐国琦教授抱怨，某档案馆原来服务尚可，自从改为公务员编制，查档就越来越不方便了。从激励制度的角度看，这种现象也不难理解——当然，这是整个社会的管理制度问题，不是哪一个单位能独自彻底改革的。

秋天，郑先生安排我和北大邹新明、武大汪雁两位访问馆员一起走访美国东部的几家东亚图书馆，包括耶鲁大学东亚图书馆、普林斯顿大学东亚图书馆、哥伦比亚大学东亚图书馆和美国国会图书馆亚洲部。邹新明兄以前做过北大图书馆办公室主任，为人古道热肠，包揽了安排行程、联系参访等等事宜，还代我和汪雁买了车票、订了宾馆，都用他的卡结账。我们也觉得，这样会节省三分之二的手续，比较方便，便坦然接受。哪里知道，回馆之后报销，秘书 Annalyse Tamashiro 小姐提出疑问：为什么你们三个人出行，车票、住宿付钱都是一个卡？我们才恍然大悟，我们自以为省事儿的习惯做法，反而给报销增加了不少麻烦。那次一定让郑先生和 Annalyse 花费了不少口舌，才和财务部门解释清楚这三个中国人的差旅费是怎么回事。后来郑先生提醒我们说，出差要自己照顾自己。从那以后，我们再也不敢拼团刷卡，即使两人住一个房间也是分开结账。

当时在哈佛东亚系执教书籍史课程的戴联斌博士，有一次聊天时问我是不是感觉到 Culture Shock，当时我懵懵懂懂，不明所以。现在想来，他说的 Culture Shock，大概指的就是这种在不同文化环境中处事方式的差异吧。

公私界限是否分明，也是我们处事方式最显著的差异之一。美国人做事公私分明，无论时间、物品还是人际交往，公务和私人生活是截然分开的。同事们中从来没见过上班做私事的，主管也从不要求下属加班。私人邮件从来不会把邮寄地址写到单位，也没有人会在上班时间取网购的各种物品，国内各单位门口快递扎堆的景象，从来没有在哈佛燕京看到过。听同事讲过一个故事，吴文津馆长时代，有一位馆员家里有房子出租，上班时间曾经接打电话和租客联系，引起馆长的强烈批评，责令其要么全力工作、要么专职做房东，后来那位馆员改过自新，竟然把房子卖了。又听说，郑炯文馆长曾经飞到西海岸出差，在出差地点很近的地方有些私事要办，如果是我们遇到这种情况，一般就多待一天顺道办了，但是郑先生不这样，他先飞回波士顿，完成了公务旅行，然后再自己买张飞机票，飞过去办私事，多花了很多时间和机票钱也毫不考虑。这些例子让我感到震撼。后来有一次听白谦慎先生讲中西文化的差异，要点之一是公与私的界限，我觉得实在是鞭辟入里。

过了一段时间以后，我感觉到美国各种机构内部的管理方式和中国差异也特别大，最强烈的一点是分工明确、各司其职、各负其责。在哈佛燕京，各种事务由不同的专业人士负责处理，比如图书馆员只需要做好自己本职的咨询、采访、编目或者服务工作，就可以了，其他诸如安全、卫生等等，一概另有专人承担。

比如用电的安全，几乎不用图书馆员们操心。我报到不久，惊讶地看到有的同事下班不关电脑，第二天上班接着用。这在我们单位是不可想象的，我们不光需要关掉电器，还必须拔掉接线板插头，或者关掉总闸。哈佛燕京善本书库、善本阅览室的门禁系统，是连着警察局的。阅览室玻璃门一次开关时间只有 30 秒，超过了就响警报，警察就该来光顾了。下午 5 点以后自动设防，员工刷卡也不能进出。有一回我临 5 点出库时，忘了关掉一排日光灯，发现时已经晚了。心想：坏了，这下犯了大错，要给很多人添麻烦才能解决，说不定还要劳烦警察出动。这种事情如果发生在我们单位，不光本人要受罚，还会影响全部门的年底评优评奖，是千万轻忽不得的。赶紧跑到楼下找同事报告，不料同事说：没关系，下班吧。我也和同事们聊过这个问题，大概美国人的观念，如果电源插座或者电灯出了安全问题，那么责任在于设备生产采购维护，与专业人员无关；而美国各种商铺晚上必须开长明灯，据说如果不开灯被盗窃，店主是有责任的，保险公司理赔时也会刁难，忘关日光灯不算犯什么错误。

书库、阅览室和办公室的卫生，是一位非裔男士来做，因为经常见面，很面熟，偶尔也和他聊几句。他的门禁卡能开善本库房、善本阅览室之外的所有房间，刚到不久的某一个周五晚上，我去参加一个什么活动，回馆提包时错过了闭馆时间，正好他在打扫卫生，帮我开了办公室门。当时我很惊讶他的门卡权限之大，后来也就习惯了。大家办公室的垃圾桶都是他来处理。前几年看一位海归科学家在演讲中说，他回国很长时间才意识到，同事隔几天处理一次的公用垃圾桶应该是他们俩人共同承担的，为此感到很愧疚。当然，这种事情不能全怪他，在美国专业人员是不需要操心这种事情的。

这种事有专责的管理办法，让人觉得轻松。后来我也学会和同事们一样，在这些问题上大大咧咧，不再为这类专业工作以外的事情分心，一心一意做自己的事。当然，事有专责，那么自己分内的事情，必须要做到非常专业。哈佛燕京图书馆的学术服务，确实非常专业，非常热情、高效、周到，给读者极大的便利。

经常用书借书，我对哈佛大学图书馆的服务略有一些体会。有一次我要查一篇发表在《文津学志》上的论文，这是我们国图古籍馆的学术集刊，以书代刊，每一辑都有独立的书号。我在检索系统 HOLLIS 里面只查到一条数据，根据我们国图对集刊每一册单做一条书目数据的习惯，想当然地以为这份刊物哈佛燕京只有第一辑，后面的都缺藏，便写了个邮件建议马小鹤先生补齐。不料十几分钟之后，中文部的邹士宁老师拿着一册书到三楼找我，正是我需要的那一辑，并且耐心告知这种集刊作为连续出版物，只做一条数据，其他的都挂在这条数据下面。我既羞愧又感激，羞愧的是自己太不仔细，没有看完数据便想当然地做判断，错得无地自容；感激的是为了这么一点小情况，邹老师竟然爬上三楼亲自来送书并解释。

美国图书馆界的同行特别有专业精神，它们都受过专业教育。头衔在馆员（librarian）以上的工作人员都必须有图书馆学的硕士或博士学位，没有图书馆学学位的只能是馆员助理（librarian asisstant），这就保证了所有业务主管都有比较接近的专业背景，对图书馆该做什么、不该做什么、具体怎么做有着基本的共识，也避免了外行领导内行、业务发展方向左右摇摆的情况。有道是“只有专业才能卓越”，在专业训练足够充分且目标一致的基础上，美国同行们的工作也做得非常专业、细致，给读者很大的帮助。哈佛燕京的学科馆员们，每学期都会根据教授开设的课程有针对性地提供资料服务，这方面我没有什么接触因而了解不多，但看同期访学的汪雁协助杨丽瑄老师为此忙了很长一段时间，知道他们对这项服务极其用心。

在哈佛看书用书极其方便。73 个图书馆通借通还，借书不限量，时不时看到有人拉着小车过来借还图书。远程书库的藏书，预约第二天也能拿到，如果需求不多还可以申请扫描，发送 PDF 文档到邮箱里，这样就不必取实体书了。韩国的郑珉教授，每次去善本阅览室看韩刻本，都带着一个小型翻拍架，咔咔咔地一拍就是大半天，让人叹为观止。

哈佛没有的书，可以提出推荐，马小鹤先生马上安排补购。着急的话还可以动用空运，用不了几天书就到了。图书馆还会特别安排，不等完成编目，简单登记之后就通知推荐者取书，一切只为了尽早满足读者的需要。哈佛加入了常青藤高校的 BorrowDirect 网络，别的图书馆的书也可以方便地借还，除了邮寄耗时需要多等几天之外，其他便利和借哈佛本馆的书完全一样。我为了做自己的题目，没少从 BorrowDirect 和哈佛远程书库 HD 调书，快回国时才知道每调一本哈佛燕京图书馆需要付账若干美元，盘算一下着实花了不少，心里很有点过意不去。不过郑炯文馆长毫不在意，他说：没有关系，尽管用。

郑炯文馆长策划组织将哈佛燕京的所有中文善本进行数字化，在互联网上发布高清晰的 PDF 文档，并且提供下载，颇受赞誉。不仅如此，他们还把所有的数字图像和MARC数据连在一起，这样只需要一个系统就可以完成检索书目数据和查阅电子资源的过程，非常方便。他们还聘用了一些学生，帮忙标引数字化的中文善本书，具体到二级目录，让数字资源更方便查阅。凡此种种，都是从便于读者使用的角度进行设计并付诸实施。

不光哈佛燕京这样方便，其他图书馆也类似。我们走访芝加哥大学的时候，周原馆长介绍说，他们学校的教授甚至可以夜间刷ID进书库查书，因为教授们的研究时间宝贵，等不及第二天开馆，图书馆就为他们提供这个方便。周原馆长还说，他们图书馆也不时遗失书籍，但是学校并不太在意，他们的看法是：如果教授和学生们用这些书能做出研究成果、提升芝大的学术声誉，那丢几本书算什么呢。这样的观念令人感佩不已。

走了几个地方之后，我们对图书馆应该做什么、怎么做的看法，也和以前有了不同。我默默希望，中国的图书馆也越来越开放、越来越便利。虽然目前我国图书馆事业所处的大环境和各类保障都明显不足，但这是大势所趋，我相信我们的图书馆也会越来越好，不久的将来会有质的提升。

四、无尽的回忆

哈佛燕京图书馆是一个充满温情的所在。对我们这些访问馆员，郑馆长和同事们都非常关心，特别照顾。记得到达那天，马小鹤先生去机场接我。马先生不会开车，马太太又是驾车接机又是招待晚饭，还带我去唐人街的超市买东西，又给我送被子，忙了足足两天。马太太并不是哈佛燕京的馆员，却为了哈佛燕京的访问者忙前忙后，让我心里觉得很温暖。我的一位大学同学当时正在哈佛大学东亚系攻读Ph. D.，见面就吃惊地打量我："你一定是个大人物了！马先生亲自接机！"我当然不是什么"大人物"，这让我更加感念哈佛燕京同仁们的周到照顾。

郑先生每隔一段时间就特别安排时间邀请我吃饭，在轻松的气氛中聊聊工作进度，问问有没有遇到什么困难和问题。邀请我们共进午餐或者晚餐，是郑先生特别的工作方式。他招待访客的时候，也常常带着我们。每每在晚餐欢聚之后，郑先生还开车把我们逐一送回住处，开着车灯照着我们穿过黑暗的小树丛，才调头回家。杨丽瑄老师不仅关心我们的工作，也关心我们是不是适应那边的生活。王系老师极为热心，帮助我们解决生活中的种种琐碎问题，带我们四处参观游玩，给我们家一般的温暖。在王老师家，我们有幸结识期颐高龄的文老先生，听渊博而睿智的老先生谈天说地，是一种精神上的享受。

在哈佛燕京，我还认识了一些好几位学界师长。沈津先生那时已从哈佛燕京退休，被中山大学图书馆延请为特聘专家，每年总会去波士顿住几个月，不时到馆里来看看。沈先生是我们景仰已久的古籍专家，能有机会当面请教，从容听沈先生析疑解惑，纵谈古今，实在痛快。波士顿大学艺术史教授白谦慎先生不时到馆借书，他对哈佛燕京历年的访问馆员都很照顾，邀我去他家参加农历新年的大聚会，还带我们一起游览瓦尔登湖。清华大学和日本中央大学李廷江教授，和我在书架之间认识，从此成为忘年交，这几年我们还经常在北京欢聚。

时间如风一般倏尔飞逝，转眼一年即将结束，心里既留恋不舍，又归心似箭。离家在外，最令人伤怀的，是和家人的分别。虽然现在通讯发达，视频聊天很方便，不过毕竟和人在身边不一样。女儿那时只有两三岁，正在学说话。有一天她很热情地邀请我："爸爸，欢迎你到我们家来玩！"我的眼泪顿时就流下来了，离家半年多，女儿都不记得爸爸是她的家人了。女儿背李白的《静夜思》，最后两句念成"举头望明月，低头想爸爸"，也让我心疼不已。因此，访学时限一到，我便按期回国。抵达北京的日期，正好是一年前离开的同一天。

这几年，时不时和哈佛燕京的老师们有些联系，偶尔还有机会和郑馆长、杨老师、马先生、王老师见面。每次见面前，都无比期待，好像离别了很久；见面之后，看到老师们精神依旧，感觉非常亲切，却又似乎不曾久别。这真是奇特的感觉。愿友情天长地久。

哈佛燕京访学记忆

吕淑贤（北京大学图书馆）

转眼已是 2019 年，从哈佛燕京图书馆访学归来也已两年多，至今还能清晰记起回国那天去机场路上的蓝天与艳阳。在哈佛燕京工作学习的一年像是被浓缩了的时空，忙碌、充实而快乐，各种细节在跳动中闪烁着温馨与美好，回忆起来历历在目。

记得是 2014 年的一个夏日，我在北大图书馆南门外的蝉鸣声中得知自己即将成为哈佛燕京图书馆 2016 年的访问馆员，内心充满了欣喜与无限期待。2015 年 1 月 19 日，郑馆长来北京面试了我，并初步确定了我在访问期间的古籍数字化和出版选目工作任务。大约两周后，我收到了郑馆长从美国寄来的一套《哈佛燕京图书馆藏中文善本书志》，随即开始了选目准备工作。2015 年 12 月 28 日下午，我搭乘海航的航班抵达波士顿，安顿调整和熟悉生活环境。第二天，2015 年在哈佛燕京访学的北大同事张晓琳老师带我冒雪去逛哈佛校园，那是我生平第一次见到哈佛燕京图书馆。过了新年假期之后，一整年的美好于 2016 年 1 月 4 日正式开始。

我在哈佛燕京图书馆访学期间的工作主要包含三项内容。第一项任务是参与哈佛燕京图书馆古籍数字化项目，主要是子部善本的数字化准备、质量控制（QC）、QC 报告，集部善本的 QC 报告以及丛部善本 QC、PDS 标引工作。这部分工作是在 Sharon 和 Annie 的总体指导下完成的，哈佛燕京的同事 Mihyang 和 Joyee 对我进行了十分细致的业务培训，来自中山大学的访问馆员王蕾是我的亲密工作伙伴。第二项任务是参与读者服务

（Access Service）工作，主要是前台的流通服务（Circulation）和 Borrow Direct 与馆际互借（ILL）。这部分工作由 Mr. Kuge 对我进行业务指导与培训，日常工作与 Nobu、Mia 和 Andrew 一起配合完成。第三项任务是《哈佛燕京图书馆藏古籍珍本丛刊》经部和史部选目工作。这项工作与国家图书馆的李坚和刘波老师合作完成。他们多年前也曾经是哈佛燕京图书馆的访问馆员。我们共同的编纂成果《哈佛燕京图书馆藏古籍珍本丛刊·经部》和《哈佛燕京图书馆藏古籍珍本丛刊·史部》由国家图书馆出版社分别在 2016 年 12 月和 2018 年 5 月出版。此外我还参与了一部分与中华书局合作的《海外中文古籍总目》中哈佛燕京图书馆古籍目录的整理与版本核对工作。这部分工作与来自浙江大学的访问馆员杜远东一起完成。

在哈佛燕京当访问馆员实在是太幸福的经历，每一天都过得很充实、很快乐。哈佛图书馆的同事们让我真切体会到了图书馆员的魅力和乐趣所在，他们专业而踏实的工作作风以及在工作中表现出的热情和活力带给我很大触动。这一年里还有幸参加了美国图书馆行业的几个重要会议，包括 CEAL/AAS、SCSL、ALA、Ivy-Plus 以及中美图书馆馆长会议，并赴 Yale、Columbia、Princeton、Cornell 等大学图书馆参观访问，着实大大开拓了视野。

最后的两个月里，我去了哈佛的 Weissman Preservation Center 和 Collections Care Lab 实习，学习西文善本的保护修复技术及馆藏应急处理措施。保护中心主管 Brenda 给我做了很丰富的实习安排，Katherine、Debra、Christopher、Karen 等同事给予了许多指导和帮助。我的 Final Talk 做了关于中国传统手工纸的专题讲座“An Introduction to Chinese Traditional Handmade Paper”。记得那天波士顿大降温，好多保护中心同事和波士顿艺术博物馆的同行都冒着严寒前来共同研究讨论，让我十分感动。

对于我的整个人生，哈佛燕京图书馆有着无与伦比的重要意义。2016 年 5 月，我和我先生在哈佛燕京图书馆三层的 Rarebook Room 相识，当时他是一名来自芝加哥的读者。18 年我们结婚，现在宝宝已经出生。每次想起当时的情景，都对哈佛燕京图书馆和郑馆长充满了无限感激。所以哈佛燕京图书馆可算是我人生的一个重要坐标，在那里一年的访学经历也是我和我的家人永远珍存的美好回忆。希望再一次的波士顿之旅能早日成行，再回去看看温馨的红砖馆舍和诸位可爱的良师益友，重温我美好的2016访学记忆。

2019年4月12日

哈佛燕京图书馆工作小记

荣方超（南京大学图书馆）

从2013年申请去哈佛燕京图书馆做“访问馆员”，到2014年郑炯文先生来南大对我进行面试，“到哈佛燕京图书馆工作”还仅仅是我脑海中一抹新奇的概念。直至2015年6月赴美前夕，哈佛燕京的杨丽瑄（Sharon Yang）老师写信告知我来美之后的工作内容，我才开始意识到在哈佛燕京工作任务的艰巨和重要。

2015年6月11日，Sharon在邮件中告知我在哈佛燕京图书馆的具体工作分为两部分，一是参与馆藏中文古籍数字化项目，另一项内容是负责整理馆藏费吴生夫妇档案（以下简称“费档”）。后者成为我在哈佛燕京的主要工作。

费吴生（George A. Fitch，1883—1979）为民国时期美国在华传教士，他与夫人杰拉尔丁（Geraldine T. Fitch，1892—1976）在抗战期间揭露日军暴行、争取国际社会支援中国，在中国近现代史和中美关系史上扮演了重要角色。“费档”于1979年捐赠哈佛燕京图书馆之后，并未得到学界的重视和利用。2013至2015年，南京大学历史学院姜良芹教授在哈佛大学费正清中国研究中心访学期间曾细致阅读过这批档案，并就“费档”的整理和出版与哈佛燕京图书馆达成合作约定。由于我有过文献整理的工作经验且来自南京大学，哈佛燕京图书馆就将档案的初步整理工作交给我，作为哈佛燕京与南京大学就“费档”展开合作研究的第一步。

在我去哈佛之前，姜良芹教授已经回到国内。Sharon指示我先与姜教授取得联系并向她请教。当年 7 月，姜教授约我面谈。她热心地向我介绍“费档”的情况并提供了具体的建议。我在整理“费档”的一年时间里，与姜教授保持着密切的邮件往来。姜教授推荐我先读一下费吴生的英文回忆录《我在中国八十年》(*My Eighty Years in China*)，以便了解这批档案的背景知识。因此在接下来一个多月的时间里，我一边忍耐着南京的闷热，一边“苦读”这本厚实的英文书。

如果用“堆积如山”来形容“费档”的体量，不免有夸张之嫌。但当我置身于哈佛燕京图书馆并不宽敞的善本阅览室，面对五十余箱档案时，真是压力如山大。好在哈佛燕京对我并没有过高的期许和严格的要求，允许我一点一点地尝试着去做。

“费档”由费吴生夫妇生前收集、整理而形成，其后人于 1979 年捐赠给哈佛燕京图书馆。档案包含费氏夫妇生平资料、书信、日记、手稿、照片、剪报和出版物等多种文献资料。“费档”最初运送至哈佛燕京图书馆时，共有 40 箱，大部分档案已被分类整理并简单编号。由于原箱大小不一且保存状态较差，哈佛燕京图书馆随后将这批档案按原来的顺序重新分装于 55 个无酸纸箱，并于 1991 年公布了一份简略的清单。这份清单只是依据原始顺序和编号对档案进行了简单的描述，并没有对档案的内容进行系统的整理和揭示。2012 年哈佛燕京图书馆韩文部将 4 箱集中存放韩国资料的档案进行了整理，对每一份文件进行了较详细的描述，并重新分装为 5 箱。2015 至 2016 年我在哈佛燕京整理“费档”的工作大致分为五个阶段。

第一阶段是逐箱摸索。自 2015 年 9 月初至 10 月中旬，对照着 1991 年清单，逐箱浏览“费档”，摸清每箱档案的主题和类型，并写下阅读笔记。10 月下旬与南大的姜教授和哈佛燕京的郑先生商定接下来的整理方案。第二阶段是依据商定的方案，首先专攻费氏夫妇通信。费氏夫妇之间的通信原集中存放两箱，书信时间自 20 世纪 30 年代始至 70 年代止，共计两千余封。我对每一封书信都做了描述和记录，包括所在箱号、文件夹号、原始编号、写信日期、写信人、收信人、页数、类型和附件信息，并按写信时间进行排序，进行了较为详细的标引和编目。这一阶段的整理工作自 2015 年 11 月开始，至 2016 年 2 月才完成。“费档”中有一箱档案专门存放蒋介石、宋美龄相关资料，因此第三阶段是对蒋宋资料进行整理。“费档”所藏蒋宋资料包括费氏夫妇与蒋宋夫妇之间的通信、文稿和照片等，其中书信和照片各有一百余件。自 2016 年 3 月至 5 月，我对蒋宋资料中的每一封书信和照片进行了标引和编目。“费档”中另有一盒“名人书信”，原盒所藏费氏夫妇与中外名人通信百余封，包括富兰克林·罗斯福、哈里·杜鲁门、理查德·尼克松、科德尔·赫尔、亨利·史汀生、阿尔伯特·魏德迈、赛珍珠、海伦·凯勒、埃莉诺·罗斯福、周恩来、宋子文、胡适、李承晚等。第四阶段即是对上述名人书信的细致整理和逐件编目，至 2016 年 6 月完成。我在哈佛燕京整理“费档”工作的第五阶段，是利用回国前的最后两个月时间，根据 2015 年的阅档笔记对 1991 年清单进行简单的修订和扩充。按照原始顺序，仅对每一箱的每一个文件夹进行了描述和编号。在这一次整理中，被描述和编号的箱数由原来的 56 箱增至 61 箱，被描述与编号的文件夹数量由原来的 91 个增至 654 个。

在哈佛燕京工作期间，我定期向郑炯文先生和 Sharon 提交工作报告，征询档案整理方案的意见，报告工作进展和接下来的安排。同时也时常与国内的姜良芹教授通信，向她请教档案整理中遇到的问题、讨论整理方案等。这些工作报告和通信我都留存下来，因此现在能够较为清晰地把一整年的工作内容记述下来。

在哈佛燕京图书馆工作的一年时间里，要感谢的人和感谢的话很多。关于致谢的话，我在 2016 年 8 月的总结汇报（Presentation）中只字未提。现借此文对哈佛燕京图书馆表示感谢。郑炯文先生在生活中对我关怀备至，在工作上对我鼓励有加，又不吝于坦率的批评。Sharon 温文尔雅，具体指导我的工作，建言良多。主管善本和特藏服务的王系老师（Annie Wang）热情周到，待我们几位访问馆员如同亲人一般。无论是工作还是生活中，Annie都给予我很大的帮助，令我在异域倍感温暖。善本部还有一位勤工助学的Andrew Burke先生，幽默风趣，乐于助人（2019年5月郑炯文先生和Sharon来南京时告知Andrew已成为燕京图书馆的正式职员，真是恭喜他）。中文部的马小鹤先生热诚谦和，编目部的邱玉芬女士亲切友好，都曾帮助过我。日文部的Kuniko McVey女士、韩文部的Mikyung Kang女士、越南部的Chan Phan女士、服务部的Nobuhiko Abe和Chiun Kwan Chau先生、馆长办公室的Annalyse Tamashiro女士、数字化项目组的Wai Fan Leung和Mihyang Na女士，还有那些我已无法准确记起名字的工作人员，他们的笑容和善意令我感到温暖舒畅。当然不能忘记的是，与我同时在哈佛燕京做访问馆员的张晓琳（北京大学）、王蕾（中山大学）、吕淑贤（北京大学）。我们在生活和工作中亲睦互助，结下深厚友谊。更要感谢的是给予我出国访问机会的南京大学图书馆，以及对我真诚提携、指导点拨的姜良芹教授。

2016年8月31日，我结束了在哈佛燕京图书馆为期一年的访问工作，返回中国。然而，我与哈佛燕京图书馆“费档”整理工作并未缘尽而散。我这一年的工作仅对档案中费吴生夫妇通信、蒋介石宋美龄相关书信和照片、名人往来书信这三部分进行了重点整理和编目，并没有时间和能力对全部档案的内容进行深入解读和揭示，读者利用起来仍然有些不便。按照计划，“费档”的后续整理事宜交由南京大学中华民国史研究中心。该中心于2016年以“哈佛燕京图书馆藏费吴生档案整理与研究”为题申请的国家社科基金抗日战争研究专项工程项目，通过审批立项，姜良芹教授为课题主持人，我为课题组成员。借助“费档”因缘，我回国后边工作边学习，一年后考取了姜教授的博士研究生，读博阶段的研究计划也以“费档”为中心。因此，至今我仍然致力于“费档”的整理和研究工作。

2017年2月，我再次拜访哈佛燕京图书馆。这一次是以南京大学中华民国史研究中心“哈佛燕京图书馆藏费吴生档案整理与研究”课题组成员的身份，到哈佛燕京进行合作研究。这次的工作内容是对“费档”

进行全面的整理、编号，并委托哈佛大学图书馆保存与成像部（Harvard Library Preservation，Imaging Services）进行扫描、加工。目前“费档”的扫描工作已全部完成，并且已进入档案史料集的出版阶段。

哈佛燕京图书馆藏费吴生夫妇档案，反映了费氏夫妇对中国乃至东亚近现代历史上一些重大事件的亲历、记录与观察，特别能为中国抗战史和中美关系史的研究提供生动而详实的案例。有鉴于“费档”的重要学术价值，哈佛燕京图书馆和南京大学为档案的开发和利用付出了多年努力。作为一名普通的图书馆员，我有幸参与了这项意义重大的工作，成为中美图书馆与学术界合作共赢的见证者和受益者。

（2019 年 5 月 7 日初稿，2019 年 6 月 27 日修订于南京大学）

岁月不居，时节如流

——忆念哈佛燕京图书馆

王晓阳（浙江大学图书馆）

当我还沉浸在2019年浓浓的农历新年气氛之中时，一封来自国家图书馆刘波老师的电邮悄然而至——“忆念哈佛燕京”征稿函。抬眼望着窗外的落雪，似曾相识！我明白，这是远在美国东岸的波士顿大雪给我带话了，哈佛燕京图书馆的回忆瞬间在脑海中翻涌。

一、如梦如幻

成为哈佛燕京图书馆的访问学者，如同梦一场。不曾想到，有朝一日能在世界一流大学的图书馆中进行一年之久的访问工作。2017年4月，当我收到郑炯文馆长寄来的邀请函时，心里悬着的一块石头终于落定，难掩心中兴奋激动的心情，哈佛燕京图书馆我来了！

和往年在哈佛燕京图书馆访问的馆员一样，我在此经历了整整一年，2017年9月1日至2018年8月31日，在哈佛燕京的365天每天都过得很充实。时光如梭、白驹过隙，加之归国半年有余，离别之后珍惜倍加。这一切自开始至别离，步履匆匆，如梦如幻。回忆或因时间雕蚀而略有模糊、许有疏漏，感想良多，今日拎其一二，以作忆念。

二、如痴如醉

未到哈佛燕京图书馆之前，对其藏书已有耳闻但无具象的概念。入馆之后对比发现，哈佛燕京图书馆的藏书宏富，质量上乘！中、日、韩和越南文，还有藏、满和蒙古文藏书都能在馆藏中寻见，总计一百五十多万卷。在裘开明、吴文津、郑炯文三任馆长九十余年的努力下，哈佛燕京图书馆被称为海外最大的东亚研究资源宝库，名副其实。中国珍稀地方志、明清妇女著作、韩南教授藏书、中国旧海关资料、基督教传教士文献、德国摄影师赫达·莫里森拍摄的中国老照片等专题特藏资源别树一帜。

秉持“学术乃天下之公器”的理念，多年以来哈佛燕京图书馆通过新的方式，陆续将入藏的中文古籍善本特藏进行了数字化，目前和未来也将数字化其他语言的文献，从深阁到开放是一个巨大跨步，体现了哈佛燕京的博大胸襟。

在艳羡哈佛学子坐拥浩瀚的东亚研究学术资源时，我也异常荣幸能在这样的知识海洋中畅游，我想没有谁会不为此痴迷陶醉。

三、访问工作

整个访问期间，在郑炯文馆长的指导下，结合自己的专业特点，我深度参与了哈佛燕京图书馆的业务工作，具体在流通柜台和古籍特藏办公室工作。

由于自己在国内从事读者服务部门工作，在流通柜台的工作十分契合我的情况。方寸间的流通柜台是图书馆最基础的服务。例如，预约书如到馆，馆员需打印、折叠取书单并夹至书籍中，然后放置于书架上。就这样一个简单的流程，批量处理书单时，要考虑折纸的先后顺序以供后续上书方便，为便捷找到已上架的预约书，要注意折纸的分寸和插入书页中的深度并留出读者的名字等。这项工作由柜台馆员言传身教，着实体验到了服务如何落实细节。

又如，柜台桌面上的一张统计表格，上书“咨询，次数，日期……”等统计项，作为柜台日常读者咨询的记录，馆员通过周或月度统计，对读者咨询行为进行分析。又如，桌面上为读者削好的铅笔、提供的便利贴纸等等，服务细节无处不在。从微笑开始至“You are all set”作为一次服务的结尾，热情称心的服务，于读者是方便周到，于馆员是顺畅高效。服务看似很简单，但做好服务又不简单，值得我们思考和借鉴。

在古籍特藏部工作时，我主要参与了古籍善本的日常借阅工作、新获蒋廷黻资料的整理工作、古籍数字化工作的相关环节。哈佛燕京的东亚馆藏宏富，又是海外古籍善本藏书的重镇，时常收到来自世界各地的预约申请。值得称赞的是，这些古籍善本不仅是哈佛大学师生的专属，绝大多数的书也可开放给校外有需求的研究者。对比国内馆古籍的使用限制、保护制度，触手但并不可及，往往在第一步就为研究者树立了小小的门槛，要做到藏用有机结合甚有差距。哈佛燕京图书馆的数字化项目使得古籍更加贴近读者，在全球任何地方轻点鼠标，古籍页面即刻映入眼帘。当然，有版本目录学研究需求的读者也可到现场翻阅纸本书，这种开放接纳、以人为本的理念值得我们学习。

四、学习与收获

除了参与哈佛燕京图书馆日常的业务工作之外，郑馆长还时常提醒我们多参与哈佛大学图书馆及哈佛大学的学术讲座、沙龙、办公会议以及学术会议，深度置身其中，全面拓展、提高视野。因为在哈佛的时间毕竟只有一年光景，不能辜负来之不易的访问机会。就图书馆而言，感触比较深的是参加了两次哈佛大学图书馆的 All Staff Meeting（Fall 2017，Spring 2018），听取了哈佛大学图书馆馆长对图书馆的工作回顾、进展以及未来的计划，感受到了哈佛大学图书馆超前的眼界、新颖的理念，以及馆员的工作活力与热情。

记得某日，我积极申请并有幸被抽中与哈佛大学图书馆馆长的座谈机会，自己作为“馆员”及“访问馆员”从内外两个视角也事先准备了问题与馆长交流。在会议上，大家没有因为我是外来的访问馆员而有所顾忌或回避问题，而是非常热心地跟我交流哈佛大学图书馆的内部工作细节，这一刻让我感到作为外来的馆员我是被大家所认可和包容的，温暖之至。

图书馆的招聘形式也给我留下了深刻的印象。自己也曾作为面试官之一，参与了 HR 组织的图书馆某部门领导岗位的招聘面试。当收到这个消息时，自己十分诧异：“什么？我要面试我们未来的‘准领导’？”作为面试小组成员，在面试中我也抛出了问题。哈佛燕京的馆员除了准备基本问题之外，在面试中也提出了一些略带深度、尖锐的问题，馆员毫不顾忌“发难未来的领导”。对比国内招贤纳才的形式，很值得我们借鉴和学习。开放透明，消除隔阂，从基础需求出发，淡化自上而下的行政化决策，招募有职业能力、受团队认可的贤才加入馆员队伍，从而真正为读者和研究者服务。

每月的例行会议，严肃又不失活泼，馆里给大家提供了一个交流互通的机会。哈佛燕京拥有不同国家（语言）背景的馆员，如中国组、韩国组、日本组、越南组，大家聚在一起，听取郑馆长讲话、学校及图书馆的工作进展和计划，个人汇报近期的工作、心得，以及分享假期的行程和趣事，时长常在一个半小时至两小时左右。

作为团队的领导者，能把语言、种族、性格迥异的人召集起来，并顺畅运转实属不易。效率与执行力、专注与责任感是每个哈佛燕京馆员都具备的素养。讨论工作时，如有不能苟同的、意见相左的想法，都能大胆直白地讲出来，彼此的坦诚与信任是良好沟通的基础。

按照“惯例”，郑馆长在暑期给我们安排了一次美东图书馆之旅，主要参观美国东岸一些高校的东亚图书馆和知名的公共馆。2018 年 7 月，我与来自上海交通大学图书馆的郭晶副馆长、复旦大学图书馆陈熙老师共同踏上了探访的旅程。短短5天时间，我们访问了哥伦比亚大学东亚图书馆、普林斯顿大学图书馆、耶鲁大学图书馆、国会图书馆、纽约公共图书馆等，日程紧凑但收获良多。从查行程及交通攻略，收集相关资料、关注行程馆的信息，到实地参访美东东亚图书馆，从馆藏布局、建筑特色、空间规划等方面，领略了各个馆的特色。

印象深刻的是，普林斯顿大学的ReCAP远程存储库，由普林斯顿大学图书馆、哥伦比亚大学图书馆、哈佛大学图书馆以及纽约公共图书馆合作共建，通过高密度半自动化的方式存储各馆的部分馆藏资源，如图书、档案、建筑图纸、胶片等。相信每个图书馆都会面临或即将面临馆藏空间紧张的局面，ReCAP就是一个典型的解决方案。根据存储规模分期建设存储书库，成员馆间资源共享，通过物流实现远程借阅和馆际互借，这是非常好的建设模式。得益于图书馆资源共建共享机制，哈佛大学图书馆拓展了馆藏的资源规模，通过BorrowDirect可以借到“常春藤联盟+”（Ivy+）13所高校图书馆的馆藏资源，通过Interlibrary Loan可以借到几乎全球的馆藏资源。

每个图书馆都有自己的服务特色及业务优势，派出馆员或接纳外馆访问馆员的形式值得图书馆借鉴。对图书馆而言，是吸纳馆外人才、拥有开放胸襟的表现；对访问馆员自身而言，是提高技能、开阔眼界、回报图书馆的机遇。郑馆长在掌舵期间近20年间，筹措资金、慷慨资助，连续不断地接纳访问馆员，这个做法值得称赞，这体现了他对国内图书馆发展的深深关切。相信访问归国的馆员都已在各自的馆里播撒下了种子，静待花开。

五、感念拾碎

访问的这一年，除了工作当然还有生活。我时常利用周末和小长假时间深度走访波士顿，参观了麻省理工学院、波士顿大学、塔夫茨大学等各大高校，浓重的人文与科技气息弥漫在教育重镇波士顿。查尔斯河穿城而过，两岸绿草如茵，云朵倒映其中，皮划艇三两疾驰滑过，帆船闲适地依风而行，勾勒出一幅幅画卷。

在异国他乡长时间有条不紊地工作和生活，不可或缺的是来自哈佛燕京馆员的悉心照料。郑馆长时常安排我们与其共进午餐，谈心、问询生活冷暖，每逢大型节日（如农历新年）邀请我们参加晚宴。Sharon 在工作和生活上给予我统筹指导，在波士顿的一年，一切安排得妥妥当当。Andrew 让我感受到了美国人的幽默和热情，体验到了周末 White Mountains 徒步虐心之旅。马小鹤老师的学识让人敬仰，常耐心深入地解答问题。Annie 爽朗的笑声时时在耳边回荡，母亲般的怀抱为我在异国的生活增添了家的温暖。她在访问馆员身上倾注了大量的私人时间，周末常带我们去超市补给生活用品、欣赏音乐话剧、开 Party 包饺子……从落地接机直至归国送机，能想到的细节 Annie 都为我们考虑到了。要感谢的人实在太多，在此一并致谢，感谢大家给予的帮助和厚爱。

临回国前在哈佛燕京的后院草坪，大家一起为我做了 BBQ 形式的 Farewell，记得我当时向大家讲过这样一句话：30 年前出生在中国一个小镇的男孩，不曾想 30 年后能在世界顶尖大学里访问学习一年之久。感念哈佛燕京，一辈子的记忆，一辈子的温暖，哈佛的访问经历我当受用一生。

云中谁携锦书来

——忆哈佛燕京点滴

李洁（浙江大学图书馆）

开始动笔写这篇回忆录的时候，我离开波士顿的时间也开始进入了倒计时。自2018年8月30日踏上这片莘莘学子梦寐以求的美国“大学城”开始为期一年的图书馆访学项目以来，已经过去了7个多月，在哈佛燕京图书馆工作生活的日子简直快得猝不及防。

之前我压根也不会想到，像我这样平凡的一名图书馆新人，还不是科班出生的普通馆员竟然能有此荣幸，在30岁的时候就有机会造访这个在美国东亚馆中馆藏规模数一数二的图书馆。我在来哈佛燕京之前，曾在浙大图书馆读者服务部工作，而后又在平台与数据中心主要负责数据管理，侥幸地凭着这些皮毛的技术背景，经面试选拔来哈佛燕京了解和学习馆藏数字化、特藏建设等工作机制和流程。

初来波士顿的时候，正是最好的季节。初秋，天高云淡，蓝天在哈佛那一抹英式风格的红砖建筑的映衬下显得尤为透彻。深红（Crimson）又称哈佛红，是哈佛的代名词，哈佛的运动队和学生日报也都叫 The Harvard Crimson。在这里，我看过开学日学生在哈佛老校区（Yard）里的迎新狂欢；也听过了哈佛新校长在就职演讲上说“教育的责任是教导学生快速地理解，但不急于做决定”，这样才能使学生“批判性地思考，将内容与噪音区分开，实现全面的博雅教育”；也见证了哈佛图书馆馆长的卸任仪式，大家分享着与其共事这几年的工作体会。

在这个西式建筑为主体的校园里，哈佛燕京图书馆门前的石狮绝对是抓人眼球的，虽然有几个月时间它们被冰雪半覆盖，也会在万圣节、感恩节被人换上节日的装扮，但它仍然以鲜明的东方气息提醒着我们，在这个汉学重镇矗立着一座蕴含深厚中国文化的东亚图书馆。东亚学生或学者，甚至来往路人，也喜欢驻足观赏，并乐于与其合影，多多少少将其视为燕京的“吉祥物”。

据老馆员说，哈佛是一所传统的学府，对古建筑的保护理念根深蒂固，所以哈佛燕京这几十年来几乎没太大变化，随着馆藏的日益丰富，除了更新自动化的活动书架外，越来越多的书被寄存到车程约一小时的远程书库。图书馆门口有罗振玉亲笔题写的“拥书权拜小诸侯”一匾，参考书阅览室有叶恭绰书的“海外琅嬛”匾额，都是形容燕京图书馆藏书之丰，可独尊一方诸侯，亦可比拟藏书仙境。

来哈佛燕京的第一个学期，恰好碰上哈佛图书馆集成系统从 Aleph 转型为 Alma，自 6 月份上线以来，Alma 受到了不少的挑战，包括馆员在内的全校师生都在慢慢适应这个新系统，并对检索习惯、数据对接、信息融合等方面不断地提出改进意见。我在借还书流通处的三个多月，既是熟悉图书馆对外流通、提供咨询等各个业务的过程，也是接触学者、了解读者需求的窗口。由于本身对 Aleph 系统也没有很长时间的依赖，觉得网页版的 Alma 系统界面也挺友好的，关键是无需安装客户端，有网络情况下随时随地就可以登录，极为方便。

在咨询台的时光，更多地看到的是流通部工作人员热情而且专业的服务，他们对大多数常来图书馆的教授、访问学者、学生都能叫得出名字，时而也会与他们有研究主题的探讨。对持有哈佛 ID 的读者，和持临时借书证的人，他们都一视同仁，不厌其烦地为他们介绍 Hollis（图书馆检索系统）操作流程，或帮他们申请调书和资料。

除了这些，他们还要面对不少电话和邮箱咨询，这些咨询来自全球各地，他们都尽可能提供专业的解决办法。比如我就曾遇到爱荷华大学的一名学者，想找1953年《文艺月报》上一篇关于梅兰芳写斯坦尼斯拉夫斯基的文章，于是馆员就去检索，扫描之后发邮件过去，为其节省了大半个月的等待时间。时至今日，我们国内很多图书馆在硬件上已不弱于人，但在服务理念上还是有很大的提升空间，尤其在一些与人方便的举手之劳上。

除了在流通台工作，我还有一大部分时间待在三楼善本办公室，紧邻保存珍贵古籍、罕见孤本的善本书库，这不禁使我每天上班都多了一份敬畏感。工作内容除了帮助善本部主任王系女士管理调配善本和特藏资料外，也负责日文善本数字化前的梳理、校对和准备等一系列流程；同时也对燕京图书馆所藏的档案进行整理，将其集成到新系统Archives Space中，使得原本只有PDF格式的档案目录转换为可检索的格式，便于读者更精确更全面地检索。在哈佛燕京的工作是轻松愉悦的，他们的原则是不给予你过多压力，急于求成，而是让你合理地安排，注重质量，以细致稳妥为主，毕竟善本特藏相关工作谨慎为重。

在这些日常图书馆工作以外，郑馆长也非常鼓励我们去其他图书馆和整个哈佛学习考察，所以我们有幸参加了不少图书馆、研究中心、实验室或学校举办的讲座、Booktalk、展览和工作坊等。比如近年来如火如荼的数字学术/数字人文，图书馆的信息技术部门和数字学术支持小组举办了“数字学术基础”讲座、图书馆技能（包括项目管理、数据管理和数据清洗等）工作坊。学校开明包容，欢迎所有师生乃至像我们这样的短期访问人员参加其中。

除此之外，我还有机会重拾回归校园的机会，和非常优秀的哈佛学生一起聆听哈佛教授的课程，旁听的课程也多少与东亚研究、数字学术有关，受益匪浅。哈佛有73个图书馆分馆，而其中分布在主校区附近规模较大的便有二十多个图书馆，我趁午饭后的休息时间去探访。总馆Widener是门面担当，气势恢宏，阅览室无比精美；本科生院图书馆Lamont藏书和空间兼具，工作日24小时开放，因此贴心地设有沙发和24小时咖啡餐点；理工科图书馆Cabot新改造不久，设施先进，布置得颜色跳跃，突出空间服务和小组讨论室。图书馆还时不时贴心地提供Therapy Dog治疗犬服务，经过训练的狗狗静静趴在那儿，舔舔你的手，再蹭蹭你的头，任由你抚摸，缓解了学生学习中的功课压力和思乡情愫。

当然，在这一年访学时间里，最令我难忘的当然是燕京的书和人。燕京的馆藏之丰，不必我赘述，馆藏除了中国大陆图书馆常有的著作之外，有更多的港台书和西方汉学家研究东亚文化历史的名篇。善本书库除了有宋椠元刊，也有方志宝卷、名人手札、档案和老照片等，我有幸看到鲁迅在新文化运动不久之后刚开始用白话文时给茅盾、伊罗生写的信，遣词造句还略显生涩；也看到不少当时传教士在中国拍摄的珍贵照片，不免让人遐想起这些照片背后所蕴藏着的故事。

郑馆长在哈佛燕京图书馆已经工作了 20 年，他对燕京可谓了如指掌，他是记性极好的人，对馆藏的种类和分布都如数家珍。馆长是个很严谨的人，对自己要求甚高，公私分明，但对我们这些初来乍到的访问馆员又非常热情客气，鼓励我们在本职工作之外多出去看看，感受美国的教育、文化和生活。也正是幸亏郑馆长的开明创新，开拓性地提出了访问馆员项目，前前后后让三四十位国内馆员有机会体验这里的工作内容和生活节奏。杨丽瑄老师具体协调分配我们访问馆员的工作内容，她会热心地叮嘱我们在异国工作生活中的文化差异，还帮我们联系和安排美东图书馆之旅。善本室的王系女士对我平时的工作生活帮助颇多，她见多识广，总能和学者探讨一番，我从他们的对话中也收获了不少感悟。哈佛燕京图书馆是个藏龙卧虎的地方，我有幸遇见了来波士顿休假的沈津先生，正是他揭示了哈佛燕京图书馆的家底，让馆藏更好地发挥其效用。燕京职工不过 20 人左右，囊括了中美日韩和越南人，其中不少都是各领域的专家，大家身处多元文化的背景下，都非常热情友善。

怀着异常感慨的心情，我写下了这篇回忆录。感慨时光流逝，也感慨学海无边，仿佛携着一股还没有离开就开始怀念的情愫。我之于哈佛燕京图书馆，不过是一名过客；哈佛燕京图书馆之于我，则不仅仅是心间一缕涟漪，而是此生难以忘怀的美好回忆。

海外琅嬛忆书香

郭晶（上海交通大学图书馆）

大凡在大学图书馆工作过的人，多半熟悉“图书馆是大学的心脏”这句话。这句名言出自执掌哈佛大学40年的第21任校长艾略特先生，也正是由于他的杰出贡献，包括对当时哈佛大学图书馆影响深远的规划，才使哈佛大学成为现代北美最有影响力的高等教育学府。哈佛大学的图书馆体系包罗万象，其中犹如东方美玉般的哈佛燕京图书馆更是独树一帜，在北美乃至全世界的亚洲馆藏中拥有独特的地位和作用。

2018年，我有幸受单位选派，并通过哈佛燕京图书馆的面试，以访问馆员的身份，在哈佛燕京图书馆工作了一年时间，这可以说是我近二十年图书馆员职业生涯中一段特别难得的学习与提升机会。对于美国图书馆我一直都不陌生，早在刚入职担任参考馆员时，我的工作职责之一就是调研跟踪国际上先进图书馆的发展动态，北美的很多大学图书馆都是我通过网络以及专业刊物调研的重点，其中自然少不了位于波士顿这座文化名城中的哈佛图书馆。而今，能置身于朴素而美丽的哈佛园中，朝夕工作在哈佛燕京图书馆，参加哈佛图书馆组织的多个学术交流活动，这对于系统了解和把握哈佛乃至北美大学图书馆的发展动向，无疑是难得的机会。于是，寻访、探秘各个图书馆，成为我旅美期间的一大乐事，乃至连全年仅有的一周休假也没放过，与来美探亲的先生一道，特地去了美中、美西几所心仪很久的图书馆参访。

一年的时光，既漫长又短暂，就在各种新鲜的见闻体验、忙碌有序的工作交流、查尔斯河畔的日出日落、哈佛园里的季节变迁、布瑞图街（Brattle Street）的落叶缤纷中倏然而过。太多珍贵而美妙的经历，早已凝结成一串璀璨晶莹的珍珠，深藏在我的脑海中。偶尔回忆起昔日旅居时的点点滴滴，常引会心一笑，继而思绪蹁跹，悠然神往。在这篇小文里，我仅捡拾起其中的一颗——分享一些我在哈佛园里的阅读与书香记忆。

我记得第一天到哈佛燕京图书馆报到，就被阅览室中悬挂的一副书法作品“海外琅嬛”所震撼，字体苍劲有力，出自著名书画家叶恭绰先生，他曾担任过交通大学第13任校长。在我2016年主持学校图书馆“思源阁”（即交大人文库）项目时，曾苦于没有机会展示叶恭绰先生的书画真迹而深感遗憾，没想到在哈佛燕京图书馆里得见其真迹，瞬间有“他乡遇故知”的感觉。经过进一步查找，我还在哈佛艺术图书馆看到载有叶恭绰先生更多书法绘画作品的典籍。惊喜感慨之余，也让我对哈佛图书馆庞大丰富的藏书规模有了更深的了解，遂在自己诸多的访学任务中又增加一项：在这有限的一年时间里，尽量多涉猎，多阅读。

在哈佛燕京图书馆的工作朝九晚五，有条不紊，这里的同事们自律守时，项目推进也井然有序。如果想再多读点书，自然需要利用业余闲暇时间。好在本人一直保有阅读的习惯，哈佛图书馆借书又没有数量限制，每本书都可以借一个学期，然后还可以续借多次，这对书虫来说不啻为福音。记得我在流通服务台工作的近一个学期时间里，有时碰巧看到哪位有名的教授学者归还图书，会特别留意，这不就是教授在向我们荐书吗？印象很深的是哈佛燕京学社副社长李若虹教授，她经常来哈佛燕京图书馆借书，涉猎极为广泛。有一次她归还了一批图书，其中有一本欧文·斯通所著的《梵高传：对生活的渴求》。其实这本书在我校图书馆也有收藏，只是此前并没有想过借来静心一读，这次看到李社长也在读，毫不犹豫借过来。行文至此，还能回想起当时正值初夏时节，每每灯下捧卷阅读此书时，随着主人公梵高的命运而跌宕起伏的心情。

我非常敬重的哈佛燕京图书馆郑炯文馆长，则会时不时推荐一些与美国文化相关联的读物，比如感恩节时推荐我阅读的文章，读后特别有收获。郑炯文馆长是著名图书馆学家钱存训先生的得意门生，一次偶然看到郑馆长为其恩师所写的文字，还引我借了一本钱先生的著作《中美书缘》，我记得钱先生在每篇文章后面都有清晰而翔实的备注，能感受到其治学的严谨。负责特藏部的王系老师古道热肠，有很深厚的家学渊源，对来自大陆地区的学者关照有加，她也常会推荐一些阅读书目，虽然无暇悉数拜读，但从中我受教颇多。特藏部前主任沈津先生学富五车，妙笔生辉，他的诸多著作，如《书城风弦录》《书海扬舲录》，都令我受益匪浅。他还曾推荐过一本《从北京到华盛顿——王冀的中美历史回忆》，也很值得一读。我在华盛顿参加 CEAL 年会时，还有幸参加了王冀先生及其家人组织的一个 Party。

同期的访问学者、来自华东师范大学的青年才俊唐小兵教授也是书痴一枚，比如一次听他提起李欧梵教授所著《我的哈佛岁月》，我也找来读过。旅居期间的室友梁长平老师是个美丽可爱的湖南妹子，她主要做毛泽东研究，听她讲述读到的一些相关著作也是一大乐事。她推荐过一本关于赵锡成的传记《逆风无畏》，读后我颇有感触，成功不是偶然的，赵锡成不仅自己事业有成，他同爱妻对家庭与子女教育的重视，才成就了赵小兰等子女的成功。在访学期间，我还借阅了一些世界各地学者关于哈佛见闻的书籍，对这座即将迈进第四个百年的学府有了更为细微的认识。这其中《哈佛规则——捍卫大学之魂》《哈佛的故事》和《细看哈佛》印象最为深刻，因此知晓了很多关于这所大学悠久历史与人文传统的背景与发展历程。其实大部分图书在我校图书馆也有馆藏，但有时候想读一些书，尤其是非专业的所谓“无用之书”，也是需要特定的境遇和心情的。

哈佛图书馆馆藏宏富，收藏有用一百多种语言撰写的书籍，跨越两三千年，是名副其实的知识圣殿。但凡能想到的学术书籍，遑论古今中外，几乎都能在这里找到。根据我的观察，如此庞大的馆藏能切实支撑学术研究的溯源，很多问题的源头及发展脉络，需通过先人的研究成果始能触及。此次访学，我有一项任务是开展关于数字人文方面的研究，了解其发展动向，这是行业及学界近年来研究与实践的热点。来哈佛大学之前，我曾试图在本校图书馆查询，但当时的馆藏还比较少，国外的著作更是稀见。初到波士顿正值冬天，美东酷寒的天气与频繁的降雪，令人可以心无旁骛地游弋于知识的汪洋中从事研究。这里关于数字人文的馆藏可谓浩繁广博，如看到 *Defining Digital Humanities: a reader*、*A New Companion to Digital Humanities* 等著作，都有相见恨晚的感觉。我和来自浙江大学的王晓阳老师分工合作，在杨丽瑄老师的帮助和指导下，精选、研读、分析相关著作，历时三个多月才梳理完成，后来形成的论文[①]发表于《图书与情报》，又被"人大报刊复印资料"2018 年第 11 期及相关微信公众号全文转载，也算是对在这段研究中重点阅读书目的一个记录。

就专业学术著作而言，我关注的范围比较宽泛，涉猎的书籍涵盖远程存储书库建设、图书馆服务与管理、馆藏资源评价、数据管理、信息计量学、特色资源、图书馆技术趋势等各个方面，期间还帮助国家图书馆出版社推荐过几本可考虑翻译引进到国内的英文专业著作。F.W. Lancaster 的经典著作 *The Measurement and Evaluation of Library Service* 我分别借阅了 1977 年和 1991 年的版本。谢拉的《图书馆学导论》英文版我也借来阅读，那是一本很薄的小册子，作为图书馆学专业的学生，在国内就学习过中文版，但还是想阅读原著学习原文。至于博尔赫斯那句"我曾暗暗设想，图书馆应该是天堂的模样"的诗作，收录在 *The Library of Bible* 中的"Poem about Gifts"一诗中，在哈佛图书馆也有最初的西班牙语和英语等不同版本，其中英文版本如下：

I, that used to figure Paradise
In such a library's guise

① 郭晶、王晓阳：《国外图书馆数字人文研究现状与发展动向——基于哈佛图书馆馆藏著作的研究》，《图书与情报》2018 年第 3 期。

此外，博尔赫斯关于图书馆的其它书籍，我也带着朝圣的心情借来浏览。因为语言、时间等所限，很多书籍自然是没办法精读、深读的，但总算是有机会触及到这些典故的源头，也可谓是一种收获吧。

刚去哈佛燕京图书馆工作不久，一次收到郑炯文馆长转发的邮件，得知哈佛图书馆正在赠送一批关于哈佛图书馆的书籍，我选了一些记载有哈佛图书馆发展历史的书并带回国。印象最深的是梅特卡夫（Keyes DeWitt Metcalf）的一本自传 *My Harvard years：1937—1955*，梅特卡夫是第一位同时兼掌哈佛学院图书馆和哈佛大学图书馆的馆长，也是首位不是哈佛毕业生而担任馆长的图书馆学家，颇有建树。在他执掌哈佛图书馆期间，建立起北美第一座本科生图书馆、第一座善本图书馆，以及新英格兰地区联合存储图书馆，从这本自传中可以了解到哈佛图书馆曾经的发展历程。由于梅特卡夫已于 1983 年去世，我还特意请时任哈佛图书馆馆长 Sarah E. Thomos 女士为这本图书签字留念。

除了书籍，大量档案与特藏资料也弥足珍贵。在为国内学者提供档案查找服务的过程中，我有机会接触到哈佛燕京图书馆原馆长裘开明（任职时间 1927—1965 年）的大量档案资料，对哈佛燕京图书馆早期的管理和服务有了更深入的了解。在档案中常能看到名人间的通信手稿，比如 1955 年 3 月 28 日，梅贻琦先生给裘开明馆长的信，字迹清雅，用语恳切，似乎能领略到那个时代文人交往的君子之风。我还查阅过被哈佛人一致推崇的艾略特校长任职时的年度报告，图书馆在学校年度报告中往往占据很大的篇幅，从中不难推断出图书馆对这所大学发展的重要性，也就能理解为何艾略特校长能提出“图书馆是大学的心脏”这样的论断。在哈佛燕京图书馆还有大量名人巨匠的签名本图书，都作为特色馆藏资源加以管理和利用。我看到过张爱玲的英文版小说 *The Rouge of the North*，上面有其英文签名 Eileen Chang。此外，还有革命领袖的签名著作，如附有朱德签名的《红军长征记》等。

置身于人文荟萃的美东名城波士顿，每天穿梭在世界高等教育翘楚的哈佛大学，朝夕工作在被誉为“东亚明珠”的哈佛燕京图书馆，除了阅读，自然还有其它美好的记忆与体验。但唯有阅读，不会随着时间流逝、人事变迁而褪色。而今，距我离开哈佛燕京图书馆已近半年，每当提及或忆起那里的人、事、物，依然觉得异常亲切，宛若故交。正所谓“书卷多情似故人，晨昏忧乐每相亲”，在哈佛燕京图书馆的一年访学时间，因为浸润书香而尤觉难忘。有时，我真想乘上查尔斯河上的一叶轻舟，再次驶入哈佛园溢满书香的梦中……

哈佛燕京访学感言

眭骏（复旦大学图书馆）

2019 年 2 月，忽接国图刘波先生来函，要我撰写一篇关于哈佛燕京图书馆的文字。我当时正在那里，为即将出版的《哈佛大学哈佛燕京图书馆古籍目录》做审校工作。由于这是 3 个月的项目，任务颇紧，虽回信应诺，但实无暇动笔。而回国之后，因诸事丛杂，此事又搁置下来。转睫已近 4 月中旬，离预定交稿的日子越来越近了，遂勉操枯笔，略书感受如下。

我曾两次受邀访问哈佛燕京图书馆。初访哈佛燕京，是在 2002 年 8 月。当时，我是以哈佛燕京学社访问学者的身份至燕京图书馆交流，也是复旦大学图书馆首位到访哈佛燕京的馆员。哈佛燕京图书馆馆藏之精华，主要在于其善本书库所庋藏的珍本秘籍。1992 年，原上海图书馆特藏部主任、著名的古籍版本学专家沈津先生，被当时的吴文津馆长以访问学者身份延请来馆编写善本书志，至 1994 年末，完成了馆藏所有明代版本的书志撰写任务。1995 年始，吴馆长又以特殊人才将沈先生留聘于该馆，担任善本室主任要职，从而为馆藏善本书籍的整理，奠定了良好基础。而我此次来燕京图书馆的主要任务，是利用 OCLC 系统编制该馆积压未编的约一千七百余种善本古籍。这对于年方而立的我而言，无疑是一次机遇，同时也是一次挑战。所幸与沈先生同在一间办公室，遇有版本疑问，可时时请益。而计算机编目规则及操作事宜，则时常请教该馆编目员邱玉芬女士。故而历时一年，顺利完成了预定的目标，获得了该馆好评。

再访燕京，是在 2019 年 1 月。屈指算来，距离初访已逾十六载。彼时年方及壮，而今鬓有二毛。故地重游，感慨系之。所慨者，燕京图书馆馆舍依旧，而藏书数量则大幅增加，设备与服务也日新月异。记得初至之时，我常到位于地下室的中文书库翻阅所需资料，而今则该书库三分之二的中文文献已被移至哈佛的远程书库中。虽然如此，读者利用并不困难，只需在哈佛图书馆的网页上预约，一般一个工作日便可送达。此次审校目录，我需目验大量古籍，大多都是通过这种方式预约成功。另外，燕京图书馆所有善本古籍，基本完成了数字化，且悉数公布于网络，嘉惠海内外学人。此项成就，也令人称叹。

坦率而言，我有今日些微成就，与哈佛燕京图书馆及郑馆长的大力提携与关心密不可分。郑先生早年执掌美国加州大学洛杉矶分校东亚图书馆时，就与复旦大学图书馆有着良好的合作关系。双方互派馆员交流学习，促进了彼此的了解与友谊，也对各自图书馆的发展产生了良好的效应。1998 年，郑先生接替退休的吴文津先生，任北美最大的东亚文献中心——哈佛燕京图书馆馆长，这无疑是对其个人能力的肯定，同时也为燕京图书馆的继续成长与发展注入了新的活力。这些年来，哈佛燕京图书馆在郑馆长的领导下，不断邀请国内图书馆界学人至哈佛燕京访问，揭示馆藏文献的价值，并出版了一系列学术著作，在北美东亚图书馆中可谓独树一帜。作为哈佛燕京图书馆事业发展的亲历者，我对此感到由衷高兴。

此外，在哈佛燕京图书馆访学期间，我也结识了诸位优秀的图书馆同仁，如邱玉芬女士、杨丽瑄女士、王系女士、马小鹤先生、宋小惠先生等。他们在工作上极为敬业，令我印象深刻。而在生活上，又给予了我许多关怀与帮助，在此一并致谢。

2019 年 4 月

愿作津梁渡重洋

——国家图书馆出版社与哈佛燕京图书馆的交流与合作

殷梦霞（国家图书馆出版社）

国家图书馆出版社（以下简称“国图社”或“国图出版社”）和哈佛燕京图书馆建立合作关系，是在一个特别的背景下开始的。

国图社自 1979 年建社以来，逐渐形成以文史类工具书和历代珍稀文献整理影印出版为主业的专业出版特色。由于出版方向和出版图书的特殊性，国图社图书产品的受众主要是海内外各大文献收藏机构和学术研究机构。20 世纪 90 年代末之前，日本是国图社产品在海外的主要市场，即使码洋比较高的影印文献丛书，在日本也能有不错的销量。1998 年，席卷全球的金融危机对日本市场造成巨大冲击，1999 年，国图社图书在日本的销售出现锐减。

当时，郭又陵社长刚到国图社任上，见此情况，他便主动接触相关人士，积极调研海外市场。他通过日本东贩、日贩来华访问人员以及中国图书进出口公司驻日代表等了解到，日本公立、私立图书馆都面临经费紧张的问题，因此，普遍调整了采购策略，减少了纸本书的订购量，转以采购电子书为主。

面对新的形势，国图社亟需打开新局面，开拓新市场。当时，主抓编辑工作的徐蜀总编辑，又陆续策划了一批优质选题。产品有了，只缺市场。于是，以郭社长、徐总编为首的国图社管理层经过反复讨论，定下新的发展方向——开拓北美市场。

选定北美作为目标，最初是郭又陵社长根据此前他对北美图书馆界的了解作出的决定。1992 年他曾去过一次美国，参加东亚图书馆协会的年会及同时举办的书籍展览会，对北美的图书馆界有初步的了解。1999 年 11 月至 2000 年 3 月，中国国家图书馆在美国纽约皇后区图书馆举办中国古籍善本精品展，他又随团前往，并先后访问了纽约和洛杉矶等地。这次访美，让郭社长更深入地接触到美国的各级公共图书馆和部分大学图书馆，他感觉很多图书馆不仅有实力、有需求，而且馆藏资源丰富，有很多独有的特色资源。

正是基于这些调研与判断，国图出版社决定逐步把海外的工作重点转到北美，计划每年去北美各地跑一跑，参加东亚图书馆协会（Council on East Asian Libraries）的年会，有计划地访问一些重要的图书馆，既展示推销国图社出版的图书，同时也努力调查挖掘海外馆藏，增加出版选题。另外，当时国图社尚可以自行组团出访，到海外联系业务，这也是一个比较有利的条件。

工作方针确定以后，郭又陵社长和徐蜀总编辑从 2001 年即开始付诸实施，但整个过程却也经历了不少波折。这个计划刚实施不久，便由于《中华再造善本》工程项目启动，头绪纷繁，工作陡增，社长、总编均无暇他顾，不能再亲自出访了。同时，出访管理制度也日趋严格，出版社已不能再自行组团，遍访北美图书馆的计划不得不有所调整，改为每年由一位社领导带领两三位编辑室主任和骨干编辑随团出访。

2001 年，郭社长、徐总编第一次访美便结识了郑炯文馆长，和哈佛燕京图书馆建立了联系。

据郭社长回忆，那一年的东亚图书馆协会年会在芝加哥召开，他代表国图社在会上做了 10 分钟的发言，介绍国图社的出版物。这次会上，哈佛燕京图书馆郑炯文馆长便对国图社出版的图书给予了认真关注。他听完发言后，专门找到郭社长说：您的发言很好！以前不知道国图社有这么多好书，这些书有很多正是我们需要的。你们以后应该每年都来做这样的宣传介绍！

当年的资讯远不像今天这样迅捷发达，北美东亚图书馆的同仁们对中国大陆古籍类出版物的出版情况似乎确实了解得还不是很全面，郭社长的介绍正好满足了他们的需求，因而颇受关注（数据显示，2001 年当年，国图社在海外的销售就翻了一番，且连年保持上升的趋势）。

芝加哥年会结束后，郭社长和徐总编接着又走访了包括哈佛燕京图书馆在内的几家北美东亚馆。在哈佛与郑炯文馆长再次见面时，双方进行了更为深入的交流。郭社长、徐总编向郑炯文馆长明确表达了两个意愿：一是希望哈佛燕京图书馆关注国图社的出版物，二是希望更多地了解哈佛馆藏，看看有没有什么选题可以合作。郑馆长热情地表示，哈佛燕京图书馆始终敞开大门，欢迎各方合作。并特别请时任哈佛燕京图书馆善本室主任的沈津先生陪同郭社长、徐总编进入书库，查阅馆藏。

由于对文献整理利用理念的高度一致，双方自此开启了合作之旅。同时也因为供需正好对路，自 2001 年芝加哥年会以后，郑炯文馆长主持的哈佛燕京图书馆几乎每年都有计划地安排购藏一些我社的优秀图书。

这之后，藉由郑炯文馆长每年来中国大陆出差的机会，国图社的领导和同事也常和他见见面，时间宽裕时，也邀请他到社里参观交流，请他看看社里新出的图书，同时谈谈合作的规划。我社同仁去北美访问，只要有时间，也会去哈佛拜访，双方交流逐渐密切。在这些交往过程中，郑馆长详细地为向我们介绍北美数十家东亚馆的馆藏特色及文献购藏方向，甚至包括各馆购书经费的大致预算等情况。有十余家东亚馆的业务方向与我社比较匹配，郑馆长更是热情地穿针引线，介绍双方建立直接的联系。这些引荐介绍与沟通交流对国图社加深对北美各东亚图书馆界的了解与合作，是有很大帮助的。

2002 年，郭又陵社长和徐蜀总编辑再次访问北美。他们在哈佛燕京图书馆看到了该馆珍藏的 2 册《永乐大典》。见他们关注，郑炯文馆长又专门安排他们去看哈佛大学的善本图书馆——霍顿图书馆（Houghton

Library）藏的那册有康有为题签作跋的《永乐大典》。去霍顿图书馆看书需要预约，郑馆长周到地委托杨立瑄女士提前办好所有手续，并陪同他们前往。

2002 年 4 月，中国国家图书馆召开《永乐大典》编纂 600 年的纪念研讨会，配合这次会议，响应老馆长任继愈先生的呼吁，国图出版社计划按原大仿真影印国内所藏的 163 册《永乐大典》，同时也希望能陆续找寻并影印流散海外的藏本，终极目标是将存世的 400 余册 800 余卷劫后遗存全部按原大影印出版面世。因此，郭社长、徐总编看过书后便向郑馆长提出了出版哈佛藏 3 册《永乐大典》的申请。令人意外的是，郑馆长对这一申请并未立即应允。多年后，我们才得知事情的原委。原来是因为当时有传闻说中国国内有人呼吁要将海外的《永乐大典》原本回归，哈佛校内有学者因此心生疑虑，故而极力反对与中国国内合作。其实，国图社影印出版只需要高清的扫描数据，和所谓"原本回归"的倡议并不是一回事。郑馆长了解实情后，不厌其烦地去跟相关人员做工作，再三解释说明情况。历时十年，终于在 2013 年 5 月实现哈佛大学所藏 3 册《永乐大典》在中国大陆的原大影印出版。这 3 册《永乐大典》的出版，也成为国图版海外《永乐大典》影印出版工作的开端。

和哈佛燕京图书馆的成功合作，带动了国图社和海外图书馆界更多的合作。以《永乐大典》的出版为例，受任继愈先生呼吁及哈佛燕京图书馆行动的感召与鼓舞，紧随郑炯文先生之后，海外学者马泰来、何大伟（David Helliwell）、高田时雄、杨立维等诸位先生也纷纷行动起来，热心联络沟通，亲自撰写介绍文章，极大地推动了《永乐大典》影印回归项目在海外的开展。北美地区，继哈佛大学哈佛燕京图书馆与霍顿图书馆所藏 3 册出版后，普林斯顿大学东亚图书馆的 2 册、洛杉矶汉庭顿图书馆的 1 册分别于 2014 年、2016 年出版。欧洲地区，英国大英图书馆所藏 24 册、牛津大学博德利图书馆所藏 19 册、阿伯丁大学图书馆所藏 1 册、剑桥大学图书馆所藏 2 册、英国伦敦大学亚非学院所藏 5 册；爱尔兰切斯特・比蒂图书馆所藏 3 册；德国柏林国家图书馆所藏 1 册、柏林民族学博物馆所藏 4 册也先后出版。亚洲地区，日本国立国会图书馆所藏 1 册、日本京都大学所藏 3 册分别于 2019 年 6 月、2020 年 7 月出版。据《永乐大典》研究专家北京师范大学张升教授最新统计，目前所知，存世的《永乐大典》为 434 册。至 2020 年底，我社已影印出版 233 册，其中 69 册的底本是由海外 10 余家文献收藏机构提供的。对照任继愈先生当年定下的目标，出版任务已完成过半。

回首当年，此项目在海外初启，遭遇种种挫折的艰难时刻，是郑炯文馆长和哈佛燕京图书馆给了我们最无私最有力的支持。那段时期，为打开局面，消除误会，化解阻力，切实推动文献的披露和文化的传播，郑馆长花费了多少口舌与心血，可想而知！然而，事后提及这些经历，他却总是风轻云淡，一带而过。

郑炯文馆长做文献整理出版是有高远视野和长期规划的。为理想目标的达成，他制定了切实可行的工作方案，设计了三个系列，即“哈佛燕京图书馆书目丛刊”“哈佛燕京图书馆文献丛刊”“哈佛燕京图书馆学术丛刊”，所有的合作出版项目都可包纳在这三个“丛刊”之中。对于合作对象，郑馆长又是严苛而挑剔的。在与国图社建立合作之前，他曾多次到社里调研，从出版方向、人员构成、工作状态到出版成果，皆认真考察、充分沟通，一一确认后，双方才启动正式合作。

国图社和哈佛燕京图书馆真正开始实质性的出版合作，是 2009 年前后。那时候，双方通过数年交往，有了互信，郑馆长对国图社的能力、品质也有了全面的了解，比较放心。当时双方订了一个五年合作规划，计划每年出版一种（套）图书。此后几年，基本是按照这个规划和节奏进行的。到 2019 年，双方共合作出版了 9 种（套）图书，整理披露珍稀文献 600 余种，合作计划也已超越当初的五年之约，有了很多拓展。

双方合作推出的第一种图书是《哈佛燕京图书馆藏齐如山小说戏曲文献汇刊》，2011 年 12 月出版。全套 51 册，收录著名戏曲理论家和作家齐如山旧藏之戏曲曲本和古代小说的精华 70 余种，大多数是明刻本，部分传世稀少，甚至是孤本。重要的有明冯梦龙编撰的《墨憨斋新编绣像醒名花》、烟霞逸士编次《新镌批评绣像巧联珠》、丁耀亢撰《西湖扇传奇》等，文献价值、版本价值都很高；又如题明朱鼎臣编辑的《新锲三国志传》，版式为上图下文，代表了明万历末期建阳刻书的风格，传本极少，仅知英国伦敦另有一本；再如明末写刻本《剿闯小说》，书前有精美插图，书中有齐如山手跋，至为珍贵。这套书出版后，在戏曲史研究界反响颇佳，2012 年 3 月、2013 年 4 月两次重印。

第二种便是《哈佛燕京图书馆藏〈永乐大典〉》，2013 年 5 月出版。这是国图社在 2004 年将当时已知的大陆所藏 163 册全部仿真影印出版之后，最早仿真影印的海外所藏《永乐大典》。哈佛所藏的 3 册，分别为卷 7756—7757、卷 8841—8843、卷 981，其中藏于霍顿图书馆的卷 981 为首次披露，给相关学术研究带来了新的资料。

第三种是《哈佛燕京图书馆藏韩南捐赠文学文献汇刊》，2015 年 10 月出版。全套 80 册，收录哈佛大学东亚系教授、汉学大家韩南先生捐赠的小说、鼓词等文学文献共 173 种，绝大部分为明清时期作品，其中鼓词等曲类约占三分之一，如《木皮散人鼓词》是鼓词雅化后的佳品，《赵五娘上京寻夫琵琶记》《刘文龙求官升仙传》《新刻海棠花歌全本》等都是现在极少见的鼓词弹曲。韩南先生 2014 年去世，此书的出版让他早年辛勤搜集、后来捐赠哈佛燕京图书馆的稀见戏曲文献得以为更多研究者所用，也是对韩南教授的最好纪念。

第四种是《美国哈佛大学哈佛燕京图书馆藏善本方志书志》，2015 年 12 月出版。该书是李坚和刘波为哈佛燕京图书馆所藏 723 种善本方志撰写的提要。与这部“书志”配套，2015 年还同时出版了《哈佛燕京图书馆藏稀见方志丛刊》，是为第五种。全套 40 册，收录稀见方志 30 种，其中孤本 5 种。

第六种和第七种，是《哈佛燕京图书馆藏古籍珍本丛刊·经部》12

册和《哈佛燕京图书馆藏古籍珍本丛刊·史部》24 册。前者 2016 年 12 月出版，收录经部文献珍本 12 种；后者 2018 年 5 月出版，收录史部珍本文献 26 种，均为海内外稀见、公私藏目罕见著录者。

第八种是《哈佛燕京图书馆藏二齐旧藏珍稀文献丛刊》，2019 年 3 月出版。全书 96 册，收录清末官员齐耀琳（1862—1949）、齐耀珊（1865—1954）兄弟藏书中的精华，所收文献均为稿抄本，以档案、戏曲文献和清人手稿为主要特色。地方政府文件，包括县衙里的交代簿、县志局的流水账、县镇的水道图、登科录、职官录、军事及司法档册等，以及官册、赋税、贸易、奉饷、律例、奏议、公牍之类；商业文献中《贸易须知辑要》《至宝精求》《银洋珠宝谱》《玉器皮货谱》《典业须知录》等极具史料价值，其中《典业须知录》是有关清代徽州典当业最为系统的一份资料；清人手稿有黄钺、朱延熙等人的诗文集。其他还有名人日记、书院考课论文稿、戏班工尺谱、建筑资料等，内容非常丰富。这部书的选目由复旦大学中华古籍保护研究院院长助理乐怡博士承担，乐怡博士曾前往哈佛燕京图书馆访学一年，系统整理了这部分资料。为了编好这部丛刊，乐怡博士于 2018 年暑假再次抽出三个月时间，专程前往哈佛燕京，重新通览所有二齐藏书，拔尤撷萃，最终作出了选目和详细的解题。

第九种是《哈佛燕京图书馆藏稀见书目书志丛刊》,2019 年 10 月出版。全书 23 册，收录公私古籍目录 33 种，均为稿抄本，有的保存了非常难得的资料，其中多部学者名家的书目各具特色。

以上九种都是单独成书、规模较大的合作项目。除此之外，国图社有多种出版物在编纂过程中还部分地使用了哈佛燕京藏本作为底本，在此没法一一列举。不过，我还记得最近一次申请使用哈佛燕京图书馆所藏文献，是国图社与文物出版社正在联合编纂的《鲁迅手稿全集》项目。该项目拟收入哈佛燕京图书馆所藏的两件鲁迅书札。我们提出申请后，郑炯文馆长一如既往地支持，迅速安排扫描，免费提供高清大图，为该书的顺利推进提供了切实的帮助。

在二十年的交往合作中，郑炯文馆长的坦率真诚、执着坚韧、开放包容、高效严谨给我们留下了非常深刻的印象。

郑馆长一直秉持并践行“学术乃天下公器”的理念，只要有利于文献开发和文化传播的事，他都积极支持。他领导的哈佛燕京图书馆对公众的开放程度，在海内外都罕有其匹。国图社的同事每次去哈佛访问，只要时间允许，他都会安排进入善本库里看书，有时一待就是两三天，所有的善本书都在架上，任我们浏览翻阅，我们的不少项目就是在书库里一边看书一边讨论出来的。即便如此，郑馆长还总是为我们的时间安排太过匆忙不能遍览宝藏而遗憾，一再建议社领导想想办法，让做文献整理的编辑能够轮流去哈佛燕京图书馆踏实呆上一段时间。

郑馆长对人对事真诚坦率，合作的过程中，他曾对我社的工作提过不少中肯的意见和建议。比如，多年前国图社有个别图书印制质量不够精良，他便直言不讳地指出来。他的理由简单质朴：“图书馆采购的藏书，是要永久典藏的，如果印制质量不够好，无法向后人交代！”业界都知道，从上个世纪末开始，数码印刷技术逐渐被引入图书出版领域，该技术方便快捷，成本低廉，其成本不到传统胶印的三分之一，因此许多出版社都很高兴地接纳了这项新技术。数码印刷和传统胶印的着墨方式不同，前者是喷墨，后者是压印着墨，因此纸和墨的结合程度差异很大，行家上眼一看、上手一摸就能辨出高下。数码印刷技术的宣传资料说，用此技术印制的图文可以保存至少一百年。但这个说法目前却无法验证，因为这项技术发明并应用于图书出版也只有短短 20 年的时间。作为一个文献收藏重镇的当家人，郑炯文馆长对此颇有疑虑，他说：“我们哈佛燕京图书馆都快一百年了，总不能说建馆初期买的那些书，现在就不能看了吧！”他还说：“贵社出版的图书大多是适合图书馆长期收藏保存的，因此特别希望贵社出版的产品，尤其是卖给包括我们在内的文献收藏机构的图书，一定不要采用数码印刷的方式。”事实上，郑馆长的这些疑虑和要求与我社一直以来的思考和坚持完全不谋而合。正是出于同样的认识和担忧，直到今天，国家图书馆出版社出版的典藏类图书，特别是系列体量大、价值高的珍稀文献汇编类图书，我们宁可付出更多的成本，也始终坚持使用传统大胶印的方式印制。

郑馆长做事既讲原则又很包容。他坚守信用，一诺千金，答应的事情从来说到做到。他性格坚毅，只要他认定是正确的事，不管遇到多大的困难，都会以积极作为的态度去想方设法解决问题、持续推进。在长期的合作交往中，郑馆长身上体现出的最令人敬服的品格是有担当而无怨尤。比如，有的合作项目需要调动很多的人力或资源，而哈佛燕京图书馆自身也常常面临人手紧张等现实困难，馆内同事有时会因此提出不同看法，但郑馆长的回答始终如一：“这是我们答应过的事，我们的困难我们自己来设法解决，请不要再提！”

就我所知，“温暖仁厚、推己及人”是他带给众多与他有过交往的朋友们的共同感受。事实上，尽量帮助别人、给别人以更多的方便，早已成为郑炯文馆长及哈佛燕京图书馆众多同仁（如马小鹤老师、杨丽瑄老师、王系老师等等）身上共同的行为特质。

郑炯文馆长有极其出色的管理能力和超强的执行力。就我们接触感知，哈佛燕京图书馆的管理简明而高效。双方合作所涉的很多具体工作，都是郑馆长自己在关注处理，有时甚至小到帮助访客安排住处之类的琐碎事务他也会亲力亲为。他工作效率极高，我们之间的联系主要靠电子邮件，郑馆长的回信总是又及时又明确，鲜有拖延和疏漏。合作项目一旦启动，他常常会直接联系具体执行的责任编辑，沟通意见、发布指令，直接推动工作进行，而不再拘于形式，反复通过出版社领导转辗传达。双方合作的众多项目能按计划顺利完成，与郑先生的高效严谨有着密切关系。

郑馆长不仅专注于文献的披露和文化的传播，他还十分关注人才的培养，尤其重视提携年轻后辈。哈佛燕京有访问馆员制度与访问学者制度，很多文献的整理是委托访问馆员、访问学者完成的。众所周知，这类项目从组织完成到后期出版，总体的统筹协调工作是极为重要的，中间所涉许多的繁杂事务也都是郑馆长在亲自沟通，协调安排。有鉴于此，有些项目交付出版时，我们曾不止一次地建议郑馆长署任丛书主编。但郑馆长总是坚辞不受，始终坚持谁做的工作就由谁署名，既不设主编，也不设编委会。不贪功，不掠美，总是把机会留给他人，超然风范，令人感佩！

工作之外，郑炯文馆长是一个热情好客、风趣幽默的人。他每年都要花费大量时间和精力，自己掏钱招待一批批来自世界各地的朋友与访客。国图社的几届领导和多位编辑在多年的交流合作中也与郑馆长建立了深厚的友谊。我社的同事每次去波士顿，都会被他热情地带去豪吃龙虾、细品粤菜。更有甚者，有几次他来北京出差，竟自带红酒反客为主请我们吃饭。大家欣然赴约，围桌欢聚，品酒叙旧，畅谈合作，其乐融融，尽兴方散。二十年来，这种和睦融洽的关系一直伴随始终，温暖如初。

其实，仅就出版业界而言，国图社与海外的合作交流并不算少，北美之外，我们和英国、爱尔兰、法国、德国、西班牙、葡萄牙、意大利、俄国，日本、韩国以及澳大利亚、新西兰等十多个国家和地区的文献收藏机构、学术研究机构都有一些交流合作。但与哈佛燕京图书馆的合作是项目最多、体量最大、最有计划、最有成效的。郑炯文馆长在我们双方的合作中付出了超常的心力，居功至伟。

郑炯文馆长领导的哈佛燕京图书馆不仅和国图社有合作，与国内其他出版机构也有长期、深入的合作，并取得了丰硕的成果。哈佛燕京图书馆和国内图书馆界、文化界的交流合作则更广泛，成绩斐然，影响深远。

二十年的交往中，听郑炯文馆长说得最多的一句话是：事在人为！他用数十年孜孜不倦、锲而不舍的努力，让许多事情发生了积极而深刻的改变。今天，具有“紧跟科技潮流，整合各方力量，藏、用、研、学并举，最大限度地开放，最大诚意的服务”等等“特色模式”的哈佛燕京图书馆，已成为海内外图书馆同业研究学习的一个榜样，更成了无数学人心向往之的文献资源“殿堂”。郑馆长个人也因其杰出的贡献，赢得人们广泛的赞誉与尊重。他是大家心目中成就卓著的图书馆学家，更是具有显著影响力的文化交流使者。

二十年，国图社有幸见证了郑炯文馆长的理想由蓝图一步步变为现实，更真诚祝愿他倾力推动的事业蓬勃发展，永无止息！

广西师大出版社的海外中国研究文献出版及“哈佛燕京图书馆模式”

汤文辉、鲁朝阳（广西师范大学出版社）

广西师范大学出版社于1986年11月18日在桂林成立，2009年6月28日改组成立广西师范大学出版社集团。三十余年来，在出版主业方面，形成了教育、人文社科、珍稀文献、建筑设计、文学艺术、少儿等优势出版板块，累计有二十多种图书荣获“五个一工程”奖、中国出版政府奖、中华优秀出版物奖等国家图书大奖。其中的珍稀文献板块，以出版大量珍贵、稀见、具有重大学术价值的海内外中国研究相关文献资料类图书而深受图书馆界、学术界及出版界关注，成为广西师大出版社特色图书出版领域的代表，本文以我社与美国哈佛大学哈佛燕京图书馆的合作为中心，对我社在海外中国研究相关文献的出版工作略作梳理，以为学者使用提供线索，并为同业们开拓相应出版资源提供参考。

一、广西师范大学出版社的海外中国研究文献出版概况

广西师范大学出版社的珍稀文献出版，自1990年代中期起步，主要以影印方式整理出版学者研究急需而又不易获得的珍稀学术资料。对这一板块的选题评价，我们一直坚持三条原则：一是注重版本方面的版本珍贵性，二是学术价值性，三是注重资料本身的物理稀缺性。这方面的价值定位与选题遴选，我们也常表述为“抢救性整理出版”，即以抢救出版避免文献资料本身湮灭失传，以适度整理提升其使用便利、扩充其研究价值。

经过二十余年的发展，广西师大社已整理出版400余种5000册以上各类型珍稀文献资料图书，受到海内外学者们的重视与欢迎。目前已稳定地形成了三种类型的系列出版品种。作为中心的“珍稀文献”，具体又可细分为历史档案（明、清及民国以来的公私档案）、海内外珍善本古籍和民间历史文献（民间档案文书、地方碑拓资料、稀见家谱文献）。随着“珍稀文献”产品线的扩展，较为稳定地拓展开发了“经典古籍”和“文史工具书”两类辅助性图书品种。每年出版以上三种类型系列图书约50种，行销海内外各公私图书馆及研究机构与收藏机构等。

广西师大社的珍稀文献类图书出版立足国内，面向海外，获得了中外各公私图书馆、收藏单位等的大力支持。仅就海外范围而言，在二十余年的珍稀文献类图书出版过程中，在北美地区与广西师大社有合作的即有美国国会图书馆、哈佛大学图书馆、哈佛大学哈佛燕京图书馆、耶鲁大学图书馆、柏克莱加州大学东亚图书馆、斯坦福大学图书馆、俄亥俄州立大学图书馆、明尼苏达大学图书馆、匹兹堡大学东亚图书馆、欧伯林大学档案馆、美国埃默里大学图书馆、加拿大多伦多大学东亚图书馆等，在英国有英国国家图书馆；在日本有关西大学图书馆、日本东京大学东洋文化研究所等。此外，还有众多图书馆与收藏机构以为广西师大社的出版选题提供底本，海外中国研究学者合作编辑出版《天禄论丛》系列论文辑刊等形式，在提供特色馆藏信息、揭示文献研究价值等方面为广西师大社提供了难以一一历数的重要帮助。

广西师大社与海外馆藏机构合作，共出版了100余种各类图书，内容包括海外中国传统古籍珍善本影印、馆藏中国研究相关档案资料、馆藏中文古籍提要书志、馆藏目录、学术研究著作等。其中古籍珍善本影印成果有“哈佛燕京图书馆文献丛刊”系列以及《加州柏克莱大学东亚图书馆藏稿钞校本丛刊续编》《日本东京大学东洋文化研究所双红堂文库藏稀见中国钞本曲本汇刊》等；与中国研究相关的档案资料有《美国明尼苏达大学图书馆藏基督教男青年会档案：中国年度报告（1896—1949）》《美国耶鲁大学图书馆藏卫三畏未刊往来书信集》《美国哈佛大学图书馆藏未刊中国旧海外史料（1860—1949）》等；馆藏中文古籍提要书志有《美国哈佛大学哈佛燕京图书馆藏中文善本书志》《美国斯坦福大学图书馆藏中文古籍善本书志》等；馆藏目录有《美国国会图书馆藏中文善本书录》《美国国会图书馆藏中国方志目录》等；学术研究著作有《裘开明年谱》《图书馆、出版与教育：哈佛燕京学社在华中国研究史（1928—1951）》等。

上述合作馆藏机构与相应整理出版的图书，是广西师大社的海外中国研究相关文献出版的总体概况，呈现出合作范围宽广、出版品类齐全的特点。而在广西师大社与海外图书馆机构合作的众多成果中，尤其以与哈佛燕京图书馆合作出版成果最为丰硕，并在长期合作过程中，形成了文献收藏机构、研究整理力量、出版机构三方良性有效联动的“哈佛燕京图书馆模式”，得到国内外许多图书馆藏机构的积极响应。

图 1　广西师范大学出版社团队访问哈佛燕京图书馆

二、广西师大社与哈佛燕京图书馆的合作：丰硕的实践成果转化

广西师大社与哈佛燕京图书馆的合作，首批成果为2003年影印出版、后获第十四届中国图书奖的《美国哈佛大学哈佛燕京图书馆藏中文善本汇刊》37册。该书也是“哈佛燕京图书馆文献丛刊”系列第一种，共收录67种珍藏于美国哈佛大学哈佛燕京图书馆的稀见中国古籍，其中宋代珍本3种、元代2种、明代62种。涉及经传、音韵、宗谱、方志、兵法、中医、文学、佛教、戏曲等类稀见文献，隶属经史子集四部。每种书都附有著名版本目录学家如沈津先生等撰写的内容提要，介绍作者、内容、版本、源流，为读者提供丰富、准确的考证材料和线索，在中国古籍版本研究和学术研究上具有重要的价值。其后，广西师大出版社与哈佛燕京图书馆扩大合作范围与形式，逐渐稳定地形成了“哈佛燕京图书馆文献丛刊”“哈佛燕京图书馆学术丛刊”“哈佛燕京图书馆书目丛刊”三大系列出版品种，出版成果总计近30种逾1000册。

其中，“哈佛燕京图书馆文献丛刊”系列于《美国哈佛大学哈佛燕京图书馆藏中文善本汇刊》之后，陆续影印出版多种重要图书：2006年9月出版朱德签名本《红军长征记》2册与《参考消息（1944年6月—1945年11月）（延安版）》4册，2009年3月出版《美国哈佛大学哈佛燕京图书馆藏明清妇女著述汇刊》5册，2011年2月至2012年9月出版《美国哈佛大学哈佛燕京图书馆藏民国文献丛刊》93册，2013年11月出版《美国哈佛大学哈佛燕京图书馆藏宝卷汇刊》7册，2015年3月出版《美国哈佛大学哈佛燕京图书馆藏蒙文文献汇刊》68册，2015年6月出版《美国哈佛大学哈佛燕京图书馆藏蒋廷黻资料》24册，2016年3月出版《美国哈佛大学哈佛燕京图书馆藏钢和泰未刊往来书信集》3册，2016年9月出版《美国哈佛大学哈佛燕京图书馆藏稿钞校本汇刊》123册，2017年6月

出版《美国哈佛大学哈佛燕京图书馆藏明代善本别集丛刊》40 册，2017 年 8 月出版《美国哈佛大学哈佛燕京图书馆藏稀见类书汇刊》46 册与《美国哈佛大学哈佛燕京图书馆藏清代善本别集丛刊》68 册，2017 年 10 月出版《美国哈佛大学哈佛燕京图书馆藏明清善本总集丛刊》139 册，2018 年 8 月出版《百苗图八种》2 册，2018 年 9 月出版《美国哈佛大学哈佛燕京图书馆藏丛部善本汇刊》100 册，2019 年 10 月出版《美国哈佛大学哈佛燕京图书馆藏子部善本文献丛刊》158 册。共计 17 种，919 册。后续还有多种珍善本古籍影印项目在运作之中，预期仅“哈佛燕京图书馆文献丛刊”系列即会有超过 1500 册规模的整理出版成果。

“哈佛燕京图书馆学术丛刊”截到目前出版图书 4 种 18 册：2005 年 12 月出版《胡汉民未刊往来函电稿》15 册，2006 年 10 月出版《中国珍稀古籍善本书录》1 册，2008 年 10 月出版《裘开明年谱》1 册，2018 年 4 月出版《图书馆、出版与教育：哈佛燕京学社在华中国研究史（1928—1951）》1 册。

“哈佛燕京图书馆书目丛刊”累计出版图书 6 种 20 册：2002 年 10 月出版《20 世纪中文著作者笔名录》1 册，2008 年 3 月出版《宋代研究工具书刊指南》1 册，2010 年 6 月出版《美国哈佛大学哈佛燕京图书馆藏民国时期图书总目》4 册，2011 年 4 月出版《美国哈佛大学哈佛燕京图书馆藏中文善本书志》6 册，2015 年 9 月出版《美国哈佛大学哈佛燕京图书馆藏中国新方志目录》7 册，2019 年 5 月出版《美国哈佛大学哈佛燕京图书馆藏中文年鉴目录》3 册。其中，由沈津先生主撰的《美国哈佛大学哈佛燕京图书馆藏中文善本书志》被列入“十二五”国家重点图书出版规划项目，并于 2013 年获得第三届中国出版政府奖（图书奖），为出版社带来了极大的荣誉。

广西师大社与哈佛燕京图书馆的合作，得益于哈佛燕京图书馆历任馆长尤其是以郑炯文馆长为代表的图书馆前辈们所秉持的“学术乃天下之公器”的学术理念。藉由这一理念的指引，哈佛燕京图书馆馆藏文献的整理与出版，形成了馆藏机构、访问学者、出版机构有效联运的“哈佛燕京图书馆模式”。这一模式，有效地解决了文献保藏机构、文献整理力量、整理成果出版长期存在的各自为战局面，使馆藏、整理与出版形成了通畅的协作与接续，受到越来越多的图书馆与学者、出版单位的积极响应。

图 2　哈佛燕京图书馆同仁在广西师范大学出版社

（左起鲁朝阳、杨丽瑄、汤文辉、郑炯文、王系、马小鹤）

三、哈佛燕京图书馆模式：基于“学术乃天下之公器”的理念

美国哈佛大学共拥有 73 个图书馆，其中的哈佛燕京图书馆专门收藏与东亚相关的文献。2014 年，哈佛燕京图书馆第三任馆长郑炯文在接受澎湃新闻专访时提到，哈佛燕京图书馆的藏书将近 150 万册。其中，中文文献逾 80 万册，日文文献将近 35 万册，朝鲜文文献将近 20 万册，每年的增量大概有 3 万到 4 万册。据沈津先生统计，哈佛燕京图书馆收藏的乾隆之前的善本约有 2400 部，其中宋元明善本约有 1500 部，有 188 种善本

是其他图书馆所没有的。这样一大批与中国研究密切相关的珍贵文献，受到学者们的长期高度关注。而在哈佛燕京图书馆方面，自首任裘开明馆长开始，历任馆长基本都秉持“学术乃天下之公器”的“共享”理念，认为哈佛燕京图书馆收藏的这些中国传统古籍，是中国文化的一部分，应该成为也必须成为学术研究者人人可用的学术“公器”。

哈佛燕京图书馆这一理念与广西师范大学出版社出版珍稀文献、服务学术的理念在实质上有着高度的契合。在理念契合基础上，广西师大出版社得以在哈佛燕京图书馆郑炯文馆长及沈津先生、马小鹤先生、杨丽瑄女士、王系女士等的全力支持下，长期坚持投入大量的人力与物力，积极参与哈佛燕京图书馆馆藏古籍数字化工作，并在数字化基础上推动影印馆藏稀见古籍与中国研究相关文献的出版工作，以多种形式实现海外藏中文古籍与中国研究文献资料的顺利回归。

哈佛燕京图书馆在与广西师大社长期的合作中，借助哈佛燕京图书馆访问学者计划，逐渐形成了文献整理出版的“哈佛燕京图书馆模式”。简言之，即哈佛燕京图书馆开放馆藏资源，邀请世界范围内的学者（尤其是中国学者）到馆以访问学者身份进行某一专题性或某一类型馆藏文献的学术整理，整理成果通过广西师范大学出版社完成出版，将唯一性的文献资料转化为影印图书形式，为世界各地不能亲往哈佛燕京图书馆访查文献的学者提供资料获取上的最大便利。在已完成出版的诸多文献整理项目中，国内访问学者以及参与相关整理的学者，如有著名版本目录学家沈津先生、北京大学邹新明研究馆员、浙江大学徐永明教授、复旦大学龙向洋研究员、南京大学陈红民教授、南京大学图书馆卞东波研究馆员与时文甲副研究馆员、中山大学图书馆程焕文教授与王蕾研究馆员等等。

截至目前，广西师大出版社通过与哈佛燕京图书馆“访问学者计划”的合作，采用“哈佛燕京图书馆模式”，已累计完成“哈佛燕京图书馆文献丛刊”“哈佛燕京图书馆学术丛刊”“哈佛燕京图书馆书目丛刊”三大系列出版成果近 30 种逾 1000 册。广西师大社出版的相应整理成果，促成了一大批流散海外的珍贵中国研究文献得以影印图书的出版方式实现回流，方便了海内外学者们的使用，尤其是使国内学者足不出户即可获取最为重要、宝贵的学术资源。通过出版的形式，与馆藏机构共同推动“学术乃天下之公器”理念向实践的转化。正是因缘于此，哈佛燕京图书馆郑炯文馆长才多次在不同场合表示“广西师范大学出版社就是哈佛燕京图书馆的出版社”，而郑炯文馆长这种高度肯定与鼓励，也使出版社越发珍视自身的文化责任，继续秉承广西师大出版社“开启民智，传承文明”的出版理念，通过自身努力做出更多更好的出版成绩，使更多的珍贵学术资料能够实现其“嘉惠天下学林”的研究价值。

四、结语

长期以来，图书馆作为收藏机构往往拥有大量文献资料，但精于文献内容挖掘的专业学术型整理力量难以满足现实需要；专业学术型学者具有文献整理的能力，并且在学术上也有对更新、更全面的文献资源内容需求，但学者本身大多数情况下并不直接占有文献资源。而当图书馆作为文献资源所有者向学者开放其馆藏，经过学者们精心整理的文献，又需要通过出版的形式改变其物理唯一性、化身百千，使更多学者能够普遍使用到，在这一阶段就迫切需要出版机构及时、有效地介入其中，提供专业化的出版服务。这种开放馆藏文献资料，邀请学者进行整理，完成整理成果出版的过程，需要馆藏方、学者、出版机构共同积极参与，最终实现由馆藏文献资源到学术研究资源的转换。“哈佛燕京图书馆模式”为馆藏机构开放文献资源、学者整理成果扩散、出版机构介入，提供了目前为止成熟易用的解决方案，其他图书馆机构完全可以根据自身特点，参考其模式进行合于自身需要的调整并加以落实。

广西师范大学出版社在20余年的珍稀文献类图书出版实践中，形成并积累了对选题遴选、出版质量管理、编辑加工等的一系列成熟经验，愿在今后的工作中继续秉承自身对“开启民智，传承文明”的追求，继续从事海外中国研究相关文献资料的整理出版，为海内外图书馆收藏机构的文献整理工作提供多方面、专业化的出版服务，为学者们的研究提供更多、更好的珍贵学术资料，在更大的范围、更高的层面为继承、传播、弘扬中华优秀传统文化做出新的贡献。

海外最热心助人的馆长

——我与哈佛燕京郑炯文馆长的一段情谊

傅德华（复旦大学历史学系）

2016年9月11日，本人应哈佛大学哈佛燕京图书馆郑炯文馆长之邀，乘海南航空公司的班机前往美国马萨诸塞州波士顿进行为期30天的访问与交流。波士顿位于美国东北部大西洋沿岸，创建于1630年，是美国最古老、最有文化价值的城市之一。

波士顿号称名校之城，拥有世界顶级名校哈佛大学和麻省理工学院。此次波士顿之行，名曰“访问与交流”，实则是本人自费到哈佛大学图书馆查阅历史系姜义华教授为首席的国家社科基金重大项目“20世纪中国人物传记资源整理与数据库建设研究”（批准号：10&ZD097）和上海市哲学社会科学规划办的重大委托项目《民国丛书续编》第二编民国人物资料专辑的相关资料。本人是这两个项目的主要负责人，动身前已做好了“功课”，开列要查找书目的清单。其中不少都是复旦或国内各大图书馆缺藏的珍贵文献资料。

哈佛大学是美国最早的私立大学，是以培养研究生和从事科学研究为主的综合性大学。哈佛大学图书馆是美国最古老的图书馆，也是世界上藏书最多、规模最大的大学图书馆。有8位美国总统、33位诺贝尔奖获得者曾在这里学习过。经过400多年的发展，共拥有馆藏1500万种，包括世界上100多种语言的原著。

从我居住的“圣贝尔蒙（belment）”华人寓所乘坐73路公交车，20

分钟即可到达哈佛大学。在哈佛的30天里，除周日燕京图书馆只开半天外，几乎每天都是上午9时到，下午17时离开，原有的午休习惯也被迫取消了。哈佛校内有70余家图书馆，要查阅的资料30天内光浏览一遍都不可能。所以在离开哈佛与郑馆长话别时，他说："你至少要再来三次，才能对哈佛有进一步的了解。"

该馆的硬件和软件给我留下极好的印象。所谓"硬件"除藏书非常丰富，用计算机检索一检即得，最先进的KIC多功能的扫描仪免费供读者使用，且扫完后自动分页保存，使用者插上U盘确认保存，拷贝的资料就属于你了。软件方面，图书馆工作人员为读者服务的意识非常强。您有任何问题，他们都会想方设法满足您的需求。如我想得到哈佛燕京图书馆馆藏的全部1912—1949年"日文期刊文献目录"和所有东亚"中外图书的分类目录"，他们就会将网址发送到我的邮箱，并手把手地教我如何使用。

在哈佛燕京，甚至可做到足不出该馆，即可阅读到藏在哈佛任何一家图书馆的文献资料。手续也非常简单，只要将电脑查检到的图书目录及分类号在网上填好提交给他们（纸质单据亦可），通常在第二天下午3点书就送过来了。读者到固定的书架上索取，签上名字就可拿到阅览室使用，或扫描与复印（此项要收费）。三日后若需继续使用者可申请保留数天，并没有册数限制。

30天内，我从那里查阅到数十种国内缺藏或仅有少数图书馆有藏的中外文珍贵文献资料，收获颇丰。如于右任撰写的《五年之监察工作》和《孙逸仙博士的政治思想》，外文原版书有*Red God：Wei Baqun and His Peasant Revolution in Southern China*, *1894—1932*（《红神：韦拨群与他在中国南方掀起的农民革命，1894—1932》）、*General He Yingqin：the Rise and Fall of Nationalist China*（《何应钦与中国民族主义的兴衰》），其中不少整本扫描带回复旦。来不及扫描的就用手机拍下来，晚上拷到电脑里。10月1日国庆节恰逢周六，上午图书馆仅我一个读者。从9时始，到下午17时，我将该馆馆藏的台湾"国史馆"编印的《蒋中正总统档案事略稿》（1—83

册）附录“人名索引”（每册约10余页）全部扫描下来，包括部分所需要的内容，计约千余页带回复旦。国内很少能找到这样为读者提供如此便利的免费服务的图书馆。

10月3日，在即将离开哈佛燕京的前一周，本人有意与郑馆长、燕京图书馆中文部马小鹤主任（复旦历史系系友）、杨丽瑄女士等一起小聚一次，一则向他们汇报四个星期来的收获，二则略表感谢之情。但郑馆长说家中有事要处理，聚餐就免了，并与我相约第二天和他见面交流一次。翌日，我较早到他的馆长室。我说，此行之所以有不小的收获，一是得益于哈佛非常丰富的藏书，硬件和软件较好，二是寻找到了部分与他们合作的项目《哈佛大学图书馆馆藏东亚研究西文资料文献总目》的原版图书，三是哈佛燕京图书馆小鹤、丽瑄老师及相关工作人员，包括中国的留学生和访问学者给予我不少的帮助。他建议我，还应该再到密歇根大学亚洲图书馆跑一趟，那里的东亚研究西文文献资料比燕京还要多。我要有机会过去，他同意帮助推荐。他说，他已在哈佛图书馆馆长的位子上18年，年纪已过70。我说，您看上去只有60岁，精神状态非常好，还可再干10年。他期待在他任期内，将作为《哈佛燕京图书馆书目丛刊》之一的《东亚研究西文资料文献总目》正式编纂出版。这也是本人此次哈佛之行的目的之一。但两年过去了，因承担的国家社科基金重大项目《港澳台20世纪中国人物文献目录》和《日文、英文、俄文20世纪中国人物传记文献目录》的校勘出版等工作任务繁重，至今未能按照郑馆长的要求如期完成。

郑馆长是我所见到过的国外图书馆馆长中最热情、最乐意助人的一位。在本人抵达哈佛的第五天（前面几天他都已排满接待任务），他约小鹤及杨老师与我一起共进午餐时，表达对我们所从事的编辑出版《民国丛书续编》工作的支持，同时表示只要我们有需求，哈佛燕京有的一定无偿提供，并让小鹤查一下，我们2012年编辑、由上海书店社出版的《续编》第一辑年鉴专辑和专刊（138册）是否已购买。查检结果未购。我在离开后获知，他们已通过中国图书进出口公司补购。这也是我哈佛之行的一大收获。

在哈佛，除哈佛燕京图书馆外，马小鹤主任还带我参观了哈佛图书馆总馆的书库，并经他介绍到过法学院图书馆。该馆堪称哈佛建筑最壮观（始建于 1817 年）、收藏最丰富的图书馆之一。在该馆部主任张农基博士（北京大学法学院毕业）的引领下，参观了该馆的阅览室和部分书库。整个阅览室都是红地毯，高高的穹型屋顶上，华丽的吊灯金碧辉煌，如同一座宫殿，凡参观过的人都有同感。据张主任和去过该馆查阅资料的复旦大学图书馆龙向洋先生介绍，该馆有不少民国时期出版的法律方面的珍贵文献，尚未很好地整理。遗憾的是没有时间去查阅。不过她答应只要我们有需求，他们一定会提供的。

总之，波士顿的 30 日，所见所闻非同一般，给我留下极深的印象。尤其在离开哈佛的那天下午，走出哈佛燕京图书馆后，两步一回头，三步一回头，再看一看摆放在它门前的那对栩栩如生的汉白玉石狮。走出哈佛大门前往公交车站的路上也一样，直到看不到校园的围墙。感情上总是有那么点依依不舍，因为那里还有很多我未来得及查阅的资料。我心里在想，此次哈佛之行整整盼了 40 年。自从 1974 年留校任教后，每逢有人从哈佛回来，我就问自己，何时可以与他们一样亲自到哈佛走一趟，那该多好啊。此次一别，还不知又要等多少年才能重返。我想，时间应该不会很长吧！

记郑炯文馆长

李坚（国家图书馆古籍馆）

2011年9月至2012年8月，受国家图书馆派遣，我前往美国哈佛大学哈佛燕京图书馆协助撰写该馆藏善本方志书志。在哈佛燕京图书馆为期一年的工作和生活中，馆长郑炯文（James Cheng）先生给我留下了深刻印象。

我们习惯称郑炯文馆长为郑先生。第一次与郑先生见面是2010年6月，当时馆里确定派我和谢冬荣轮流赴美，每人一年，完成为期两年的方志书志撰写任务。那天郑先生带着负责数字化项目的杨丽瑄（Sharon Yang）老师访问国图，与张志清副馆长和电子资源部商谈合作扫描哈佛燕京善本古籍资源等事宜，我和谢冬荣按照要求也到场，主要是与郑先生见面，算是一次面试吧。

轮到谈我俩赴美的事项时，郑先生简单的几句话，便点明了这次赴美的一些关键事项，包括细节。一是待遇，哈佛负责工资、医疗保险和来回机票，房租自付；二是工作任务和数量，每年约360篇，两人两年完成720部方志提要的撰写。郑先生还特意问起是否有孩子，是否会一同出去等，很周到地提示波士顿冬天很冷，要多带衣物。郑先生又问我和谢冬荣赴美的先后顺序，当得知我先去时，郑先生告诉我明年4月份发邀请函，办理好签证之后自己先购买飞机票，到哈佛之后再报销。我们告辞之前，郑先生说杨丽瑄老师会在8月份给我们发一份哈佛善本方志的目录，可以先做准备。郑先生简单的几句话里，基本上对此事的方方面面，都无一遗漏地做了说明和交待，且没有任何多余的虚话和套话。

我赴美之前，郑先生曾三次到京，每次都通知我去简短会面，互通签证、租房等方面的进展情况。

2011 年 8 月 26 日，当地时间晚 8 点，我如期抵达波士顿，郑先生和杨丽瑄老师一起到机场接我赶往住处，郑先生帮我拿行李，亲自开车送到住处，我有些诚惶诚恐。后来才得知，几乎每个访问馆员来，或者国内有官员、馆长等来访，都是郑先生亲自到机场接送的。

在哈佛燕京图书馆开始上班一周，郑先生便安排我和他一起共进午餐，简单地谈一下工作安排。参加的还有马小鹤和杨丽瑄两位老师，郑先生指定他们作为我的领导，要求我一周之后给他交几篇我写的书志看看，看是否能这样写。他简单地问我一些在这里的生活情况，是否适应等。这是郑先生的工作模式，一般都在中午宴请相关人员谈工作。

除我之外，哈佛燕京图书馆还有几位国内高校图书馆去做访问馆员的老师。郑先生对我们访问馆员的照顾是多方面的，除了生活上的关心，还尽量带我们参加各种会议，无论亚洲学年会，还是东亚图书馆年会等，他都尽量安排我们参加。另外，会安排一周的时间，让我们去参观美国东部的 5 家图书馆，分别是耶鲁大学东亚图书馆、普林斯顿大学东亚图书馆、哥伦比亚大学东亚图书馆、纽约公共图书馆、国会图书馆等，开阔我们的眼界。去之前，郑先生极力推荐我们到纽约要去百老汇看 show（歌舞表演），回来之后他还询问相关情况——谁接待的、谁谁有没有请你们吃饭等等。参加芝加哥东亚图书馆年会的时候，郑先生一直帮我们拉着钱存训先生拍照。

每逢感恩节、劳动节、美国国庆节等节假日，郑先生都会专门宴请我们。每次提前约定时间，问到每个人的具体情况，各人的口味他也能记住，尽量照顾到。尤其是感恩节，正值放假，郑先生也专门在中国城请我们吃饭，那天还请马小鹤夫妇一起来陪同。每有国内单位来访，郑先生都会在中国城醉琼楼设宴款待，一般也会让我们访问馆员参加。席终人散，郑先生亲自开车送大家回家，有分住不同地方的，郑先生都一个个送到。

郑先生应酬多，也喜欢喝酒，每次喝酒都很尽兴。很爱劝酒，每次请客会将国内带回去的各种酒送给大家喝。对大陆、台湾的几种名酒如数家珍，他喜欢喝五粮液，对茅台不感兴趣，尤其不喜欢二锅头。一说起北大朱强馆长特别喜欢喝二锅头，非常害怕，说“我一听二锅头就头疼”。郑先生喜欢喝红酒，每天晚上喝一杯。近年他太太因为心脏问题，大夫也建议她喝红酒，每晚也喝一杯；郑先生也建议他女儿喝一杯，所以他家的红酒消耗量很大。在我回北京之前的欢送宴上，郑先生还专门带了家里的红酒去，喝剩的两瓶送我，让我带回北京，还特意嘱咐用要带泡泡的塑料纸包着，泡泡冲里面，免得托运时被摔坏。

郑先生红酒量大，喝完酒还开车送大家回去。他常说起几年前张志清副馆长和王志庚主任来访，酒宴之后开车送他们回宾馆，王志庚主任看郑先生酒后开车，非常担心，不停地提醒：“郑馆长您慢点开，郑馆长您慢点开……”一直叨叨到宾馆。郑先生每提起此事，总是一脸得意和好笑的样子。

郑先生自青年时期便生活在美国，娶了美国太太，但依然保持中国人的传统，每次在醉琼楼宴请，总是大鱼大肉点满满一桌子，葱姜龙虾、葱姜螃蟹、油炸排骨、一鱼三吃、红焖大虾、白斩鸡、芋头鸭，基本上看不见蔬菜，点了一个苦瓜炒牛肉，上来一看几乎只看见牛肉，苦瓜只稍微点缀点缀。每个菜量都很大，最后再上一大盘炒米饭、炒面，吃得人目瞪口呆（后来在我的努力争取下，终于增加了清炒豆苗、清炒空心菜之类的蔬菜）。每次宴请郑先生一定是从始至终的主角，一切由他主宰：确定时间是他，确定参与人员是他，谁乘坐地铁、谁搭乘他的车去餐馆都是他一一指定安排，到了餐馆他来点菜，活鱼、活虾送过来由他来检验；上菜之后他亲自给大家布菜，一盘盘地分光，夹菜到每个人都吃不下；给大家倒酒，劝酒劝到很多人都喝醉，他也喝很多红酒；最后亲自开车将我们送回家。

郑先生个性执着，有时候甚至有点固执。中国城宴请，永远只选择醉琼楼，有时连续宴请，会在这里连吃好多天。据说他 18 年来坚持在醉琼楼宴请，从不更换地点，以致成为醉琼楼的铁杆粉丝，在醉琼楼拥有很多特权，比如自己带酒去、不用开瓶费、可以叫那些店小二分菜等等。开车从哈佛到中国城，一定走一条固定的路线，一是绕路，二是正好经过非常拥堵的一个路段，但他长期坚持走，多次有人劝他走近路，可他从来不听，照样绕远道，最多只是简单地反驳一句：那你来开？！劝的人只好作罢。他送我们从中国城回住处，顺便也带马小鹤先生回家，我们的住处离马小鹤先生家已经不远了，但郑先生总会在送我们到家后，重新返回哈佛，再开往马小鹤先生家，因为他只记得住一条路，只会走这一条道。

郑先生非常有条理，善于管理，据说他从二十几岁就开始在另外一个高校图书馆做馆长，是名副其实的“职业馆长”。自从他主政哈佛燕京以来，哈佛燕京的风气变得严谨高效，工作面貌有很多改变。他启用马小鹤博士等主管工作，将原来的卡片目录转变为机读目录，读者在网上便可以检索；清理了长期以来积累的库房杂物等，使得外界对哈佛燕京的工作大大肯定，从抱怨到称赞。

郑先生做事一丝不苟，他说在哈佛燕京工作了 6 年之后，才对该馆有了全面的了解，做到心中有数。他每天很早就到办公室，下班以后还要继续工作到 6 点以后才离开。他的办公室总是干干净净，利索整齐。有次他帮我收到一个信函，一看我要随手撕开口，赶忙制止，自己接过去用裁纸刀将信封整齐裁开后才递给我。

他对自己要求严格，对员工也很严厉，常常在工作之余，端着茶杯来到库房和各个办公室附近转悠，表面上是去倒茶，实际是查看各位员工是否在认真工作。原来有些工作人员带亲戚朋友来馆里闲逛等等，都被郑先生制止了，他说：“这里不是 China Town。”曾经有一段时间很多员工聚在一起吃午餐，叽叽喳喳，说东道西，郑先生也干脆果断地制止了这种行为，要求只能在自己的办公室里吃饭，不能到处乱窜。这样维护了单位比较纯净的工作氛围。

他常常安排给下属很重的任务量，要求无论如何得完成。对于没有完成的会非常严厉，拉下脸来指责。表面上会说不用着急，但一旦真的没完成，他便不会原谅。对于我们这些短期赴美的访问馆员，他在生活上非常关照，但谈到工作总是很严肃，一板一眼，可以就可以，不可以就马上指出来，毫不留情面。时间长了，大家都服气郑先生的公正无私。

咬定青山不放松，是郑先生的工作作风。安排好的每个项目，一定有计划地坚持到底，即使遇到各种困难和阻力，也会想方设法解决，以最终达到目标。每年飞中国三四次，甚至五六次，和各个单位协商，参加各种会议，一个个项目就这样确定下来。有时还经常需要前往香港为哈佛燕京的发展谋求资金。那些年，波士顿飞中国还没有直航，中间得转机，至少也得 13 个小时，长途旅行之后没有时间倒时差，一个个地方去跑，会见各种各样的人，飞回美国也不倒时差，马上接着工作。为了更好地和国内单位沟通，即便如此辛苦，郑先生还是不厌其烦地一次次亲自飞往中国。他说某些事情打很多电话，写无数邮件都谈不清楚，但只要双方见面，当面沟通，往往不到半小时就能圆满解决，所以他宁愿辛苦飞十几个小时，与对方当面谈。

郑先生实干，大事小情事必躬亲。很多工作细节他都要过问，甚至亲自参与。比如在善本库房里加装电话，他自己跑上来试电话，亲自在库房里逐一给各个办公室打电话，确保电话线路已经接通。有一次上来查看三层通往东亚系的门，忽然发现门旁书架上摆放的一套《哈佛燕京图书馆藏善本书志》（全 6 册）不见了，当得知是马小鹤先生让一个学生借走时，马上打电话请马先生上来，告诉他这套书要保持放在这里，供善本阅览室的读者参考，不允许外借，需要外借的读者可以去找楼下书库里的那一套。每次来三层善本阅览室和库房查看，发现楼道里有个小纸屑，也会躬身捡起扔进垃圾桶。一次在芝加哥大学东亚图书馆年会的宴会上，他为了帮着安排人入座，自己推着椅子从这个桌到那个桌，那么兴致盎然，好像一个店小二、跑堂的，丝毫看不出是个馆长。

郑先生对工作兢兢业业，每天忙忙碌碌，认真安排每一个事项，他说“休假时不知道自己该干什么了”。对于每一个项目，他基本上都要过问细节，确保没有任何疏忽和遗漏。一次中国图书进出口公司有个员工到哈佛燕京图书馆学习一周，当时正好是我和郑先生等一起在外开会，郑先生反复叮嘱同行的杨丽瑄老师打电话和在家的秘书联系具体事务，而且每一个细节都过问，当杨丽瑄老师说相信马小鹤先生会向秘书转告某事的时候，郑先生斩钉截铁地说：“不要相信。”然后自己就直接打电话给秘书。

郑先生的周到细致超出常人。原计划第二年接替我去哈佛燕京的谢冬荣因工作关系不能赴美，郑先生曾经希望我能够延期一年，完成剩余的工作。后来因为种种原因，未能实现。郑先生来北京时通知我明年不能去了，并提示我还有两包行李留在美国，他会帮我带回北京。真是让人很感动。其实我自己差点都忘了，他竟然还记挂着这点小事。后来，郑先生确实亲自帮我把两包行李带回了北京。

郑先生敢于直言，有爱有憎，对国内有些人过分批评政府，表示不满。他说：“中国这么大，这么多人，能够弄到现在这个样子已经很不错了。有些人只一味批评，有本事他来干好了。”对于国内前些年的腐败现象，他也很感慨。常常说起来有时在国内参加宴请，一小份河豚就要1千多元，真是很浪费。

郑先生待人真诚，对生活琐事也明白，理解不同人生的个中滋味。比如我曾请教马小鹤先生，波士顿中国城的蔬菜的来源，对于这类生活上的事情马先生一问三不知，但是郑先生就很清楚：这些菜产自加州，从加州运输过来的。他的一位女同学遭遇坎坷，先生很早去世，自己独立在美国将两个男孩抚养成人，孩子大了她仍然独立生活，不依靠孩子，一直在美国国会图书馆上班，这位女同学很漂亮，不显老，年龄比郑先生他们大很多，当时大概有八十了，但看起来就像和郑先生他们年龄差不多。我们参加芝加哥会议时看见过，郑先生向我们介绍了她的情况，还很感慨地说：“我太太常常提起她，说她好像不会老的，这么多年模样没有改变。”

郑先生曾带我们参加在加拿大多伦多的一个会议，会议有个聚餐，自己花钱，每人 30 加元，是自助，饭后郑先生郑重地评论：“不值 30 元的！”那次在芝加哥开会，他们几个一起在外面找了一家中餐馆喝酒，叫我们去，我们没去。郑先生回来后特意介绍说，那个店吃得很好，而且结账时一问，竟然才 100 多元，很便宜——他非常心满意足。

郑先生出生在广东，青少年时期在香港度过，从小讲粤语，到美国又讲英语，普通话不太熟练，常挂在口头上的一句话是“给我摇个电话”，意思是和我联系一下；有个菜很适合做下酒菜，就说“送酒很好”；有次他形容刚洗完澡没来得及穿衣服，说“没有衣服穿了”。他的奇怪用词常常会逗得大家哈哈大笑。

当我一年期满，即将离开哈佛燕京返回北京时，郑先生专门在某天中午请我共进午餐聊天，郑先生很认真地提到他刚刚毕业参加工作时遇到的一位女老板说过的一句话，大意是——无论你做的任何一件事，是大还是小，你都应该认真对待它。郑先生说自己一直以此为座右铭，认真做事。

郑先生就是这样一位认真、严谨又有些可爱、率真的领导。离开哈佛燕京图书馆好几年了，郑先生的点点滴滴还时常在我的脑海中浮现。

有情怀的图书馆学家

——郑炯文先生印象记略

张徐芳（厦门大学图书馆）

美国哈佛燕京图书馆馆长郑炯文先生是位值得书写的人物，他多年来活跃在中美图书馆界的频次以及为促进彼此交流所付出的种种努力，在同行中首屈一指、无出其右。对于这样一位奉图书馆事业为个人终身追求且几十年如一日始终黾勉从事的图书馆学家来说，要梳理其中端绪绝非一朝一夕之事，更遑论解读其思想，以我有限的了解是断不敢拈此大题并妄加议论的。不过，作为郑先生所倡导的中美图书馆员交流项目的受益人及直接参与者，在此仅以个人交往所获知的点滴印象，形诸文字。一鳞半爪，或可备后来者采择。

郑先生早年就读于钱穆先生等人创办的香港新亚书院，后来师从抗战时期有传奇护书经历的著名图书馆学家钱存训先生。这两位钱先生都是令人敬重的学界前辈，堪称大家，于我还有另外一重意义。钱穆先生是乡先贤，也是我从学之路上的“发蒙人”之一。二十多年前，当我求学南京大学时，我的老师张伯伟、曹虹伉俪特别推荐阅读钱穆先生的著述，因此，有很长一段时间整日沉浸于钱先生对于历史的温情与敬意。钱存训先生的母校金陵大学也曾是我的母校南京大学的早期渊源之一，在我读书时，仍然能够深切体味到由此绵延而来的醇正学风的遗存。钱先生述学时屡次提及 20 年代读书金大时所受的教益，尤其是刘国钧先生的导启对于其日后倾注全力的书史、印刷史研究的重要意义。30 年代初，我的太老师程千帆先生进入金大学习，入手学问便是刘国钧先生等教授的目录之学，遂对此发生强烈兴趣，从此研习不辍。1942年程先生就母校之聘，刘先生派其担任校雠学课程。1978年程先生重返教坛后掇拾早年讲义旧稿，再次为研究生讲授。80年代，程先生委托弟子徐有富老师接续讲授，编制系统教材。1996年，在我读研究生时这套教材仍在使用，这门课程的接力棒又传到了古籍所武秀成老师手上。记得第一节课上，武老师郑重捧出事先精心准备的签名簿，请每位同学写下自己的籍贯及姓名。当时，因头一次接触“校雠学”这个名词，十分好奇，事先拿到的课表也因“雠”字生僻没能打印出来，而变成了“校□学”，所以总在寻思“校□学”究竟是一门什么样的学问，从武老师恭恭敬敬的神色里可以隐约感觉到这门课程的重要及份量，以后的学习则不敢轻慢。钱先生的学问底色离不开金大时期的砥砺琢磨，这在其为人处事及著述中多少也有体现。郑先生亲炙日久，想来应是濡染深至。那么，郑先生身上到底体现了多少新亚遗风、又有多少来自金大毕业的钱先生的精神遗存，实在已难分清，而我总想就此寻绎些许线索。

初识郑先生是在2012年芝加哥大学召开的“文本中国”会议上。当时因为厦门大学图书馆前馆长萧德洪先生的荐举，我有幸躬与此百年不遇的中外学人云集的盛会，期间见到了年过百岁的人瑞钱存训先生，也见证了芝大图书馆新馆曼斯德图书馆的开馆纪念。在海德公园的会议厅，涉及中文文献领域的各方翘楚济济一堂，分享各自经验，倾听来自世界的不同声音，也正是这次会议使我第一次目睹了郑先生辞锋劲健的言论风采。

作为我此次出访行程的下一站，芝大东亚馆周原馆长已事先代为联系郑先生，约定在会议结束后赶赴哈佛与郑先生见面。因此，当我在会议间歇与郑先生陈明到访意图时，他欣然表示欢迎，并郑重告知具体安排。

两天后，我准时赶赴学界向往的有两只石狮子蹲守大门的哈佛燕京图书馆，进门几步后左转，最边上就是郑先生的办公室。敲门进去略微交谈，郑先生委托马小鹤先生带我参观善本书库，承其美意，允准我在里边待了两小时。随后，郑先生送我两套《裘开明年谱》，并例行吃饭招待，与其得力助手杨丽瑄老师等一起在哈佛教工俱乐部用西餐。

以前听闻过哈佛的吃饭传统，在南京读书时也经常跟导师吃饭，美味连结的不仅仅是饮馔杯盘的餐桌文化，也是请与被请者的心意传递，读书人的吃饭自然还多一层渗透各自品性的文雅。郑先生请吃饭是郑重的，菜品要琢磨，程式也是中规中矩。边吃边聊，不时幽上一默。这次铭记的是郑先生的彬彬有礼以及对于年轻后进的格外优礼。

后来跟郑先生吃过很多顿饭，一次是在赴美访学前的北京面试，演绎了现代版的进京赶考故事，不过，考官与考生之间不是严肃地判分与被判的关系，席间弥漫的是就着图书馆话题闲聊的轻松和愉悦。再后来是哈佛访学期间郑先生每月例行安排的吃饭见面会，佐料必定是新鲜又有内容的各种话题。此外，还有郑先生特意为访学人员安排的各类大大小小的聚餐场面，礼数周到又富盛情。

平时，郑先生会就近选择哈佛教工俱乐部或者哈佛广场附近的餐馆请客用餐，遇上中国的传统节日，则喜欢带着图书馆的同事们去中国城的粤菜馆热闹，跟餐馆服务员不时来上几句粤语，这时候，郑先生的港人本色才真真切切地显露出来，挟裹着海外游子的浓浓乡情。

郑先生请吃饭重视菜品，西餐按规矩一道道上，不得减省，照例得吃完，同去的访问馆员互相交流时发现，对于这一习惯，他特别坚持。所以每次跟他吃饭回来，绝对要说吃得很撑。如果是中餐，一盘接一盘都是扎扎实实的硬菜，席上肯定是吃到饱，实在吃不下的，郑先生会请餐馆服务生一一打包，认真分派给每一位访问馆员。饭后，或者自己开车送各位访问馆员回到住处，或者交代王系老师一定负责完成送达任务。刚开始我们会客气推托，几次后发现他的坚持非常有韧性，也就听其安排，不再为此多费口舌了。

郑先生的饭局安排通常雷打不动，如果临时有事，一定改期补足。这应该是他的日常工作内容之一，因为他实在是太忙了，整天行色匆匆，不是在办公室，就是在去往办公室的路上，或者正在赶往下一程会议或出差目的地。每次上班后，我们会打开自己在哈佛的工作邮箱，这时候，一条条消息会时不时从邮箱冒出来，每天几十条英文消息是常有的事。即使在出差路上，他也会及时通过手机转发经他筛选的最新资讯。他平常跟大家见面机会不多，办公室的两重门一般都关着，外间靠窗坐着秘书Annalyse小姐，里间才是他的办公室。如果有事召见或有急事找他，大家会按门上的小贴示先敲两下，隐约听到里边有人应门，则推门进入，左转两三步，再礼节性地在门上轻轻敲两下，推门而入。我们猜测他在办公室的样子应该是整天对着电脑，繁忙地处理来自世界各地的消息。因此，充分利用吃饭时间跟馆员交流，恐怕是时间利用得最经济也是最有效的办法。

郑先生与同事的业务交流通常安排在周三下午，每月一次，在哈佛燕京学社的Common Room进行。会议开始后，郑先生拿着讲稿稳稳地端坐中央，同事们围坐成两或三排的半圈，这时候，郑先生的演讲才能方显露本色。一般从两点半开始，足足讲上一个半小时，中间不停歇；国内国外、各类资讯、馆内近期工作、接下来的安排，一项项事无巨细、纤悉靡遗地跟大家汇报，不紧不慢、有条不紊地一页一页翻过讲稿，顺着话题时不时问下话。这时候的郑先生直接而坦率，针对问题一一细究，追问到底，绝不含糊。

郑先生特别强调管理。确实，哈佛燕京图书馆的员工有限，包括兼职人员在内也才区区二十几人，在日常满足本校师生借阅及服务的同时，还要应付校内校外来自世界各地的相关咨询。这几年随着中外交流项目的增多，到哈佛访学的人员络绎不绝。哈佛燕京图书馆作为北美第二大东亚文献收藏地，是举世瞩目的资源中心，郑先生又尤其强调哈佛燕京图书馆作为研究性图书馆竭诚服务全球学者的宗旨，再加上哈佛大学的世界名校优势，无疑吸引着越来越多的学人成批涌入。哈佛燕京图书馆自己的合作项目也日程满满，因此，各类接待任务相当繁杂，尤其是负责中文采访与服务的马小鹤先生和负责特藏的王系老师，经常化私为公地参与此类工作应酬，不仅要为来访人员提供住宿信息，还要协助选房订房等各类琐事，电话邮件经常邀约不断，几无宁日。哈佛燕京图书馆接受哈佛大学和哈佛燕京学社的双重管理，业务交叉，事务繁杂。图书馆员除来自美国外，也来自中国大陆、香港、台湾以及日、韩、越南等不同国家或地区，同时还有哈佛在读的来自世界各地的学生担任助理，是一个多元文化混融的社群，王系老师戏称为“联合国”。在这样一个麻雀虽小、五脏俱全的地方，身为世界顶级学府的东亚图书馆馆长，没有足够的管理能力，是难以胜任的。我们看到的是郑先生气定神闲地沉浸在他的图书馆世界，在杨丽瑄老师细致妥帖的协助下，各项事务井井有条，项目一个接一个完成。郑先生曾提到他的老师钱存训先生每天工作 16 小时，郑先生自己每天工作的时间恐怕也不会少。

2017 年 8 月，前后投入 10 年的中国古籍善本数字化项目最后完成，在网上公布并完全免费开放，对于学界来说这是一个欢欣鼓舞的时刻，对于郑先生来说，是终于完成了一桩心愿。郑先生这几年一直活跃在数字学术的前沿，努力推动相关工作的开展及建设，为此委托杨丽瑄老师负责组织系列讲座。作为新兴学科的先行者与探路者，郑先生总是从各个层面加以鼓励，适时提出一些实在而中肯的建议。作为旁听者的我们，也能实实在在体会到哈佛燕京图书馆所处的哈佛大学对于创新的鼓励、对于新生事物的开放与包容。

郑先生一直强调哈佛燕京图书馆是个研究型图书馆，其发展构想有着长期的目标，这些目标是分层次一步步实现的。2017 年 2 月 23 日，东亚语言与文明系的李惠仪教授为哈佛燕京图书馆的第一次读书会作讲座，郑先生激动地说，十几年前根本不敢想象能举办这样的读书会，话语里充溢着最初的愿景终于有一天实现了的兴奋与满足。

从最初莅任时对于全部善本数字化并公诸于众、无偿开放的愿景描绘，到一步步实现，如今又在数字学术的前沿奋力开拓与耕耘，还以读书会的形式召集学人参与哈佛燕京图书馆的文化建设，这么多年来郑先生一步一个脚印坚实地迈出自己的步伐，期间的困难曲折非旁人所能想象。作为海外首屈一指的东亚图书馆的馆长，单纯以“坚忍不拔”四字揭橥其精神层面，深感程度不足，“情怀”一词，大体当之。

难忘的哈佛朋友

吴松弟（复旦大学历史地理研究中心）

光阴如箭，转眼间我在复旦大学任教已经36年，再过几年就到了退休的时间。退休前难免会回忆往事，尤其是难忘的老师、朋友和同学，到过的山川、城市和工作过的地方。我有幸在牛津大学担任过一年的访问学者，在哈佛大学进行过合计约一年零九个月的多次工作访问，不仅认识了一些著名的学者，还和东亚系的包弼德（Peter Bol）教授、哈佛燕京图书馆的郑炯文馆长成为好朋友，蒙他们帮助甚多。与他们的交往，成为我一生中难忘的回忆。

一、东亚系的包弼德教授

1995年12月27—29日，我国台湾省的中国文化大学召开第二届宋史学术研讨会，邀请了10位大陆学者参会。我刚四十出头，为参会最年轻的学者，在会上作了题为《宋代广东的外来移民》的报告。哈佛大学东亚系的包弼德教授也参加了会议，会议休息时我将本所（复旦大学历史地理研究所）邹逸麟先生主编、我参加撰写的《黄淮海平原历史地理》一书送给包教授，并和他聊了几分钟。包教授希望我有机会到哈佛访问，并劝我争取哈佛燕京奖学金。不久包教授访问中国，路过上海，我前去和他见面，并告诉他复旦大学可能要安排我到牛津大学访问，很遗憾我可能去不了哈佛了。

1998年10月6日我到达牛津大学。除了当月的一周时间出席在韩国汉城召开的“东海海域地名国际讨论会”之外，主要修改从上海带去的《中国移民史》唐宋卷的书稿，并游览参观。我寻找中文资料，想尽快完成移民史书稿。牛津大学中文图书主要集中在波德林图书馆，但使我吃惊的是图书杂志之少、品种之单调和落后。“中华书局标点本二十五史”，只能提前一天预约，第二天借出在阅览室阅读，当天再归还图书馆。我担心在此工作效率太低，于是给包教授写了一封电子邮件，讲了牛津的工作情况，看能否邀请我到哈佛住一段时间。不久，接到包教授的电子邮件，请我去哈佛访问3个月。1999年3月1日我又接到哈佛燕京学社寄来的邀请信，不久我前往伦敦的美国大使馆签证处办理签证。3月18日乘飞机自牛津到达波士顿。包教授前往机场，接我先住在他的家中。

第二天下午，包教授与夫人带我逛花市，并请吃晚饭，途中则与他们聊天。包教授提到，中国学生和学者来美国后多不愿返回，他对此不理解，他认为事物的发展是很快的，十年后的中国如何谁都不知道，但一定越变越好。我谈了对中国人不愿返回的看法。我说，不能说他们所说毫无道理。不过，对于研究历史的学者来说，中国史还是在中国研究比较方便。包对中国的地方文化差异颇感兴趣，他认为中国历史上实际分成南人和北人，汉族的概念反而要弱一点。我相信在这一点上他可能受到黄宽重先生论文的影响，我借此说明三次北方人口南迁对南方汉族的影响，以及北纬30度线问题。包对此颇感兴趣，他说想请我就此作一个报告，他要请哥伦比亚大学一位人类学教授出席。我提到，山西可能是中国北方保存传统文化最多的地方。他同意这一观点。

包弼德为人坦诚直率，虽然早已是哈佛的著名教授并担任东亚系系主任，而我当时只是副教授，但我们几乎无话不谈，如同一家人。5月3日那天，他和我谈起了斯坦福大学的著名学者施坚雅先生，用钦佩的口气谈到施坚雅先生研究GIS（地理信息系统），试图引入文科研究的过程。

我完全不知道他居然是各国史学界中最早研究 GIS、试图将其用于历史学研究的学者。施坚雅先生晚年用了相当多的精力，来研究 GIS 如何用于历史学研究，记了十多本笔记本。施坚雅先生临终之前交代妻子，在她去世之前将房产出售，所得收入加上研究 GIS 用于文科研究的工作笔记赠送给哈佛大学，请哈佛找人最终解决这一问题。哈佛找到了包教授，将工作笔记交给他，最终包教授解决了这一难题。

包教授说，他用了几个月的时间理解 GIS，开始将其用在历史学研究上。现在打算搞一项国际合作项目，将中国古籍中的有关人名、地名注入光盘，以便学术界使用，现在的问题是需要一部历史地图集作为底图。由于本所谭其骧先生主编的八大册《中国历史地图集》的权威性并拥有版权，我认为只能用谭图作为底图。包教授说，他愿意和我们研究所合作，做历史地名库，不仅包括图幅，也包括所有的入图地名，还要便于检索，由他们投入费用。他请我将此事告诉所长葛剑雄，以了解所里的想法。如果所里有意，他和校长将于当年（1999 年）6 月访问复旦，详谈具体事宜。

谈话后，我即给时任所长葛剑雄教授发 Email。葛先生通常回信很快，但或许这几日在各地开会，而当时一些地方的宾馆没有安装供客人使用的网线，联络未必便利。葛先生担心拖久误事，请女儿葛敏侃小姐马上给我回信。他对包教授所提的合作项目，认为大致可以接受，但“一些具体事宜还须与对方再作商议”。5 月 11 日葛先生回到上海，第二天便给我发了信，表示“我们本来就有整理《图集》释文及修订《图集》的打算，但因人力、财力有限，一直未能进行，所以如果对方的条件合适，当然可以进行”。我将葛信出示包教授。不久便发生我国驻南斯拉夫大使馆被炸、引发国内强烈反应的事件，包教授担心他们的来华计划会受影响，颇为焦急。我劝他“只要看看在中国的美国使馆门口排长队办签证要来美国的状况，就不必担心中美关系会中断”。果然，在我返回牛津一段时间之后，包教授便陪同哈佛校长访问复旦。于是，施坚雅、包弼德花大力气建成的文科

GIS，便进入复旦史地所，再经史地所同事的努力，影响着中国的历史地理学界。

2003 年 2 月 24 日，包教授再次邀请我到哈佛进行一年的访问，并共同在东亚系上“China Local History”这门课。我们以金华为例，我讲地理、经济、交通、人口，他讲思想、文化、学术、风俗等。除了共同上课，我还听了包教授在哈佛上的几次大课。在中国民乐声中，包教授走上平台，对在场的几百学生侃侃而谈，几乎不看讲稿，当中穿插着提问和学生回答。有时学生问问题中断了包的侃侃而谈，但包并没有不悦。讲课过程中常常放映在浙江金华各地考察的 PPT，课堂气氛相当好。

包教授主要研究宋元明思想史。一些思想史研究者主要依据书本进行研究，包教授虽然不仅依据书本（详下），学识却颇令人佩服。他曾在台湾师从有名的学者爱新觉罗·毓筠攻四书五经，中文名“包弼德”便是毓筠据 Peter Bol 取的。美国学生一般在成年以后要凭自己的奖学金和打工报酬来解决相关费用。由于当时所得到的奖学金有限，包弼德几乎每天都靠吃相对便宜的担担面度日。一年多的时间过去了，他学好“四书”便想回去。毓筠先生说：你只学“四书”，不学“五经”，是不行的。由于四书五经是中国思想史的基础，包弼德在毓筠先生指点下，留下来坚持学好“五经”。

包教授除了深厚的书本知识，还特别重视地方考察，结合经济、文化、地理现象来研究思想文化。宋元明清时期，生活在今浙江金华地区的士大夫，在中国思想界乃至政坛有重要的影响力。包教授选金华地区为自己的考察区域，试图从家族、地域文化、地域思想以及地理、经济等广阔的层面，了解金华士大夫群体、他们的思想及形成的背景，借此推进自己对中国思想文化的理解和研究。我参加过包教授组织的 2000—2002 年以及 2004 年暑假期间在金华各市县的考察。除了与村庄中不同职业的老人访谈、查阅地方资料之外，古代的祠堂、书院和民居也是他的考察对象。在哈佛大学研究生和美国 Earthwatch Institute（地球观察组织）派来的志愿者的帮助下，对古代建筑进行360度的拍摄，再制成可以上下左右观看的全景式照片，然后在照片上加上简要的文字说明，发布到哈佛大学的中国地方史研究网页上，供学生研究之用。包教授带领的考察队伍的人员配备、科技手段和他将部分考察资料公之于众的作法，令我开了眼界。

2001年上海交通大学古建筑研究者刘杰撰文、摄影家李玉祥摄影的《泰顺》一书出版，我的家乡泰顺县独具特色的古廊桥、古民居及地方历史文化，开始被揭开了神秘的面纱。2003年初我将刘杰的《泰顺》及其研究泰顺古村落的《库村》一书，送给包教授。2004年4月初，经我联系泰顺县委宣传部，并在我和刘杰的陪同下，包教授不顾事务缠身，到泰顺进行了三天的访问，考察了泰顺几座著名的古廊桥和古民居，还走了几段古道。

在考察的最后一天，包教授对我和刘杰说："泰顺历史文化确实不错，我们三人一起向地球观察组织申请资助，开展泰顺历史文化的考察，如何？"我和刘杰极表赞成，我们确定由包教授、我和刘杰三人共同担任考察队的领队，带领哈佛、复旦、交大的研究生，对泰顺以古廊桥、驿路和民居为中心的历史文物及相关的自然环境、经济、文化、家族等方面，进行深入的考察。2005年4月15日，由包教授出面，我们三人向设在美国波士顿的地球观察组织总部递交了项目申请书、项目说明和项目预算等三份文件。此后，我们三人参加了11月初在波士顿举行的地球观察组织2005年年会。

地球观察组织是个非政府机构，经费来自民间捐款，个人捐款者除了对自己选定的项目捐资外，还要自费前往该项目的考察点担任志愿者。为了便于捐款者选择，数十个国家的各个项目组都在展厅摆出自己的展板。我们的项目"Historical Bridges and Byways of China"的展板，展示了泰顺美丽的廊桥和颇具传统建筑特色的古民居，以及茂林修竹掩映下的古驿道，非常引人注目。展出的当天，便有二十余人在我们展板旁边的登记纸上留下自己的名字、地址与联络方式，有意参加我们项目的人数在各项目中领先。此后，地球观察组织为我们提供了2006年和2007年两年的支持。

向考察地派出志愿者是地球观察组织支持考察的重要部分。在我们的考察中，地球观察组织共派出两批合计28人的志愿者，每人各参加15天的考察活动。约半数的志愿者尚在工作，约半数已经退休，其中不乏年龄较大的人，多位志愿者甚至已接近八十岁。他们的职业各种各样，人员来自美国和其他一些国家。加上参加考察队的外国教师和学生，一时间泰顺涌入历史上从来没有过的人数颇多的外国人。

包弼德教授在国际历史学界相当活跃，举办了多次颇有特色的国际性会议。以下便是我受邀参加的部分会议：

2008年5月下旬，包弼德教授在波士顿召集“中国地方史会议”；

2009年9月中旬，包弼德召集“中国地方史资料会议”；

2011年4月12—16日，美国地理学大会在西雅图召开，包弼德在会上召集“世界地名专题会议”；

2014年6月5日—7月7日，哈佛大学费正清中国研究中心召开“中世纪会议”。

这些会议，都有特定的讨论内容，虽然会期不长，却使我大开眼界，还交了朋友。例如，“中国地方史会议”请十余名研究中国地方史的学者参加，再请十余名研究各国历史的学者评议，这种方法有助于只研究本国历史的学者打开眼界。“中国地方史资料会议”则请来若干名在各地深入地域考察的学者，讨论不同区域的考察与研究方法及中外学者之间的地方史资料交流问题。召开“世界地名专题会议”缘起于欧洲一位网络大王想资助各国学者弄清本国的历史地名，可惜会议开过之后，那位网络大王改变了主意。费正清研究中心召开的“中世纪会议”，目的是请东亚、北美和欧洲学者，用一个月的时间，讨论800—1400年间中国的历史、文学、艺术、音乐、考古、宗教、医学、科学诸方面的问题。绝大部分学者往往都受限于断代史或专门史，没有几位能够进行跨越断代和专门的研究。对于这些学者而言，参加这样的会议，当会有一定的收获。

哈佛是出大师的著名大学。包教授通过《斯文：唐宋思想的转型》《历史上的理学》等著作成为著名的中国思想文化史学家。在历史地理学、GIS 在文科研究中的运用、国际人物数据库、网络教学、数字人文等许多方面，他或是重要的开拓者，或是有杰出贡献的人物。包教授早已担任国际性的 GIS 委员会的主任、哈佛大学教务长，并在哈佛大学和麻省大学开设网络课。为了便于听者记住中国历代王朝的名称，包弼德和柯伟林两位教授唱起了用《两只老虎》曲子改编的“中国朝代歌”，“中国朝代歌”不仅闻名历史学界，也走入民间的历史爱好者。

我佩服他，不仅学问好，人品也很好。一次，他带我们一家到查尔斯河观看美国独立节晚上的焰火，不巧我儿子的脚扭伤，包教授让我儿子一只手搭在他的肩膀上，搀扶着到河边坐了下来。他的学生告诉我，包教授平常对学生既要求严格，又很关心，学生对他很有感情。在他七十周岁时，在各国工作的毕业学生回到哈佛为他祝寿，包教授进入聚会场所，看到这么多的学生从各地前来，大受感动，流下了热泪。

包教授是我难忘的好朋友，衷心祝愿他身体健康，晚年幸福！

二、哈佛燕京图书馆郑炯文馆长

1999 年我在哈佛大学的三个月短期访问，认识了哈佛燕京图书馆郑炯文馆长。哈佛燕京图书馆和包弼德教授所在东亚系都在同一座楼，图书馆在一楼，东亚系在二楼。到了一楼，从郑馆长的办公室走过，便进入图书馆藏书的各楼和地下各层。1999 年的访问当然要在图书馆看书，因时间不长，只是认识郑馆长而已，并未说过多少话。

2003 年的访问即将结束前两个月，我收到研究生方书生（现为上海社会科学院经济所副研究员）的 Email，请我帮他查查哈佛图书。当时我指导研究生研究港口——腹地问题，唯一的参考资料是 2001 年京华出版社出版的一套 170 册的《中国旧海关史料：1859—1948》。我要求每个研究生都要阅读《中国旧海关史料：1859—1948》中所研究区域的逐年年报。方书生研究广东，发现缺少 1901—1905 年的广东年报。我在哈佛燕京图书馆的书架上找到了方书生所要的书。由于尝够缺乏海关资料的苦头，我想应该再查查较早的海关年报和较晚的海关年报，发现哈佛燕京图书馆都有。于是复印了若干年份海关报告，包括年报、十年报、季报，带回上海。

回到上海之后，我将带来的哈佛资料和《中国旧海关史料：1859—1948》进行对比，发现哈佛所收的旧海关报告，不少是《中国旧海关史料：1859—1948》所未收的，当然也有少量是《中国旧海关史料：1859—1948》有而哈佛所未收的。我和方书生合写了一篇文章《一座尚未充分利用的近代史资料宝库——中国旧海关系列出版物评述》，发表在《史学月刊》2005 年第 3 期。此文指出，中国旧海关留存的卷帙浩繁的海关文献，是百年中国社会经济研究中最为完整、系统的统计数据、文字资料，还有十余幅海关工作所用的地图。哈佛燕京收藏的海关资料和《中国旧海关史料：1859—1948》均具有重要的文献价值，但就收藏情况而言，哈佛的收藏数量和价值可能超过《中国旧海关史料：1859—1948》，值得学术界重视。此文章一发表，便为人大复印资料 2005 年第 7 期全文转载。

11 月底，我和刘杰应地球观察组织的邀请，前往波士顿参加该组织 2005 年年会，将带去的《一座尚未充分利用的近代史资料宝库——中国旧海关系列出版物评述》的复印件送给郑馆长。郑馆长仔细阅读了文章，然后安排与我见面，了解在哈佛发现旧海关资料的情况。我介绍了在哈佛燕京图书馆查到的海关资料，以及这些资料对研究中国近代史的多方面的作用。我认为除了哈佛燕京之外，哈佛的其他图书馆在中国海关文献方面很可能有更多的收藏，因此我文章标题指出它是“一座尚未充分利用的近代史资料宝库”。

在我介绍之后，郑馆长问我：“我想请您到这里帮助调查中国海关的文献，请哈佛燕京学社出资，您利用暑假前来，好吗？”旧海关资料早已成为我们团队研究近代经济地理的主要资料，由于中国国内的海关档案深藏在各地的档案馆和图书馆，颇不便于利用。郑馆长请我来哈佛帮助整理，我有机会接触这里的大量收藏，当然愿意。我毫不犹豫地答应下来，同意明年暑假前来哈佛。

2006 年 8 月 1 日，我和夫人到达波士顿，开始查阅海关资料。《中国旧海关史料：1859—1948》没有的海关资料，凡是可以借出的书，我带回住处整理、登记。凡是不可以借出的书，我插入写上页码的纸条，请夫人拍摄下来，晚上回到住处由我进行整理，写清书名和出版时间。由于白天翻书、拍摄的工作过于繁忙、紧张，颈部酸痛，夜里无法躺下入睡，不得不人躺在床上，头垂在床边，以恢复颈部的自然状态。

到了 10 月份，我即将结束在哈佛燕京图书馆的查阅工作，回到复旦大学。临走前的十余天，郑馆长问我能否在哈佛做个报告，介绍哈佛燕京图书馆在中国海关文献方面的收藏及其价值。我欣然同意。郑馆长说这一报告将由费正清中心、哈佛燕京学社、哈佛燕京图书馆三单位联合主办，地址设在费正清中心，时间在 10 月 15 日。为做好报告，哈佛燕京图书馆设计了颇为美观、庄重的海报。报告由费正清中心主任主持，郑馆长首先介绍我的情况，并全程听完了报告。

我报告时首先指出，清代中国海关的最高领导总税务司长期由外国人担任，近代海关管理对外贸易、征税、缉私、航船停泊、引水、灯塔航标、航道、气象观测、疾病检疫等多个方面，晚期还管理常关、邮政、对外赔款、在国外召开博览会，甚至多种外交与洋务活动。为了完成各项任务，海关建立了自下而上的报告制度，并定期发表日报、月报、季报、年报、十年报等刊物。由于海关出版物中的数据和文字描述，都按照西方经济制度和科学标准的统一要求和格式汇总上报，具有较好的科学性和严谨性。其次，我介绍哈佛燕京图书馆收藏的大量中国旧海关出版物，认为哈佛燕京是中国以外收藏中国旧海关出版物较多的图书馆之一，大量的海关文献主要来自 Edward Bangs Drew（杜德维）、James Duncan Campbell（金登干）和他领导的中国海关伦敦办公室，中国海关上海造册处也定期赠送。后期还来自 Hosea Ballou Morse（马士）、Archibald C. Cooldege（科第奇）、Susan Green Dexter（底斯特），以及费正清图书馆的赠送。他们大多是哈佛毕业生，或与哈佛保持有良好的关系。如果没有上述个人或单位的热情相助，哈佛燕京图书馆不可能找到如此多的图书。

尽管我的调查尚未进入著名的怀德纳图书馆，主要集中在哈佛燕京图书馆，报告还是受到哈佛师生和美国东部华文报刊的关注。其中，《波士顿新闻》在第一版推出长篇报导《复旦教授吴松弟哈佛专题演讲：中国旧海关出版物卷帙浩繁》。郑馆长第二天告诉我，他的母校芝加哥大学的导师钱存训先生和他通电话，祝贺他们在库中找到了宝贝。郑馆长问我，除了报告中提到的，海关文献还有吗？我告诉他，此三个月主要查哈佛燕京图书馆的收藏，哈佛其他图书馆，尤其是怀德纳图书馆，还没有进行全面的调查，可以说还有大量的旧海关文献我还没有看。郑馆长告诉我，明年还要请我来哈佛，找全旧海关内部出版物。

2007 年 8 月 1 日我和夫人再次来到哈佛，继续寻找旧海关出版物。如果说前一年的目标主要在哈佛燕京图书馆，此次目标则主要在哈佛最大图书馆怀德纳图书馆。郑馆长请哈佛燕京图书馆的职员马小鹤、杨丽瑄帮我办好进出的证件，并带我进去看看。怀德纳是世界著名的图书馆，藏书甚丰，对我来说进入怀德纳如同进入迷宫。与哈佛燕京图书馆相比，怀德纳的图书，尤其是我要查看的中国旧海关文献，基本上只能在图书馆阅读，不能借出，也不可在馆内拍照。幸好可以将笔记本电脑带入，我于是一边翻书，一边将书名、内容概要、出版社输入电脑。

除了怀德纳，在哈佛燕京的周边，还有几个大小不一的图书馆，都属于我的调查范围。《医学报告》（*Medical Reports*）由海关造册处1871年开始出版，大多数半年出一期，一期1本，少量同年的两期合为1本，总共出了80期60本。哈佛的医报主要由哈佛燕京图书馆收藏，只有第20期保存在哈佛医学院图书馆。为了全面了解《医学报告》，我必须要看保存在哈佛医学院图书馆的第20期。虽然我有哈佛的借书证，但没有哈佛的正式工作证，我只好请哈佛燕京图书馆的职员马小鹤先生陪同，在医学院阅览室阅读此书。此外，哈佛商学院、哈佛法学院等单位的中国旧海关资料，也被这些单位视若珍宝，都要由马小鹤、杨丽瑄等人中的某位陪同，才让我在这些学院的阅览室阅读。

为了找全完整的旧海关内部出版物，我在哈佛一边看书，一边通过网络进入美国、英国等收入一定数量海关出版物的单位，将书单打印下来，与我完成的哈佛书单相比，删除重复和错误，形成完整无误的书单。英国布里斯托尔大学编的中国海关文献目录，英国伦敦大学亚非学院（School of Oriental & African Studies，SOAS）的书目《中国海关文献，1860—1943》（*Papers Relating to the Chinese Maritime Customs*，*1860–1943*），我都下载以比较、补充哈佛的书单。此外，还参考日本著名学者滨下武志先生参照日本东洋文库、一桥大学、东京大学书目形成的散存在日本的中国旧海关出版物目录。

2007年10月，我完成了在哈佛大学怀德纳图书馆、商学院图书馆、法学院图书馆、医学院图书馆，以及英国、日本、中国各地零星找到的海关出版物的调查，形成了两份书单，交给郑馆长。一份是在哈佛燕京图书馆找到的《中国旧海关内部出版物目录》，一份是在海内外各地找到的《待刊已刊旧海关内部出版物目录》。郑馆长拟请广西师范大学出版社出版在哈佛找到的书，书名为《美国哈佛大学图书馆藏未刊中国旧海关史料》。10月底我们回到复旦，在家里整理旧海关内部出版物目录，确定将要出版的目录。

2011年1月15日，我再次进入哈佛燕京图书馆，2月28日返回上海，为时一个多月，主要核对并补充哈佛所收的海关文献。此后，因哈佛燕京图书馆工作人员发现拟刊的书中，有些图书书名、内容似乎仍有错误，建议我前来核对一次。于是我在 2013 年 5 月 4—7 日前往核对，纠正可能存在的错误。

原始文献分散收藏于美国哈佛大学多个图书馆，由我整理，广西师范大学出版社出版，共计 283 册的《美国哈佛大学图书馆馆藏未刊中国旧海关史料（1860—1949）》，于 2014 年和 2016 年分两次隆重推出，两次都在复旦大学逸夫科技楼报告厅举行新书发布暨学术报告会。由于此套书规模大、价值高，郑馆长参加了两次发布会。在第二次发布会上，复旦大学主管文科的林尚立副校长、哈佛燕京图书馆的郑炯文馆长、中国海关学会的李克农会长，都发表了热情洋溢的致辞。

我和哈佛燕京的朋友们为这套书整整忙了十余年（2003—2016）。我感觉特别高兴，原来我们在国内只能比较方便地利用《中国旧海关史料：1859—1948》170 册这套书，现在又加上内容更加丰富、收书更多的来自哈佛大学图书馆的 283 册书。我深深感谢郑馆长，没有他对读者的理解和热情帮助，我不可能做成这件大事。当然，我知道他不会接受我的感谢。在哈佛，每当我看到这件换个地方可能做不成的事情走向成功，忍不住表示感谢的时候，他总要说："吴教授，需要说感谢的不是你，而是我们。你把我们的宝贝挖掘出来，更多的读者可以到这里看书，他们找到他们需要的书，而我们的工作人员活多了，不会失业了。"这些纯朴无华的话，使我深深感动。

哈佛这套书的成功，大大鼓舞了我，我产生了对有用之书的难以满足的愿望。回国之后，我向认识的中国海关学会的副会长李延介绍了哈佛这套书，并介绍了我在各地作报告时听报告学者们的激动之情。我还告诉李延女士，中国旧海关出版物产生于清末民国的上海，收藏最富的应该是中国，而哈佛的收藏只是海关中的哈佛毕业生对母校的馈赠。李延副会长参加过 WTO 谈判，具有国际和学术的眼光，表示要说服中国海关总署，将旧海关出版物整理出版。2011 年 12 月，在我的建议下，中国海关学会启动“中国近代海关档案资料的整理与研究”专项重点工作，此项工作得到海关总署的批准。2013 年，由海关总署办公厅编辑的《中国近代海关总税务司通令全编》46 册（含索引卷）出版。2017 年，《海关总署档案馆藏未刊中国旧海关出版物（1860—1949）》，开始由中国海关出版社整理出版。此套书由中国海关学会会长、海关总署前副署长李克农担任主编，我为执行副主编，共 50 册，2020 年完成出版。由于所收海关出版物主要供旧海关领导阅读，少为人所知，此 50 册具有较高的学术价值。近年来，个别省的档案馆也对外开放，出版了一些资料汇编，其中值得一提的是由我主编，赵伐、周彩英等编译的《浙江省档案馆藏未刊中国旧海关内部出版物》14 册，2020 年已由广西师大出版社出版。

哈佛大学是各国学者仰慕的宝地，不仅有宝藏供开采和利用，又可通过学术交流获得提高。2014 年 8 月哈佛所收中国旧海关史料第一批新书发布会结束时，应记者要求，郑馆长谈了谈自己的服务理念。郑馆长研究生师从于芝加哥大学东亚图书馆馆长钱存训教授，27 岁接任芝加哥大学东亚图书馆馆长之职。钱存训教授是对自己要求很高的学者和老师，对自己、对学生都很严格，通常每天要工作 12 小时。郑馆长认为，在自己的职业生涯中，钱先生一直是自己很好的榜样。为读者服务是图书馆的职责，除了本校的师生，哈佛燕京图书馆每年都要邀请二百位左右的来自各国的学者，利用图书馆的收藏进行研究。他认为，“我们图书馆是一个服务机构，我们的观念就是越多学者来利用我们资源，我们越高兴，越欢迎。”我作为读者，感谢郑馆长带领职员提供的良好服务；作为研究资料的寻找者，感谢郑馆长敞开书库的大门，便于各国学术界利用学术资源。

在完成了哈佛收藏的中国旧海关资料的搜集、整理研究之后，我希望我的学生不要忽略哈佛大学这块宝地，好好利用。2018 年 7 月，我带谭嘉伟、孙健两位博士生参加在波士顿召开的第 18 届“世界经济史大会”，除了会上的报告，还参观了哈佛燕京图书馆。2019 年 6 月 10 日—7 月 20 日，我又带王哲、方书生两位青年教师，前往哈佛大学寻找中美贸易资料，也有较好的收获。在此再次感谢郑馆长、马小鹤、杨丽瑄等朋友，恭祝身体健康，幸福安康！

后　记

哈佛大学哈佛燕京图书馆是北美首屈一指的东亚研究图书馆，它不仅馆藏丰富，而且服务周到、使用便利，对北美的东亚研究有着不可磨灭的突出贡献，历来为世人称道。它友好而开放，来自五湖四海的访问学人们，在这里收获了学术研究的累累硕果。它胸怀博大，慷慨地和世界分享它的宏富珍藏，与出版界的合作产生了一大批优秀出版物。

20 多年来，郑炯文馆长策划实施哈佛燕京图书馆访问馆员项目，与中国多家大学图书馆、公共图书馆合作，选派馆员前去研修，各为期一年或数月。访问馆员们的工作各不相同，有的从事基础业务工作，有的做专题研究，每个人都有自己的所得。在哈佛燕京历练过的同仁，带回了图书馆工作的先进观念和具体做法，对中国的研究型图书馆的发展与进步，比如高校馆学科馆员制度建设，有着润物无声的影响。长远地看，这种影响未来还将更加深入。在中美图书馆界交流合作的历史上，哈佛燕京图书馆无疑是精彩的一章。

为了答谢哈佛燕京图书馆及郑炯文先生等哈佛燕京同仁 20 多年来对中美图书馆界交流合作与中国图书馆专业人员培养的辛勤付出与卓越贡献，国家图书馆张志清副馆长与国家图书馆出版社殷梦霞总编辑提议，邀请到访过哈佛燕京图书馆的访问馆员、访问学者和出版界人士，撰写回忆或介绍文章，汇编出版。

这个提议得到了各合作机构和访问馆员们的热烈响应，大家纷纷提供文稿，或记事，或记人，或谈书，内容各有千秋。从这些记忆深处涌出的文字中，我们能感受到难以抑制的兴奋、内心深处的感动和收获的喜悦。从研究文献与介绍服务的两组文章中，我们则能感受到哈佛燕京的博大，更能体会到我们投身的这份事业的价值。

在哈佛燕京的访学或合作，对本书每位作者来说，都是人生中一段值得回味的经历。属于我们每一个人自己的这段回忆，虽然色调不一、旋律各异，不过汇集在一起，却多少可以展示一片更宽一些的背景。本书作为哈佛燕京访问馆员与合作者的群体记忆，在中美文化交流和中国图书馆事业进步的历史进程中，或许不无意义。

刘　波

2019 年 12 月 12 日